KB235173

소셜미디어를 정복하라

진화를 예측하는 비즈니스 전략

소셜미디어를 정복하라

SOCIAL MEDIA METRICS

짐 스턴 지음
신승미 옮김

물병자리

옮긴이 **신승미** 조선대 국어국문학과를 졸업. 현재 번역에이전시 엔터스코리아에서 번역가로 활동 중이다. 역서로 《전사형 CEO 마법사형 CEO》, 《성공을 만드는 집》, 《궁정론: 세기를 뛰어넘는 위대한 이인자론》, 《팀장이 알아야 할 프로젝트 기획과 실전》, 《디렉터 딜레마》, 《최강 프레젠테이션 기술》, 《신속하게 실행하고 확실한 성과를 내는 프로젝트 매니지먼트》, 《크라우드 서핑: 인터넷 군중을 이끄는 마케팅》, 《통하는 프레젠테이션》 등 다수가 있다.

소셜미디어를 정복하라

1판 1쇄 인쇄일_2010년 10월 11일 | 1판 1쇄 발행일_ 2010년 10월 15일 | 지은이_짐 스턴 | 옮긴이_신승미 | 펴낸이_류희남 | 편집장_권미경 | 교정_황성돈 | 펴낸곳_물병자리 | 출판등록일(번호)_1997년 4월 14일(제2-2160호) | 주소_110-070 서울시 종로구 내수동 4번지 옥빌딩 601호 | 대표전화_(02) 735-8160 | 팩스_(02) 735-8161 | e-mail_mbpub@hanmail.net | 홈페이지_www.mbage.com | ISBN_978-89-87480-99-2 03320 | 이 책의 어느 부분도 펴낸이의 서명 동의 없이 어떤 수단으로도 복제하거나 유포할 수 없습니다. 잘못된 책은 바꿔 드립니다.

추천사

"짐 스턴은 웹 분석 분야에서 항상 선두 자리를 지켜왔다. 그러니 그가 소셜미디어를 이해하는 복잡한 작업에 나선 것은 당연한 일이다. 온라인에서는 수백만 건(어쩌면 수십억 건)의 대화가 펼쳐지고 있고, 이런 상황에서 '회사는 무엇을 해야 할까?' 라는 중요한 질문이 제기된다. 이 책은 그런 질문에 대한 답을 준다. 당신의 회사가 소셜미디어의 올바른 부분을 측정하고 있는지를 과연 어떻게 알 수 있을까? 짐 스턴은 이 책에서 소셜미디어 측정의 실제를 상세하게 설명하고 있다."

— 미치 조엘(Mitch Joel), Twist Image 회장,
《미래를 지배하는 식스 픽셀(Six Pixels of Separation)》 저자

"짐 스턴은 10년간 웹사이트 트래픽을 제대로 이해하는 방법을 주창하고 설명해왔다. 사실 그는 웹 분석 분야에서 가장 큰 단체인 웹 분석협회를 나와 함께 만들었다. 또한 마케팅 최적화 부문에서 가장 훌륭한 컨퍼런스인 이메트릭스 마케팅 최적화 회담을 창립한 장본인이기도 하다. 디지털 마케팅의 기회가 점차 확대되어가는 오늘날, 이 책은 모든 마케팅 담당자들에게 필독서다."

— 브라이언 아이젠버그(Bryan Eisenberg),
〈뉴욕 타임스〉 선정 베스트셀러 《고양이가 짖을 때까지 기다릴 것인가?
(Waiting for Your Cat to Bark and Always Be Testing?)》 저자

"웹 측정기준이라는 주제를 명확하게 정의하고 알렸던 인물이 마침내 소셜

미디어 측정기준을 확실하게 이해시켜주는 책을 썼다. 짐 스턴은 이 책에서 10억 달러에 달하는 산업으로 발전한 소셜미디어 분야를 이해하는 기틀을 혼자의 힘으로 다졌으며, 처음으로 이 분야에 사람들의 관심을 유도했다. 이 책이 출간된 지금 짐 스턴은 더욱 어려운 도전 과제에 봉착했다. 가시적이고 유용하며 현실적인 조언을 독자들에게 제공하기 위해 잘못된 정보가 켜켜이 쌓인 거대한 산을 뚫어야 하는 숙제가 남은 것이다."

– 에릭 T. 피터슨(Eric T. Peterson),
《웹 분석 설명(Web Analytics Demystified)》 저자

"이 책은 무질서가 판을 치는 소셜미디어를 모든 회사가 이해하고, 수익을 창출하며, 측정이 가능한 플랫폼으로 바꿔줄 것이다."

– 앨리스테어 크롤(Alistair Croll)과 션 파워(Sean Power), 《완전한 웹 모니터링
(Complete Web Monitoring)》 공동 저자, Watching Websites 공동 창업자

"이 책은 소셜미디어 기획 업무를 맡은 모든 마케팅 담당자가 꼭 읽어야 할 책이다. 이 책을 읽고 나면 다른 사람들보다 훨씬 현명해질 것이다. 그러니 당장 이 책을 펴들자."

– 데이비드 버코위츠(David Berkowitz),
Emerging Media & Innovation, 360i 선임이사

"나는 지난 10년간 독자에게 웹 분석의 최신 경향을 소개할 때마다 짐 스턴

의 도움을 받았다. 짐 스턴은 시간과 관심을 기울여야 할 일과 그렇지 않은 일을 정확히 구분하는 놀라운 본능을 지녔다. 그는 쉽게 설명하는 능력과 뛰어난 유머감각을 발휘해 소셜미디어에 대한 분석을 잘 이해할 수 있도록 독자들을 안내할 것이다.”

– 래리 체이스(Larry Chase),
《마케팅 담당자를 위한 웹 다이제스트(Web Digest For Marketers)》 발행인

“짐 스턴은 웹 측정기준 분야의 대가다. 그는 어떤 요소를 측정해야 할 때 그 요소를 효과적으로 사용하는 문제 자체가 종종 걸림돌이 된다는 점을 잘 알고 있다. 짐 스턴은 명확한 설명과 지식을 발휘해서 복잡한 주제에서 정수를 뽑아낸다.”

– 에릭 워드(Eric Ward), 콘텐츠 링크 전략가(‘링크모세’ 라는 이름으로도 알려짐)

“소셜미디어의 열렬한 주창자들은 매우 중요한 단계를 간과하는 경향이 많다. 그것은 바로 자신들이 기울인 노력의 결과를 측량하는 작업이다. 짐 스턴은 다양한 측정방법과 도구를 자세하게 설명하면서 자주 간과되는 이 단계를 제대로 설명해주고 있다. 또한 이런 측정기준이 어떻게 소셜미디어 프로그램을 향상시키고 사업목표를 달성시킬 수 있는지도 확실하게 보여준다.”

– 엘리스 부커(Ellis Booker), 《비투비 매거진(BtoB Magazine)》 편집자

“짐 스턴은 온라인 마케팅계의 선구적인 이론가로 오랫동안 존경받아왔다.

이 책의 출간과 더불어 그는 최고 이론가의 자리를 다시 굳건히 다졌다. 소셜미디어에 대해 이러니저러니 말하는 것에만 그치지 말자. 소셜미디어를 알고, 소셜미디어를 측정하고, 소셜미디어에 정통한 사람이 되자. 그러기 위해 이 책을 읽자."

— 마이크 그레한(Mike Grehan), Incisive Media 부사장 겸 글로벌 콘텐트 이사,
《검색 엔진 마케팅(Search Engine Marketing)》 저자

"이 책은 소셜미디어에 투자하는 모든 사람에게 필독서다. 이 책은 성공을 측정하도록 도울 뿐만 아니라 소셜미디어 프로그램을 지속적으로 향상시킬 방법을 가르쳐주기 때문이다."

— 카티에 들라이예 페인(Katie Delahaye Paine), KDPaine & Partners의 CEO

"시장은 대화의 장이다. 사람은 최고의 자산이며, 고객 중심은 성공에 이르는 길이다. 소셜미디어는 마케팅에 대변혁을 일으키고 있다. 그렇다면 이런 요소를 어떻게 측정해야 할까? 자신이 잘하고 있는지를 어떻게 판단할 수 있을까? 이 책에서 선구적인 사상가이자 실천가인 짐 스턴은 이런 중요한 질문에 답을 해준다. 이 책을 읽고, 그의 말에 주의를 기울여보자."

— 애슐리 프리드레인(Ashley Friedlein), Econsultancy의 CEO

"짐 스턴의 이 책을 통해 '광고 계획을 소셜미디어 프로그램으로 변경해야 하는 것은 물론, 그 프로그램을 3대 주요목표(수익증가, 비용감소, 고객만족

도 향상)와 결합해야 한다’ 는 단순한 진리를 깨달아 경쟁사보다 앞서나가자.”

– 수전 브래튼(Susan Bratton), Personal Life Media, Inc.의 CEO,
〈디시믹스(DishyMix) 쇼〉 진행자

“짐 스턴은 뻔뻔한 거짓말쟁이다. 이 책은 그가 ‘들어가며’ 에서 단순하게 요약한 것보다 훨씬 많은 내용을 담고 있다. 이 책은 소셜미디어의 가치를 측정할 뿐만 아니라 효과적인 소셜미디어 전략을 실제로 시행할 수 있는 분명한 방법을 지도한다. 이를 이토록 간단하고 쉽게 설명할 수 있는 사람은 이 세상에 짐 스턴뿐이다. 이 책을 사거나 빌리거나 훔쳐라. 그리고 사무실에서 상사나 동료가 가져가지 못하게 잘 지켜라.”

– 패트 라푸앵트(Pat LaPointe), MarketingNPV 경영 파트너

“짐 스턴은 세계적으로 가장 유명한 분석 전문가이며, 그 이유를 이 책을 통해 다시 한 번 입증했다. 그는 측정방법은 물론 측정의 가치까지 설명한다. 필독서가 많겠지만, 이 책은 반드시 읽어야 하는 책이다. 내가 아는 한 짐 스턴은 이 주제에 대해 누구보다도 박식한 사람이다.”

– 폴 그린버그(Paul Greenberg), The 56 Group 회장,
《광속의 CRM(CRM at the Speed of Light)》 저자

“짐 스턴은 계속해서 새로운 길을 개척하고 있다. 웹 분석 부문에서 가장 예리한 인물인 그가 이번에는 소셜미디어를 설명한다. 이 훌륭한 안내서를 읽

고 경쟁사를 따돌리자!”

– 팀 애시(Tim Ash), SiteTuners.com의 CEO,
《랜딩 페이지 최적화(Landing Page Optimization)》 저자

“내가 웹 측정과 분석에 대해 2002년에 처음으로 읽었던 책은 짐 스턴이 쓴 《웹 측정기준(Web Metrics)》이었다. 그 책과 이후에 창립된 이메트릭스 마케팅 최적화 회담의 컨퍼런스는 시장과 업계를 분명하게 정의해줬다. 소셜미디어가 사업에 미치는 영향을 실용적이고 상업적인 접근법으로 설명하는 이 책도 그때와 같은 일을 다시 해낼 것이다.”

– 닐 메이슨(Neil Mason), Forviance의 분석컨설팅 이사

“소셜미디어가 큰 인기를 얻고 있다. 그렇다면 소셜미디어를 활용하는 게 당신의 회사에 도움이 될까? 인터넷 측정의 대가인 짐 스턴은 이 책에서 소셜미디어의 사업적 가치를 측정하고 성공을 추적하는 방법을 명료하게 설명한다. 소셜미디어의 과장된 광고에서 벗어나 ROI를 생각해볼 준비가 되면 이 책을 구입하라.”

– 밥 톰슨(Bob Thompson), CustomerThink Corp. 창립자이자 CEO

“짐 스턴은 일상적인 사고방식에서 벗어나 인간이 브랜드 및 타인과 상호작용하는 방법에 대해 신선하고 유용한 방법론을 독자에게 제공한다. 짐 스턴은 ‘팔로어의 수’에 대한 집착과 수학 이론 사이의 틈새를 다루면서, 급속히

성장하고 있지만 종종 잘못 이해되는 소셜미디어를 전략적으로 활용할 전체론적인 방법을 경영진에게 제공한다."

– 케빈 힐스트롬(Kevin Hillstrom), MineThatData의 회장

"짐 스턴의 새 책을 들고 '미래 여행'을 떠나는 기분이다. 약 10년 전에 우리는 새로운 비전을 가슴에 안고 넷 제네시스(Net Genesis), 키라임(Keylime), 웹트렌즈(WebTrends), 웹사이드스토리(WebSideStory), 옴니추어(Omniture)와 같은 최초의 웹 분석 회사를 창업했다. 짐 스턴은 그 비전을 인식하고 포착한 최초의 전문가였다. 그는 웹 분석의 가치를 설명해주는 중요한 작업을 해왔으며, 이를 통해서 웹 분석을 독립된 분야로 정착시켰다. 10년이 지난 지금, 이번에 새로 발간된 이 책은 그때와 동일한 성과를 낼 것이다. 이 책의 주제는 모든 사람 및 모든 분야와 관련돼 있으므로 그 성과가 훨씬 더 확대될 것이다."

– 랜드 슐만(Rand Schulman), InsideView 마케팅 수석 책임자

차례

나는 10년 전에 나스닥에 상장된 기업 간 전자상거래(B2B) 회사에서 마케팅 및 PR 부문 부사장으로 재직하고 있었다. 당시 우리 회사는 성공을 2가지로 측정했다. 리드 발생(lead generation, 제품/서비스에 대해 잠재고객의 관심이나 질의를 발생시키는 것–옮긴이) 프로그램은 '세일즈 리드(sales lead, 제품/서비스의 구입에 잠재적으로 관심이 있는 개인/회사–옮긴이)', 즉 백서를 요청했거나 무역박람회에서 명함을 남긴 사람들의 수를 통해서 측정됐다. 홍보 프로그램은 PR 기사 철을 통해서 측정됐다. 기사 철이란 우리 회사에 대한 잡지기사와 신문기사를 모아놓은 묶음이었다. 여기에는 한 달 동안의 기사가 정리돼 있었으며, 일반적으로 회사의 PR 에이전시가 담당했다.

세일즈 리드와 기사 철은 많은 B2B 회사의 경영진이 인정하는 아주 일반적인 측정 형태였다. 무역박람회에서의 성공이나 실패는 자사의 부스에 방문한 사람들의 수를 바탕으로 평가됐다. 그리고 성과가 좋은 달이면 PR 에이전시는 기사 철이 얼마나 무거운지(즉, 보도된 기사가 얼마나 많은지)를 보여주려고 자랑스럽게 기사 철을 테이블에 떨어뜨렸다. '쿵' 하고 둔탁하게 울려 퍼지는 소리가 클수록 실적이 좋다는 뜻이었다.

이제 2010년 현재로 돌아와보자. 소셜미디어는 사람들에게 접근해서 새롭고 색다른 방법으로 그들을 동참시킬 엄청난 기회를 모두(B2B 회사뿐만 아니라 소비자 브랜드, 컨설턴트, 비영리단체, 록밴드, 교회, 대학까지)에게 제공한다. 이제 누구나 흥미롭고 가치가 있는 내용을 온라인에 무료로 공개하는 방식으로 주목을 받을 수 있다. 이런 예로 유튜브(Youtube) 동영상, 블로그, 연구 보고서, 사진, 트위터(Twitter), 전자책, 페이스북(Facebook)

페이지 등이 있다.

　오프라인에서 매우 훌륭하게 여겨졌던 측정방법은 온라인에서는 전혀 맞지 않다. 그렇다면 온라인에서는 어떤 측정방법을 사용해야 할까? 최근 몇 년간 이에 대한 논쟁이 최고조에 이르렀다. 한편으로는 오래되었지만 성공적인 오프라인에서의 측정방법을 소셜미디어에 맞춰서 적용하려는 사람들도 있었다. 예를 들어 많은 마케팅 담당자들은 사실상 모든 콘텐츠에 사용자 등록 페이지를 추가했는데, 이는 '리드'는 발생시켰지만 사람들의 공유를 막았다. 반면에 소셜미디어의 핵심 옹호자들은 '소셜미디어는 다르기' 때문에 측정이 전혀 필요 없다고 주장했다. 솔직히 말하면 당시 나 역시 어찌할 줄 몰라서 혼란스러웠는데, 내가 연설을 할 때마다 거의 매번 측정에 대해 질문을 받곤 했다.

　다행히도 짐 스턴이 이 훌륭한 책으로 우리를 구제해줬다.

　사실 와일리(Wiley) 출판사가 내게 '소셜미디어의 새로운 규칙(The New Rules of Social Media)' 시리즈의 집필을 의뢰했을 때, 꼭 참고해야겠다고 생각했던 유일한 책은 측정에 관한 것이었다. 그리고 그 주제로 책을 쓴 유일한 사람이 바로 짐 스턴이었다. 이메트릭스 마케팅 최적화 회담(매년 전 세계 10개 도시에서 개최, www.emetrics.org)의 창설자이자 주최자인 짐은 이론의 여지가 없이 온라인 마케팅 측정기준 분야의 대표자다. 그는 소셜미디어에서 측정과 마케팅 투자의 최적화에 대해 너무나 해박하다. 나는 이 책이 출간되기 전에 원고를 읽으면서 매 페이지에서 새로운 내용을 배웠다.

　현재 온라인 판매, 영업부 직원의 직접 판매, 유통망을 통한 판매 등의 모든 경우에서 소셜미디어는 아주 중요한 역할을 한다. 그러나 이는 이미 누구나 알고 있는 사실일 것이다. 당신이 나와 비슷하다면, 우리가 아직 모르는 점은 측정방법 및 (해당 데이터로 확실히 무장을 했을 때) 어떻게 발전을 꾀할 수 있는가 하는 점일 것이다.

　나는 독자가 배울 수 있는 실제 기업들의 사례가 이 책에 가득 있다는 점이 특히 마음에 든다. 이 책은 회기 분석을 다룬 두꺼운 학술서적과 거리가 멀고, 당장 회사에 적용할 수 있는 각종 아이디어로 가득 찬 실용서다.

　짐 스턴은 이 책에서 측정할 내용, 측정방법, 결과물 처리 방법을 설명하고 있지만, 그가 진짜로 전수하려는 것은 성공할 수 있는 방법이다. 청중에게 도달하기 위해 필요한 측정기준과 전략을 갖추면 회사를 발전시킬 준비가 되는 셈이다.

　이제 변명거리가 없어졌다! 당장 소셜미디어 마케팅 조직을 만들기 시작하자. 짐 스턴이 정확히 어떤 방법으로 성공을 측정해야 하는지를 확실히 가르쳐줄 것이다.

– 데이비드 미어만 스콧(David Meerman Scott)

《비즈니스위크(Businessweek)》 선정 베스트셀러

《마케팅 및 PR의 새로운 규칙(The New Rules of Marketing & PR)》의 저자

www.WebInkNow.com

twitter.com/dmscott

기본원칙 이해

서점에서 책을 고르거나 인터넷에서 '본문 보기'를 할 때면, 독자들은 그 책에 담긴 주요 내용을 간단하고 명료하게 서술한 것을 먼저 보고 싶어 한다. 또한 이를 통해 문체도 대충 파악하고 싶기 마련이다. 따라서 이런 독자를 돕는 의미로 이 책의 내용을 간단하게 정리해 보겠다.

이 책에서 다루는 내용	이 책에서 다루지 않는 내용
소셜미디어의 사업적 가치 측정	소셜미디어의 규모와 인기 측정
회사에서 소셜미디어의 중요도 측정	인류에 있어서 소셜미디어의 중요도 측정
사회에서 인정받고 브랜드를 강화하는 방식으로 소셜미디어를 사업에 최대한 활용하는 요령	초토화 마케팅 방식으로 빠르게 돈을 벌려는 메시지를 블로그와 트위터에 자동으로 올리는 방법
소셜미디어에 투입한 노력의 가치 평가 방법	소셜미디어를 능숙하게 운영하는 방법

이런 내용을 다루는 이유는 다음과 같다.

소셜미디어의 가치에 의문을 제기하는 글이 많이 있지만, 세계적으로 가장 높은 평가를 받는 브랜드를 보면 훌륭한 재무 성과와 소셜미디어의 활용 사이에 직접적인 상관관계가 있음이 밝혀졌다. 이런 상관관계가 매우 중요하다는 것은 이론의 여지가 없다. 소셜미디어를 활용하는 회사는 그렇지 않은 회사보다 재정적으로 더 성공을 거둔다.

– 인게이지먼트디비(ENGAGEMENTdb) : 세계 100대 브랜드 순위

소셜미디어란?

인터넷은 세상에 나온 이래로 늘 소셜미디어의 역할을 해왔다. 인터넷은 최초의 다자간 의사소통 수단이라는 점에서 독특하다. 이에 반해 전화는 1:1 의사소통 수단이며, 방송은 1:다자 간 의사소통 수단이다. 인터넷은 일반인들이 전 세계인과 언제 어디서든 의사소통을 할 수 있다는 점에서 유일무이하다.

이는 게시판 체계가 직접 모뎀 뱅크(direct modem bank)를 포기하고 뉴스그룹(newsgroup, 인터넷에서 관심이 같은 사람들끼리 특정 주제를 토론하거나 최신 정보를 교환할 수 있는 일종의 토론방-옮긴이)으로 전환됐을 때 시작됐다. 글을 올리고 답을 다는 기능은 코드(전화번호)를 알았던 사람들을 넘어서 널리 확산됐다. 시간과 장소를 불문하고 이메일을 사용할 수 있게 되면서 디스커션 리스트(discussion list, 메일 목록을 사용해서 다른 이용자들에게 메시지를 전달하는 것-옮긴이)가 갑자기 생겨나더니 지금까지 자리를 잡고 있다. 이어서 사람들은 웹

사이트를 만드는 방법을 배웠다. 웹사이트를 제작하는 비용이 저렴한데다가 허가나 석박사 학위 따위가 필요 없었다. 웹사이트는 미디어를 장악한 골리앗을 상대로 다윗이 싸울 수 있는 '아주 평등한 장'이었다.

블로그는 대화의 힘과 대대적으로 향상된 사용의 편이성을 혼합시켰다. 플리커(Flickr)와 유튜브는 사진과 동영상을 쉽게 업로드하게 만들었다. 이어서 등장한 트위터는 인스턴트 메시지(이메일과 달리 보내는 즉시 상대방의 화면에 표시돼 채팅이나 전화처럼 실시간으로 의사소통이 가능-옮긴이) 전송을 아주 간단하게 만들었으며, 당연히 열풍을 일으켰다. 한마디로 지각변동이었다. 이미 초고속 의사소통의 수단이었던 웹사이트에 이제는 강력한 추가 기능까지 더해지면서 핵폭발에 맞먹는 힘을 지닌 의사소통 수단이 됐던 것이다.

이 책의 목적에 맞춰서 정의하자면 '소셜미디어'란 누구나 모든 사람과 의사소통을 할 수 있게 해주는 매체를 말한다. 다시 말하면, 쉽게 사용할 수 있는 온라인 툴을 통해서 배포된 소비자 생성 콘텐츠(consumer-generated content)이다.

사람들이 점심에 먹은 음식 사진을 업로드하는 데에나 사용하는 기능이 정말로 사업에 유용할까? 물론이다.

그렇다면 그 가치는 어느 정도일까?

소셜미디어의 종류

소셜미디어는 현재 크게 6개의 범주로 나뉘며, 이 책이 출간될 쯤이면 2개 정도가 더 등장해 있을 것이다.

포럼과 게시판

과거의 뉴스그룹부터 여기저기 확산된 토론 그룹이 모두 여기에 속한다. 누군가 질문이나 의견을 올리면 다른 사람이 답이나 견해를 제시한다. 이는 이메일만을 사용해서 이루어지거나 비공개, 일부 공개, 공개의 형태로 운영된다. 대화를 면밀히 모니터하기 위해 자체 포럼과 게시판을 운영하는 기업도 있다.

리뷰와 의견 사이트

몇 년 전부터 아마존닷컴(Amazon.com)은 고객이 책과 각종 제품에 대해 직접 평을 쓰게 해왔다. 20세기(1999년 5월)에 들어서 시작된 이피니언스닷컴(Epinions.com)은 제품의 판매에 혈안이 된 판매 회사들로부터 테러를 받을 염려 없이 구매자가 자신이 좋아하거나 싫어하는 제품을 속속들이 토론할 수 있는 장이다. 현재는 바자보이스(Bazaarvoice)와 같은 연합 서비스 덕에 대부분의 전자 상거래 사이트에 고객의 의견을 싣는 공간이 있다.

소셜 네트워크

마이스페이스(Myspace), 링크드인(LinkedIn), 페이스북은 반 공개형 인터넷 커뮤니티다. 또한 닝(Ning)과 같은 사이트 덕에 누구나 의사소통이나 협력, 친구를 통한 인맥 맺기 등을 목적으로 공개 혹은 비공개 그룹을 만들 수 있게 됐다. 소셜 게임도 이 범주에 들어가지만, 이 책에서는 다루지 않는다.

블로그

블로그는 자신의 의견을 전 세계인에게 쉽게 피력할 수 있게 돼 있다. 덕분에 누구나 의견을 마음껏 전달할 수 있다. 기업이 자사의 견해를 홍보할 수도 있고, 반대로 그 회사의 견해가 설득력이 없다는 식의 의견을 누구나 개인 블로그에서 개진할 수도 있다. 이런 이분법 때문에 기업이 의사소통을 얼마나 잘하고 있는지를 측정하는 기준과 다른 사람이 그 회사를 어떻게 평가하는지를 측정하는 기준이 달라진다.

마이크로 블로그

트위터는 마이크로 블로그의 전형적인 예다. 결혼 발표에서부터 이혼 발표에 이르기까지 모든 것이 140자 이히로 게재된다. 심지어 휴대 전화로도 글을 올릴 수 있다.

북마크

디그(Digg), 딜리셔스(Delicious), 스텀블어폰(Stumbleupon)은 개인이 중요하거나 흥미롭다고 생각하는 내용을 전 세계인에게 알릴 수 있게 해줬다. 이런 사이트에 소개되면 트래픽(들어오고 나가는 데이터의 양─옮긴이)이 급증한다.

미디어 공유

내가 어렸을 때만 해도 슬라이드 프로젝터와 스크린은 복도 벽장에 보관되어 있었다. 당시에 우리는 휴가를 즐기거나 해변으로 여행을 가거나 할 때 으레 친구 가족, 이웃, 애인과 함께했다. 클릭 한 번이면 사진을 플리커에 올릴 수 있고 동영상을 유튜브에 올릴 수 있게 된 지금,

나는 다른 이들과 어울려 이야기를 하며 지내던 과거가 그립다. 얼마 지나지 않아 집집마다 디지털 프로젝터나 초대형 TV모니터를 한 대씩 갖출 수 있을 정도로 가격이 내려가리라.

온라인 미디어 공유는 손님을 초대해 저녁식사를 하면서 스냅사진을 보여주는 것과는 차원이 다르다. 온라인 미디어 공유는 자신의 스냅사진과 동영상을 전 세계인에게 보여주고, 그것을 본 사람들이 댓글을 올리는 형태다. 여기에서 전염성(바이러스처럼 급속하게 퍼져 나가는 속성 – 옮긴이)이 발생한다.

소셜미디어는 기정사실이다

자동차를 구입할 때 결정에 가장 많은 영향을 미치는 요소는 바로 입소문이다… 소셜미디어가 대중화되면서 훨씬 많은 사람들이 입소문에 노출되게 됐다.

— 프리츠 헨더슨(Fritz Henderson), 제너럴모터스 CEO,
2009년 9월 데이비드 미어만 스콧과의 인터뷰 중에서

현재 온라인 판매, 영업부 직원의 직접 판매, 유통망을 통한 판매 등의 모든 경우에서 사람들이 기업에 대해 하는 이야기가 광고보다 중요해졌다. 과거에 소셜미디어는 부상하는 새로운 매체라는 점에서 주목을 받는 데 그쳤지만, 이제는 마케팅에서 필수적인 요소로 자리를 잡았다. 이 책은 소셜미디어의 측정방법을 다루므로, 일단 소셜미디어가 필수적이라는 점을 자명한 사실로 인정하고 들어가려 한다.

안타깝지만 나는 소셜미디어가 인간의 모든 문제를 해결해주는 수단인 이유를 이 책에서 굳이 설명하지 않을 작정이다. 이미 많은 사람

들이 그 이유를 납득시키려고 갖은 노력을 해왔으며, 그들의 주장이 모두 옳기 때문이다. 따라서 그런 주장을 다시 장황하게 강조할 필요가 없다고 본다. 소셜미디어가 실제로 중요한지 혹은 당신의 회사에 필요한지에 아직 확신이 없다면, 일단 이 책을 덮어두기 바란다. 먼저 수백 권의 책과 수천 개의 블로그 및 트윗을 읽고 나면 납득이 될 것이다. 그러고 나면 이 책을 통해 소셜미디어를 사업에 활용하는 가치를 측정할 만반의 준비가 될 것이다.

소셜미디어를 측정하는 100가지 방법

지금 당장 측정기준을 파악해야 한다면 다음의 목록이 도움이 될 것이다. 데이비드 버코위츠(David Berkowitz)는 그런 사람들의 고민을 덜어주고자 '소셜미디어를 측정하는 100가지 방법'을 발표했으며, 이는 인사이드 더 마케터스 스튜디오(Inside the Marketers Studio) 블로그 (www.marketersstudio.com/2009/11/100-ways-to-measure-social-media-.html)에 게재돼 있다. 당신이 알고 싶은 내용이 그저 측정기준이라면 아래 목록이 확실한 답을 제시해줄 것이며, 이외에 다른 사항은 필요치 않다.

1. 포스트의 수를 바탕으로 파악할 수 있는, 브랜드에 대해 고객이 일으킨 버즈(인터넷 상에서 형성되는 입소문이나 이야기 – 옮긴이)의 양
2. 광고 노출(impression, 웹사이트 방문자에게 배너광고가 보인 횟수. 웹페이지가 한 번 열릴 때 그 안에 포함된 배너광고도 한 번 노출된 것으로 계산 – 옮긴이) 횟수로 살펴본 버즈의 양
3. 시간이 흐르면서 일어난 버즈의 변화

4. 하루/일정한 시간대의 버즈

5. 버즈의 계절적 변동

6. 경쟁사의 버즈

7. 범주별/주제별 버즈

8. 소셜미디어별(포럼, 소셜 네트워크, 블로그, 트위터 등) 버즈

9. 구입 깔때기의 단계(예 : 조사 대 거래완료 대 구입 후)에 따른 버즈
   (구입 깔때기는 고객이 제품/서비스를 구입하는 단계를 이론적으로 정
   리한 마케팅 모델―옮긴이)

10. 정보 제공물의 인기도(예 : 글에 삽입할 수 있는 동영상이 여러 개인
    경우 가장 많이 사용된 동영상)

11. 주류 언론에 언급된 내용

12. 팬 수

13. 팔로어(follower) 수

14. 친구 수

15. 팬, 팔로어, 친구 수의 증가율

16. 전염성/전달 속도

17. 시간의 경과에 따른 전염성의 변동

18. 2차 도달(사람/광고를 통해 영향을 받은 팬, 팔로어, 친구에게 연결된
    정도)

19. 삽입 수/설치 수

20. 다운로드 횟수

21. 업로드 횟수

22. 사용자의 댓글 수(예 : 동영상에 대한 의견)

23. 견해의 삽입 비율, 혹은 인기도

24. 선호도/인기도

25. 댓글 수

26. 순위

27. 소셜 북마크

28. 구독(RSS, 팟캐스트, 동영상 시리즈)

29. (블로그, 마이크로 사이트 등에서의) 페이지 뷰 횟수

30. 소요 시간당 광고 노출 횟수를 바탕으로 한 효과적인 CPM(Cost Per Millenium, 광고 노출 1,000회당 지불 비용-옮긴이)

31. 소셜미디어에 링크된 사이트의 검색 엔진 순위 변화

32. 해당 브랜드를 홍보하는 모든 소셜 사이트의 검색 엔진 점유율 변동

33. 소셜미디어 활동에 기인한 검색 증가 비율

34. 버즈가 포함된 링크의 비율

35. 발행자의 영향력에 의한 링크 순위

36. 버즈가 포함된 멀티미디어(이미지, 동영상, 오디오)의 비율

37. 동일한 환경에서 무료 미디어(earned media)와 유료 미디어(paid media)를 운영할 때 소셜 사이트에서의 점유율 비교

38. 도달된 고객의 영향력

39. 도달된 발행 매체(예 : 블로그)의 영향력

40. 소셜 채널에 참여하는 브랜드의 영향력

41. 소셜 채널에 동참하는 타깃 청중의 인구 분포

42. 소셜미디어를 통해서 도달한 독자의 인구 분포

43. 타깃 청중의 소셜미디어 습관/흥미

44. 참여하는 고객의 지역 분포

45. 포스트의 양에 따른 정서

46. 광고 노출 양에 따른 정서

47. 소셜 마케팅 프로그램 실행 전, 도중, 후의 정서 변화

48. 참여하는 고객이 사용하는 언어

49. 배포된 콘텐츠에 소비된 시간

50. 소셜미디어 지원을 통해서 현장에서 소비된 시간

51. 콘텐츠 발견 방법(검색, 전달, 발견 엔진[discovery engine, 찾고 싶
    은 내용만 찾아주는 검색 엔진과 달리 그 외의 내용까지 다 보여주는
    검색 엔진-옮긴이] 등)

52. 클릭 횟수

53. 무료 미디어에서 생성된 트래픽 비율

54. 온라인 광고를 시청한 횟수

55. 상호작용 횟수

56. 상호 작용률/동참률

57. 고객당 소셜 상호작용의 빈도

58. 동영상의 시청률

59. 실시된 여론조사/득표 수

60. 브랜드 연상

61. 구입 고려

62. 사용자가 접수한 의견의 수

63. 가상 선물(virtual gift)의 노출

64. 배포된 가상 선물의 수

65. 콘텐츠의 상대적 인기

66. 첨부된 태그

67. 태그의 속성(예 : 브랜드의 인식 자체에 얼마나 잘 부합되는가)

68. 제3의 소셜 로그인(예 : 페이스북 커넥트[Connect], 트위터 오스
    [OAuth, 사용자가 일정한 사이트에 저장된 사진, 동영상 등의 개인 자
    료를 공유하도록 허용하는 개방형 표준의 예─옮긴이])으로 등록

69. 채널별(예 : 웹, 데스크톱 애플리케이션, 모바일 애플리케이션, SMS
    등) 등록

70. 대회 참가자 수

71. 채팅방 참여자 수

72. 위키 기고자 수

73. 오프라인 마케팅/이벤트가 소셜 마케팅 프로그램, 혹은 버즈에
    미친 영향

74. 다른 채널에서 마케팅 담당자가 사용할 수 있는 사용자 생성 콘
    텐츠

75. 지원을 받은 고객

76. 다른 채널(예 : 콜센터, 매장)과 비교해서 소셜미디어를 통해 직접
    지원을 받은 고객당 절약된 시간/비용

77. 고객이 서로 연계되면서 절약된 시간/비용

78. 첫 상담에서 처리된 비율(FCR)에 미치는 영향력

79. 고객만족도

80. 고객이 제공한 피드백의 양

81. 소셜미디어를 통한 피드백에 근거하여 절약된 연구개발 시간

82. 소셜 피드백에서 나온 제안 실행

83. 기존의 조사방식에서 벗어남으로써 절약된 비용

84. 온라인 매출에 미친 영향

85. 오프라인 매출에 미친 영향

86. 할인 상환율

87. 오프라인의 다른 행동에 미치는 영향(예 : TV 시청)

88. 리드 발생

89. 샘플 제품

90. 매장 위치가 나온 페이지의 방문 횟수

91. 사용자 평가와 리뷰로 생긴 변화

92. 고객/방문자 보유율

93. 고객 생애 가치(CLV, 한 고객이 고객으로 존재하는 전체 기간 동안 기업에 제공하는 이익의 합계—옮긴이)에 미친 영향

94. 소셜미디어를 통한 고객 획득비용/유지비용

95. 시장 점유율 변화

96. 무료 미디어가 유료 미디어의 결과에 미친 영향

97. 게재된 친목 이벤트에 대한 반응

98. 실제 이벤트의 참가자 수

99. 영향을 받은 고용인(내부 프로그램)

100. 접수된 채용 지원서

이 정도로 만족하는가? 그렇다면 좋다. 반면에 이 중에서 유용한 측정기준이 무엇이며 그런 기준을 사용하는 방법이 무엇인지를 알고 싶은 사람도 있을 것이다. 그렇다면 "기본적으로 자신의 사업목표를 먼저 파악한 다음, 그에 맞춰서 측정기준을 적용해야 한다"는 데이비드의 조언에 귀를 기울이기 바란다.

이 책의 대상

이 책은 여러 수준의 독자를 대상으로 한다.

첫째, 이 책의 대상은 소셜미디어가 중요하다는 사실을 이미 알고 있으며, 이를 중요한 사업 도구로 더욱 잘 관리하고 싶은 마케팅 담당자들이다.

둘째, 이 책의 대상은 현재 소셜미디어를 제대로 이해하지 못하고 있지만, 단순히 멋진 온라인상의 최신 유행 현상으로 받아들이기보다는 기업의 자산으로 관리하는 단계로 올라서고 싶은 중역들이다.

셋째, 이 책의 대상은 소셜미디어에 자원을 투자하도록 상사를 설득할 방법을 고민하고 있는 마케팅 책임자들이다. 한마디로 협력과 승인을 얻을 방법을 모색하고 있는 사람을 말한다.

넷째, 이 책의 대상은 다른 업무의 일환으로 소셜미디어를 떠맡았으며, 앞으로 결과물을 도출해야 하는 마케팅 담당 직원들이다. 이런 사람들은 예산 분배를 결정해야 하는 어려운 처지에 있으며, 노력의 가치를 증명할 방법이 필요하다. 적절한 자원을 승인받으려고 애쓰는 과정에서 도움을 줄 협력자가 필요한 것이다.

다섯째, 이 책의 대상은 가능한 한 최소의 비용으로 잠재적인 고객을 동참시킬 방법을 모색 중인 소규모 회사의 직원들이다.

여섯째, 이 책의 대상은 인터넷에 정통한 학생들에게 마케팅 과목을 가르치면서 소셜미디어의 실제 가치를 설명해야 하는 대학교수들이다.

일곱째, 이 책의 대상은 고객이 소비자의 기대치를 충족시키도록 도와야 하는 광고 대행사, 웹 마케팅 회사, 소셜미디어 컨설턴트이다.

그러니 이 책에서 블로그 운영하기, 트위터에 글 올리기, 디그 사용하기, 팔로잉하기(관심 있는 사람을 친구로 등록하는 것 –옮긴이), 친구맺기 등을 배울 수 있다고 기대한 독자들이 있다면 기대를 버리기 바란다. 그런 내용은 전혀 안 나온다. 대신 이 책은 그런 활동을 얼마나 잘하고 있는지를 판단하게 해줄 것이다.

이리저리 얽히고설킨 세상에서 마케팅에 성공할 수 있는 열쇠는 철학의 변화, 전략의 변경, 최신 측정기준이다. 이 책 이외의 다른 책들은 소셜미디어가 중요한 이유와 참여하는 방법을 설명하려 한다. 반면에 이 책은 소셜미디어를 통한 마케팅 활동의 성공을 측정하는 데에 초점을 맞춘다.

이 책의 구성

1장 집중하기 : 목표 파악

소셜미디어에 신경을 써야 하는 이유가 무엇일까? 이 질문에 대한 답을 모르겠다면 무턱대고 뛰어들어선 안 된다. 소셜미디어는 여론이 펼쳐지는 장이자 고객과 대화를 나누는 장이다. 참여하려는 이유와 얻고자 하는 성과를 확실히 파악하지 못한 상태로 뛰어드는 실수를 해선 안 된다. 일을 망쳐버릴 뿐만 아니라 측정한 내용이 해당 상황과 상관이 없거나, 이익은커녕 피해만 생길 것이다.

사업의 3대 주요목표는 다음과 같다.

1. 수익증가
2. 비용절감
3. 고객만족도 향상

3가지 목표 모두가 장기적으로 중요하다. 당신이 하는 일이 이 3대 주요목표 중 하나 이상을 촉진시키지 않는다면, 그것은 시간을 낭비하면서 헛수고를 하는 셈이다.

주요 3대 목표 중 1가지라도 향상시키고 있는지를 측정할 수 있는 요소는 많다. 이런 중요한 요소를 잘 지켜보면서 그때그때 조정을 해야 한다. 마케팅 프로그램은 실시간으로 진행되므로 월말이나 분기의 결과를 기다렸다가 조정하는 방법은 말도 안 되기 때문이다. "목적지에 도착했는가?"는 잘못된 질문이다. "올바른 방향으로 가고 있는가?"야말로 사업과 직장에서 성공할 수 있는 질문이다.

2장 관심 끌기 : 청중에게 도달

소셜미디어에서 메시지 전달도의 측정은 기존 광고 영역의 측정방법과 매우 비슷하다. 따라서 기존의 측정방법을 적용하면 된다. 메시지가 제대로 전달되고 있는지를 파악하려면 인식, 도달, 빈도가 필수적이다. 그렇지만 여기에 반전이 있다.

당신이 많은 사람들에게 메시지를 전달했다고 해보자. 훌륭하다! 그러나 이는 전체 과정 중에서 일부분에 불과하다. 소셜미디어의 성공은 메시지를 받은 사람의 숫자와는 상관없다. 당신이 전달하는 메시지를 얼마나 많은 사람들이 훌륭하게 여기는지에 성공이 달려 있다. 당신이 말하려는 요점에 호기심을 느끼고 그 내용을 친구들에게 전달한 사람이 몇 명이었는가?

이런 입소문은 기존의 매체에서와 완전히 다른 형태이므로, 유기적으로 연관되고 다차원적인 척도를 활용할 준비를 해야 한다.

3장 존중받기 : 영향력 파악

소셜 네트워크의 접점 도식화는 인터넷이 등장해서 그 연관성들을 실제로 볼 수 있기 전까지만 해도 흥미롭고 이론적인 오락거리였다. 현재 마케팅 담당자의 임무에는 의사소통의 접점인 사람들에게 도달하는 영향을 이해하는 것이 포함되어 있다.

숲속에서 나무 한 그루가 쓰러지더라도 그 소리를 들은 사람이 아무도 없다면 소리가 나고 안 나고는 아무런 차이가 없다. 또 숲속에서 나뭇잎 하나가 떨어질 때 수천 명이 그 소리가 들리는 지점에 서 있었다 해도, 그 소리가 너무 작기 때문에 나뭇잎이 떨어지든 아니든 아무런 차이가 없다.

아무리 뛰어난 견해라도 독자가 전혀 없는 블로그에 게재하거나 너무 평범해서 리트윗(다른 사람의 글을 자신의 팔로어에게 전달하는 것-옮긴이)을 하는 사람이 없는 내용을 트위터에 올린다면 아무 소용이 없다. 메시지의 증식 속도와 도달범위는 그 메시지에 담긴 견해가 인기가 있는지, 아니면 따분한지를 보여주는 척도다.

메시지의 증식은 그 메시지가 반복될 가치가 있다고 생각하는 사람의 수, 메시지가 확산되는 속도, 보급 범위를 말해준다. 이런 요소들은 당신이 타깃 독자에게 반향을 일으켰는지, 소셜미디어계에서 회사의 얼굴이 될 준비를 가장 잘한 사람이 누구인지를 결정하는 필수적인 척도다.

4장 감정 파악하기 : 정서 인식

집계도 좋은 측정방법이지만, 이제는 여기에서 한 단계 나아가 의견까지 알아낼 수 있다.

문서, 스프레드시트, 설문조사결과처럼 체계가 없는 데이터에 초점을 맞춘 텍스트 분석도구가 오래전부터 존재했다. 기본적으로 검색 도구로 사용되는 이런 도구들은 현재 소셜미디어 공간이라고 불리는 감정의 바다에서 연마되고 있다.

수백만 명이 분출한 감정을 분석하면 여론조사나 설문조사 응답자, 혹은 고객만족도 질문지에서 명확하게 드러나지 않는 사고방식의 변동이 드러난다. 시간이 흐르면서 변하는 대중의 정서를 추적하면 소중한 통찰력이 생기며, 시장과 자사의 브랜드 가치가 변하는 과정에서 정상의 자리를 유지할 기회를 얻게 된다.

5장 반응 얻기 : 행동 유발

당신이 올린 글을 대중이 읽고 마음에 들어서 여러 사이트에 전파한다 해도, 이는 당신이 목적을 달성하는 과정에서 일부 단계일 뿐이다.

대중의 마음속에서 생기는 브랜드 애정도의 변화를 추적하는 작업이 중요하다고 가정할 때, 당신의 소셜미디어 활동이 일으킨 결과를 측정하는 작업은 필수적이라고 말할 수 있다.

사람들이 소셜미디어에서의 상호작용을 바탕으로 당신의 웹사이트를 찾아오는가? 사람들이 새롭고 다양한 방식으로 당신의 회사에 동참하는가? 이익이 있고 지속될 수 있는 관계를 당신의 회사와 맺는 사람들이 늘어나는가? 당신이 블로그, 트위터, 유튜브를 활용해 생긴 모든 행동을 추적하면 수익을 낼 수 있는 방법을 발견할 수 있다.

6장 메시지 받기 : 대화 청취

오래전부터 훌륭한 광고인과 마케팅 담당자의 특징은 올바른 시점에, 올바른 사람에게서, 올바른 메시지를 얻는 것이었다. 따라서 고객을 잘 관리한 상태에서 올바른 시점에, 올바른 사람에게서, 올바른 메시지를 얻는 능력을 측정해야 한다.

소셜미디어는 훌륭한 시장조사 시스템으로 자리를 잡았다. 소셜미디어는 시장의 이야기를 듣게 해주며 타깃 청중의 생각과 느낌을 알게 해준다. 이렇게 얻은 지식을 마케팅 믹스(마케팅 목표를 효과적으로 달성하려고 제품 및 서비스, 유통, 커뮤니케이션을 균형 잡히도록 구성하는 전략—옮긴이)에 통합하고, 이를 고객서비스와 고객지원의 기본적인 요소로 정착시키며, 사업 전략을 수립하는 데 직접 활용할 수 있다.

의견을 얼마나 잘 들을 수 있는지 측정하는 것은 얼마나 잘 말하는지를 측정하는 것과 다르다.

7장 결과물 얻기 : 사업성과 도출

당신은 사람들이 어떤 반응을 보이는지를 측정하고 있다. 이제 그 노력이 사업에 어떤 영향을 주는지를 측정할 때가 됐다.

수익증가, 비용절감, 고객만족도 향상이라는 결과가 나왔는지의 여부를 판단할 수 없다면 소셜미디어는 회사에 아무런 도움이 안 된다.

소셜미디어가 실제로 작용하는 과정을 익히고 나면 이제 목표를 다시 검토할 때다. 주요 3대 목표는 시간이 지나도 변치 않겠지만, 핵심 성과지표(KPI, Key Performance Indicator)는 꼭 재평가가 되어야 한다.

8장 원조 얻기 : 동료 설득

중역들이 우둔하지는 않지만, 이들은 대체로 새로운 의사소통 방법을 이해하고 받아들이는 데에 시간이 걸린다.

당신의 상사가 어렸을 때는 인터넷이 존재하지 않았을 가능성이 크다. 어쩌면 대학 시절에조차 인터넷을 접해보지 않았을 것이다. 그러니 소셜미디어가 필수불가결하고 마케팅 믹스에서 핵심적인 부분일 뿐만 아니라, 수익으로 이르는 지름길이며 이를 제대로 측정할 자원이 필요하다는 점을 상사들에게 설득시키려면 몇 단계를 밟아야 한다.

9장 앞서가기 : 미래 예측

소셜미디어는 2년, 혹은 10년 후에 어떤 모습일까? 공개적으로 사람들에게 이야기를 할 수 있는 이 기이하고도 멋진 세상은 지속적으로 변해가는데, 이것을 어떻게 측정해야 할까?

모두를 놀라게 할 변화가 필연적으로 일어날 것이다. 미래를 예견하는 것은 늘 흥미로우면서도 약간은 두려운 일이다.

어쨌든 다들 아는 확실한 것이 하나 있다. 미래를 알고 싶다면 목표에 비추어 노력을 측정해야 한다는 것이다. 그러니 결국 목표가 있어야 한다.

따라서 목표설정에서부터 시작해보자.

집중하기 : 목표 파악

나는 성공을 위해 치러할 것이 무엇인지 안다. 그것은 이루려는 목표를 향해 끊임없이 전념, 노력, 몰두하는 것이다.

– 프랭크 로이드 라이트(Frank Lloyd Wright)

목표가 있는 직원을 데려오면 역사에 남을 인물로 만들어주겠소. 목표가 없는 인물을 데려오면 그저 그런 직원으로 만들어주겠소.

– J. C. 페니(J. C. Penney)

측정의 목적을 평가하는 것은 바보들이나 하는 헛수고다. 그러나 때로는 누구나 바보짓을 하기 마련이다.

사람들은 질서가 정연한 상태를 좋아한다. 아이팟을 '랜덤 재생'으로 설정했을 때 마음 상태에 딱 맞는 순서로 노래가 나오면 그 기계가 자신의 기분을 안다고 생각한다. 또한 찻잔 바닥에 있는 찻잎의 모양이나 뒤집힌 타로 카드의 순서를 읽어서 점을 친다. 인간의 마음은 완전히 무질서한 상태에 맞닥뜨릴 때면 일정한 패턴을 찾으려 가열 차게 움직인다. 풀밭에 누워 하늘에 뜬 구름이 어떤 동물과 닮았는지 생각하며 조용히 시간 보내는 것을 좋아하며, 음모론자들은 무작위로 일어나는 사건들에서 각종 음모를 찾아내려 한다.

이와 마찬가지로 초기부터 인터넷 마케팅 담당자들은 웹서버의 로그파일에 나온 IP 주소, 파일명, 메모리 크기, 접속시간 정보에서 중요한 의미를 찾아내려 노력해왔다.

수년 동안 각종 자료수집 기술이 출현하면서 추측과 예상이 사업에 유용하다는 점이 입증됐다. 웹사이트에 특정한 변화를 주고 그 결과를 측정함으로써 온라인에서의 행동을 이해하고, 그런 행동에 영향을 미칠 수 있다는 가설은 과학적으로 얼마든지 시험이 가능하다. 판촉활동과 설득기법을 바꾸면 잠재적인 고객의 행동을 바꿀 수 있는 것이다.

측정은 선택이 아닌 필수

카티에 들라이예 페인(Katie Delahaye Paine)은 PR 전문가이며 소셜미디어에 조예가 깊다. 카티에는 통찰력 있는 컨설턴트이자 훌륭한 연설가이며, 그녀의 인기 있는 파워포인트 프레젠테이션 하나가 http://kdpaine.blogs.com/themeasurementstandard/2009/06/seven-steps-to-measurable-social-media-success.html에 게재돼 있다. 이 프레젠테이션의 제목은 '소셜미디어의 측정에 성공하는 7단계'다.

여기에서 두 번째 단계가 측정할 수 있는 분명한 목적을 설정하는 것이다. 카티에는 해결해야 할 문제가 무엇인지를 알아야 하며, 사업에 부가적인 가치가 없다면 소셜미디어를 활용할 필요가 없다고 조언한다. 또한 측정할 수 없는 사항은 관리가 불가능하다는 점도 상기시킨다. 따라서 측정할 수 있는 목표를 설정해야 한다.

자금이 빠듯하거나 충분하거나를 떠나서, 모든 회사는 일정한 측정기준을 바탕으로 사업성과를 향상시키려 노력한다. 비행기가 육감에만 의지해 비행하지 않고 자동항법장치와 운항장비가 있어야 하듯이, 기업에도 마땅히 그런 도구가 있어야 한다.

각종 도구가 점차 정교해지는 가운데에도 간과해서는 안 되는 불변의 이치가 있다. 자료가 아무리 많고 분석도구가 아무리 완벽해도, 결국 사람이 분석작업을 해야 한다는 것이다. 세상에서 가장 예리한 분석가나 최고의 재능을 가진 통계학자라도 자료가 없다면 곤경에 빠질게 분명하다. 그러나 마찬가지로 주어진 목적을 고심하는 영리한 사람이 없다면 도구나 자료는 그저 차트와 그래프에 불과하다. 가장 빈번하게 놓치는 부분은 바로 해결해야 할 구체적인 문제점이기 때문이다.

많은 정보가 들어간 데이터베이스가 있고 인간의 의도를 해석할 수 있는 능력이 있다는 가정 하에, 모든 분석자는 과거를 서술하고 현재를 설명하며 미래를 예측하는 역할을 하도록 요구받아왔다.

"여기에 많은 데이터가 있다. 이 데이터가 무엇을 의미하는가?(What does it mean?)"라는 질문에 맞닥뜨리면 나올 수 있는 대답은 두 종류다. 첫째 대답은 '데이터(data)'라는 단어가 데이텀(datum)의 복수형이므로 질문이 문법에 어긋난다("What do they mean?"이라고 해야 한다—옮긴이)고 지루한 설명을 하는 것이다. 이런 접근법은 대답을 듣는 사람을 짜증나게 하며, 대답을 하는 분석자도 처음 몇 번만 재미가 있을 뿐이다. 둘째 대답은 "해결하려는 문제가 무엇인가?(What problem are we solving for?)"이다. 이 대답 역시 영어의 문법에 맞지 않기는 마찬가지지만(전치사 for가 빠져야 한다—옮긴이), 이 질문은 분석가들이 쓰는 전문용어에서 필수적으로 사용된다.

여기서는 두 번째 대답이 매우 중요하다. 택시에 탄 사람은 목적지를 알고 있으며, 그곳을 기사에게 알려주는 게 당연하다. 통계학자는 엄청난 데이터를 다듬어서 기온, 고도, 기압의 변화 사이의 상관관계를 찾을 수 있다. 그러나 누군가가 "비가 올 것 같습니까?"라고 구체적으로 질문하지 않는 한, 통계학자가 자발적으로 나서서 우산을 가져가야 할지 말지에 대해 중요한 답변을 해주지는 않을 것이다.

이와 동일한 이치가 데이터는 넘쳐나지만 통찰력이 부족한 마케팅(특히 온라인 마케팅)에도 적용된다.

측정, 측정기준, 핵심성과지표

당신의 회사에서 바이러스 마케팅(기업의 광고를 네티즌들이 이메일이나 다양한 매체를 통해 자발적으로 홍보하도록 하는 마케팅 기법—옮긴이)을 시작한 첫날에 올라온 의견과 언급하기(mention)가 총 4,231건이 있다고 해보자.

이 말을 들으면 당신은 의자를 박차고 나가서 복도를 뛰어다니며 상사 및 부하직원들과   하이파이브를 하고는 샴페인을 터뜨릴 것이다. 아니면 의자에 푹 주저앉아서 부서원들로부터 몸을 숨긴 채 항우울제가 든 약병을 열 것이다.

여기서 4,231은 측정치다. 내용이 없으면 이는 그저 숫자에 불과하다. 자신이 기울인 최선의 노력, 회사의 기대치, 또는 경쟁자의 노력과 비교될 때에야 이 숫자는 측정기준이 된다. 그렇게 되면 이제 이 숫자는 결과의 가치, 중요도, 또는 변화의 지표가 된다.

이 측정기준이 회사의 성공에 중요하다면, 그 기준은 핵심성과지표, 즉 KPI로 여겨질 수 있다. 매일 이메일 업데이트를 하고, 대시보드에 배치하며, 아이폰으로 알림글을 보내는 것이 가치를 지니게 된다. 회사의 목적이 얼마나 잘 수행되고 있는지를 보여주는 측정기준이라야 KPI가 될 수 있다. 여기에서 모든 사람이 느끼는 어려움이 제기된다. 간단히 말하자면, 인터넷 측정이 실패하는 이유는 목표가 분명하지 않기 때문이다.

내용이 없는 측정은 의미가 없는 법이다.

마찬가지로 구체적인 사업목표가 없으면 측정기준은 아무 의미가 없다.

목표가 없다면 진행하지 말라

소셜미디어 프로그램을 시작하기 전에 구체적인 사업목표를 정하는 것이 중요하다. 요기 베라(Yogi Berra)가 말했듯이, '목적지를 모르고 가면 엉뚱한 곳에 도착' 하기 마련이다.

친구와 팔로어의 수를 추적한다는 이유만으로 '성공' 이라고 자랑하는 회사는 팔로어에게 관심을 기울여서 올린 매출 및 이익을 추적하는 회사들과 제대로 경쟁하지 못할 게 분명하다. 목표를 갖고 싶은가? 일단은 수입증가가 훌륭한 목표지만, 이 외에도 필요한 목표가 있다.

주요 3대 목표

아주 높은 단계로 넘어갈 때가 됐다. 진정한 사업목표는 단 3개다 ([그림 1.1] 참조).

세 목표 모두 장기적으로 중요하다. 자신이 하는 일의 결과가 세 목표 중 하나 이상의 향상에 기여하지 않는다면, 당신은 시간과 돈을 낭비하고 있으며 고객과 멀어지고 있는 것이다. 게다가 당신은 회사에 전혀 도움이 안 되고 있다고 할 수 있다. 그런 사람은 어쩌면 빠져나갈 구멍을 마련해놓고 나름대로의 아성을 쌓고 있을 수도 있지만, 장기적으로는 언제 그 자리에서 쫓겨날지 모른다.

주요 3대 목표 중 하나 이상을 향상시키고 있는지의 여부를 측정할 수 있는 요소는 많이 있다. 이런 중요한 요소를 잘 지켜보면서 그때그때 조정을 해야 한다. 마케팅 프로그램은 실시간으로 진행되므로, 월말이나 분기의 결과를 기다렸다가 조정하는 방법은 전혀 적용할 수 없

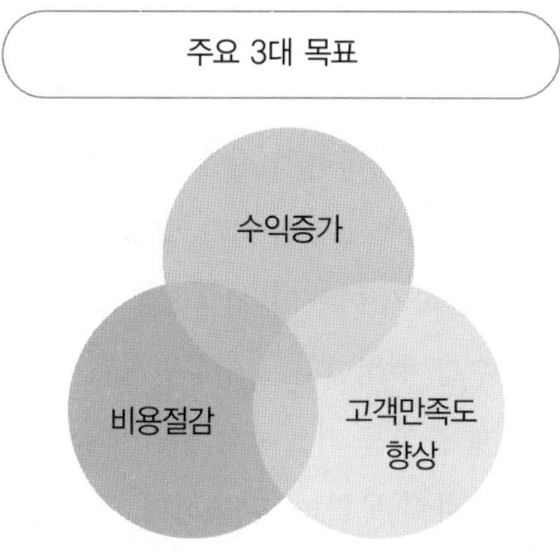

그림 1.1 | 언제나 수익증가, 비용절감, 고객만족도 향상에 초점을 맞춰야 한다. 이 3가지 목표를 실행하는 것만으로도 충분하다.

기 때문이다. "목적지에 도착했는가?"는 자동차 뒷좌석에서 묻는 질문이다. "여전히 올바른 방향으로 가고 있는가?"와 "과정에 무슨 문제가 있는가?"는 운전석에서 하는 질문이며, 이런 질문이 사업과 직장에서의 성공을 불러온다.

누구나 매출을 올리고 지출을 줄이며, 고객을 만족스럽게 할 방안을 항상 고안해낼 수 있다. 혹시라도 이 3가지를 한 번에 생각할 수 있는 사람이 있다면 부디 내게 연락해주기 바란다. 장담컨대 그런 사람은 성공으로 향하고 있으며, 나는 훌륭한 사례를 연구하기를 좋아한다.

수익증가

수익은 측정하기가 가장 쉬운 요소로 여겨지며, 항상 액수가 나열된 표로 작성된다. 결론은 간단하다. 돈을 벌었거나 벌지 못했다, 기대했던 투자수익률을 올렸거나 기대치에 미치지 못했다, 이번에는 지난번보다 매출을 더 올렸거나 참패를 당했다 등이 그것이다. 마르크, 엔, 달러, 파운드 등 통화단위에 상관없이 수익은 합계를 내기가 아주 쉽다.

만약 측정하는 내용이 수입과 연결되지 않는다면, 굳이 시간을 내서 그 내용을 측정하고 있는 이유를 분명하게 생각해봐야 한다. 당신이 정서 변동 속도, 동참 전파 속도, 이해 대 매혹 비율과 같은 분석론의 표현법을 쓴다면 동료와 상사는 완전히 어리둥절해할 것이다. 그러나 도달해야 할 수입을 나타낸 도표상의 점들을 연결해서 수입에 대해 설명하면 모두가 당신의 말을 즉시 이해할 것이며, 소셜 마케팅 프로그램의 정당성을 평가하는 표준적이고 합의된 수단을 확보하게 될 것이다.

수입은 누구나 늘 염두에 두는 목표지만 간과할 수 없는 사항이 하나 더 있다. 이윤의 이면에는 비용이라는 요소가 있다는 것이다.

비용절감

100만 달러를 버는 방법은 간단하다. 50센트짜리 물건을 200만 개만 팔면 된다. 당신의 관심이 수익에 맞춰져야 한다는 것은 분명하다. 따라서 새롭고 혁신적인 판매방법을 세우는 동시에 새롭고 혁신적인 비용절감 방법을 수립해야 한다는 것도 명심해야 한다. 수입을 올리는 데 소요되는 비용을 절감하면 순수익이 증가한다.

고객서비스와 시장조사는 소셜미디어를 통해 비용을 절감하여 수익을 올릴 수 있는 확실한 영역이다. 그렇지만 돈을 벌려면 돈을 써야 하기 마련이다. 소셜미디어에도 돈이 들어간다. 그러나 당신이 소셜미디어는 여론을 측정하고 친구를 만들고 사람들에게 영향을 끼치는 저렴한 방법이라는 점을 보여주면 다음 분기에는 더욱 많은 예산을 배정받을 수 있다. 물론 당신의 일자리도 확실히 보존할 수 있다.

고객만족도 향상

고객만족도를 향상시킬 때 발생하는 최고 장점은 수익이 증가하고 비용이 절감된다는 것이다. 만족도가 높은 고객일수록 다시 구매할 확률이 높다. 이미 데이터베이스에 저장된 고객에게 판매를 하는 것이 새로운 고객을 찾는 것보다 비용 면에서 훨씬 저렴하다. 따라서 고객만족도가 수입과 비용의 한 요소이고 수입과 비용이 수익 방정식의 일부분이라면, 신경 써야 할 목표는 수익 하나뿐이라고 성급히 결론짓는 사람이 있을 것이다. 그러나 그렇게 급하게 결론을 내서는 안 된다.

엔론(Enron)의 유명한 CEO 케네스 레이(Kenneth Lay)를 기억하는가? 그가 마지막으로 대중 앞에 보였던 모습은 수갑을 찬 채 엔론 본사에서 끌려나오던 장면이었다. 수익에만 초점을 맞추는 사람은 필연적으로 이처럼 원치 않는 결말을 맞는 듯하다.

분기보고서에 대한 집착을 버리고 폭넓게 상황을 둘러볼 수 있는 사람이라면 사업에는 만족도가 높은 고객이 필수라는 사실을 깨달을 것이다. 6개월, 9개월, 혹은 12개월 단위로 살펴보면, 불만을 가진 고객이 있는 회사는 생존할 수 없다는 점을 확인할 수 있다. 이를 입증하는 증거가 있다. 한 회사의 미국 고객만족도 지수(ACSI, American Customer Satisfaction Index) 점수를 보면 '다른 중요한 경제성장 지표와 더불어 고객 지출과 주식시장 성장 모두를 예측' 했음을 알 수 있다(www.theacsi.org). 만족도가 높은 고객은 주가 상승에 도움이 되는 것이다.

무료 계산기의 딜레마

소셜미디어가 얼마나 수익을 증가시키고 비용을 감소시킬 수 있는지를 무료로 알고 싶다면, 드래건서치(DragonSearch)의 소셜 네트워킹 미디어 ROI(투자수익률) 계산기와 같은 온라인 도구가 많이 있다([그림 1.2] 참조). 이런 계산기는 일정한 예산에 맞춰야 하는 사람들에게 이상적이다.

모든 스프레드시트도 동일한 방식으로 도움이 된다. 아주 오랫동안, 혹은 적어도 상사가 바이러스처럼 확산될 페이스북 애플리케이션에 대한 예산을 배정해줄 때까지 여러 가상 시나리오를 짜볼 수 있다.

해결책은 목표를 명확하게 이해하고 자신의 요점을 입증해줄 온라인 측정도구와 서비스를 모으는 것이다. 추측 대신에 당신의 노력으로 생긴 실제 결과를 보여주자. 너무 과장하지 말자. 자칫하다가는 도구에 돈을 들이지 않으려다 나중에 더 많은 비용이 들 수 있다.

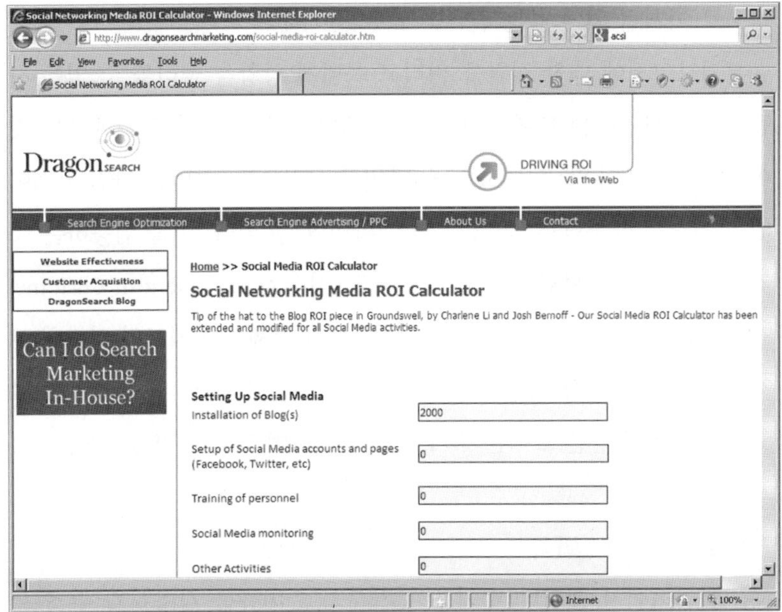

그림 1.2 | 드래건서치의 소셜 네트워킹 미디어 ROI 계산기를 이용하면 수치가 적절해질 때까지 조정할 수 있다(www.dragonsearchmarketing.com/social-media-roi-calculator.htm).

비싼 계산기의 딜레마

적당한 계산기가 있으면 사칙연산을 하면서 사업을 이리저리 구상해볼 수 있다. 스프레드시트가 있으면 키보드가 닳을 때까지 가상 시나리오를 짤 수 있다. 고객관계관리(CRM) 시스템, 다이내믹 콘텐츠 관리 서버, 통합 서버, 추천엔진, 감정 분석 시스템이 있으면 올바른 시점에 올바른 사람에게 올바른 메시지를 전달할 수 있다. Deep Thought 이라는 이름의 슈퍼컴퓨터까지 나온 판국이니 삶과 우주와 모든 것에 대한 답을 계산할 수 있게 됐다. 물론 약 750만 년 후에 말이다. 그런데 과연 이런 계산을 할 필요가 있을까?

프로젝트를 진행할 때 스프레드시트만으로도 충분하다면 굳이 다른 도구를 구입하고 싶지 않을 것이다. 다시 말하면 얻게 될 수익보다 더 많이 지출하고 싶지 않을 것이다. 이때가 ROI 대비 ROI를 계산하는 시점이다.

세계에서 가장 정교한 100만 달러짜리 도구들을 사용해서 매출을 0.002% 신장시켰다고 해보자. 링크드인의 프로필에 넣을 정도로 딱히 자랑스럽지는 않은 실적이다. 물론 0.002%가 금액으로 750만 달러라면 얘기는 달라진다. 그런 매출을 올렸다면 링크드인, 페이스북, 마이스페이스에 업데이트를 하고 샴페인 병을 따고, 자신을 비롯해 제값을 한 모든 도구를 마음껏 칭찬해주자.

모든 분석에서 가장 중요한 것은 측정의 결과가 사용될지의 여부와, 만약 사용된다면 어떤 방식일지이다. 여러 내용을 서로 비교하려면 측정을 통해 얻은 정보를 어떻게 사용할 것인지 등 자신이 원하는 바를 정확하게 알아야 한다.

분석을 하다보면 여기저기서 분석보고서를 달라고 요구할 것이다. 이럴 때는 유다 필립스(Judah Phillips)가 조언한 내용에 귀를 기울이면 도움이 될 것이다. 이 글의 제목은 '웹 분석작업의 우선순위에 대한 고찰(http://www.mediapost.com/publications/?fa=Articles.showArticle&art_aid=96486)' 이며, 아래는 그 내용을 요약한 것이다. 분석에 대한 요청의 우선순위를 어떻게 정해야 될까? 아래 질문에 답해보자.

- 수입이 위험에 처해 있는가? (항상 최우선 사항인 듯하다)
- 누가 요청을 하는가? (야후!의 밥 페이지[Bob Page]가 흔히 말하듯, 모든 측정기준은 정치적이다)

- 얼마나 어려운 요청인가? (전체가 아니라 쉬운 것부터 일부라도 당장 처리하라)
- 요청자가 처리할 수 있는 사안인가? (스스로 처리하게 하라)
- 분석이 언제 필요한가? (지금 당장에서부터 750만 년 후까지)
- 분석이 왜 필요한가? (이는 핵심을 찌르는 질문이다)

분석 이해하기

"뚱뚱한 사람은 게으른가?"

마케팅NPV(MarketingNPV)의 패트 라푸앵트(Pat LaPointe)는 미디어포스트(www.mediapost.com/publications/?fa=Articles.showArticle&art_aid=110610)에 게재된 글에서 위의 질문을 던졌다. 이어서 그는 구체적이지 않은 질문에 구체적인 답변을 하기가 얼마나 어려운지를 설명했다. 여러 의미가 들어 있는 이 질문에 답변하려면 다음 작업을 거쳐야 한다.

1. '뚱뚱하다는 것'을 정의한다.

   체중/신장 비율, 신체 용적 지수(체중을 신장의 제곱으로 나눈 비만도 지수-옮긴이), 체지방 지수 등의 기준을 이용할 수 있다. 그러나 계산을 시작하기 전에 모두가 동의하는 공통적인 개념이 나와야 한다.

2. '게으르다는 것'을 정의한다.

   1번의 경우와 동일한 문제가 발생한다. 운동 수준, 일하는 습관,

현대문명의 이기에 대한 과도한 의존성 등을 이용해서 이 단어를 정의할 수 있다. 그러나 먼저 모두가 동의하는 공통적인 개념이 나와야 한다.

3. 입증의 기준을 분명히 밝힌다.

얼마나 뚱뚱해야 뚱뚱한 것이며, 얼마나 게을러야 게으른 것인가?

4. 질문이 참인지의 여부를 관찰할 수단을 구상한다.

조사를 하고 자료를 수집한다.

이어서 라푸앵트는 "마케팅 비용이 효율적인가?"라는 질문에 대해, 이 질문에 나온 '마케팅', '비용', '효율적'에 대해 정의하기란 더욱 어렵다고 설명했다. 흔한 단어지만 사람마다 다른 의미로 생각하고, 바로 이런 특성 때문에 '정치적'인 논쟁이 시작된다고 경고했다. 그렇다. 밥 페이지의 말대로 모든 측정기준은 실제로 정치적이다.

그러므로 먼저 찾고자 하는 게 무엇인지(해결하려는 문제가 무엇인지)를 확실히 알아야 한다. 그 후에 당신과 주변 사람들은 해당 문제를 기술하고 해결하기 위해 사용할 용어의 정의를 합의해야 한다.

또한 정신이 어떻게 작용하는지를 이해하면 도움이 된다. 리처즈 J. 호이어(Richards J. Heuer, Jr.)는 《정보 분석의 심리학(Psychology of Intelligence Analysis)》의 도입부에서 다음과 같이 말했다.

사람은 감각으로 입수한 정보를 바탕으로 자신만의 '현실'을 구축한다. 그러나 감각기관으로 입력된 내용은 처리할 정보, 정보를 정리할 방법, 정보의 의미를 결정하는 복잡한 정신적 과정을 거쳐서 조정된다. 사람들이 무엇을 인지하는가, 얼마나 흔쾌히 인지하는가, 정보를 입수한 뒤에 어떻게 처리하는가는 입수한 정보의 세부적인 내용, 과거 경험, 교육,

문화적 가치관, 역할의 필요조건(role requirement), 조직의 규범에 강하게 영향 받는다.

분석 프로젝트에 접근하는 아주 유용하고 타당한 조언이 필요한 사람에게는 린다 엘더(Linda Elder) 박사와 리처드 폴(Richard Paul) 박사의《비판적 사고를 위한 사색가의 안내서(Thinker's Guide to Analytical Thinking)》(비판적 사고 재단[The Foundation for Critical Thinking], 2006년, www.criticalthinking.org)를 적극 추천하고 싶다.

3만 피트 상공에서 본 마케팅 분석 및 최적화

각 문제를 최대한 많은 부분으로 나누는 방법이야말로 실현 가능하고 필수적인 해결책이다.

– 르네 데카르트(René Descartes)

이 정도가 됐으면 당신의 목표, 회사의 목표, 자료의 수집과 수량화에 사용된 예산의 제약을 파악하고 있어야 한다. 그러나 목표와 자원을 아직 이해하지 못했다는 생각이 들더라도 일단 계속 읽어나가자. 단, 이해 못한 부분에 큼지막한 노란색 포스트잇으로 눈에 잘 띄게 표시를 해놓아 다음에 빨리 찾을 수 있게 하자.

회사와 고객 사이에 조성되는 관계의 흐름을 예로 들자면, 각 단계의 측정기준을 순서대로 다루는 틀이 있다. 마케팅을 최적화하기란 자못 어려운 작업이므로 한 번에 한 단계씩 밟아가야 한다.

1단계 : 관심을 얻자. 회사의 이름조차 들어보지 못한 고객에게 그 회사의 물건을 판매하기는 힘들다. 이에 대해서는 2장 '관심 끌기 : 청중에게 도달'에서 자세히 다룬다.

2단계 : 고객이 당신의 회사를 좋아하게 하자. 이는 4장 '감정 파악하기 : 정서 인식'에서 다루게 될 주제다.

3단계 : 고객이 상호작용을 하게 하자. 이것은 5장 '반응 얻기 : 행동 유발'에서 다룬다.

4단계 : 구매를 하도록 설득하자. 이 부분도 5장에서 다룬다.

그러나 목표가 없다면 이런 단계가 아무 소용이 없다. 일단 이루고자 하는 일에 끊임없이 몰두하자. 각 문제를 최대한 많은 부분으로 나누는 것이 실현 가능하고 필수적인 해결 방법이다. 이런 식으로 하면 당신도 한낱 말단 직원에서 역사를 개척하는 위인으로 거듭나게 될 것이다.

관심 끌기 : 청중에게 도달

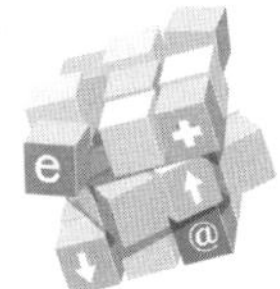

분명한 목표가 정해졌으면, 다음 단계는 당신의 메시지를 최대한 많은 사람에게 전달하는 것이다. 이는 최종적인 성공에서 가장 중요한 요소다. 당신의 블로그를 읽는 독자가 엄마나 애완동물뿐이라면, 선풍적인 마케팅을 하기란 애당초 불가능하다.

인식(awareness)

동참(engagement)

설득(persuasion)

전환(conversion)

유지(retention)

당신이 기울인 노력에 대한 반응(동참)을 측정하는 것은 5장에서 다룬다. 일단 지금은 당신이 포스트, 트윗, 업로드를 통해 도달한 사람의 수에 초점을 맞춘다.

지금 내 말이 들리나요?

'도달률(reach)'의 전형적인 정의는 전달하는 메시지로 영향을 미치고자 하는 집단 내 사람의 비율이다. 만약 치약을 판매한다면 치아가 있는 모든 사람이 해당된다. 아이스크림을 판매한다면 치아 상태와 상관없이 모든 사람이 해당된다. 건축 자재를 판매한다면 도달범위는 훨씬 좁아진다.

과거에는 사람들에게 도달하는 수단이 단순했다. 신문, 광고용 우편물, TV, 라디오, 전단지, 광고지, 무역박람회, 광고판, 입소문이면 됐다. 소셜미디어에서는 입소문이 빠르게 번진다. 입소문은 자연적으로 발생하지 않으므로, 가장 먼저 측정해야 할 점은 당신이 전달하는 내용의 영향력이다.

도달률은 당신이 접촉하고 싶은 집단에서 실제로 메시지를 전달할 수 있는 사람의 비율을 말한다. 시카고의 건축가에게 자재와 서비스를 판매한다고 해보자. 건축가의 3/4이 동일한 무역 잡지를 읽을 경우, 그 잡지에 광고를 내면 도달률이 75%가 된다. 이는 그 건축가들이 광고를 봤다는 뜻이 아니라, 그들이 광고를 볼 기회를 당신이 창출했다는 뜻이다.

고속도로에 광고판을 세우면 수천 명의 통근자가 당신의 메시지를 '볼 기회'가 생긴다. TV에 광고를 내면 시청자가 TV를 틀어놓고 다른 행동을 하는 경우를 제외하더라도, 수백만 명의 시청자가 당신의 메시지를 '볼 기회'를 얻는다.

메시지를 온라인으로 보내면 헤아릴 수 없이 많은 사람이 이를 볼 기회가 생길 것이다. 그들이 이미 당신의 글을 구독하고 있거나 당신

그림 2.1 │ 스케일 리프로덕션스, LLC(Scale Reproductions, LLC)는 자사 웹사이트의 포토 갤러리가 잠재고객의 연락을 유도한다고 확신한다.

과 친구를 맺고 있거나 당신을 팔로잉하고 있거나 당신과 아는 사이라면 말이다. 소셜 네트워크의 최고 장점은 아는 사람이, 그 아는 사람을 아는 사람이 당신의 메시지를 볼 수도 있다는 점이다.

빈도는 일정한 시간 동안 '볼 기회'를 만든 횟수다. 때로 슬쩍 한 번 보기만 해도 메시지를 파악하게 되는 경우가 있다. 예를 들어서 위 사진을 본 사람은 이 회사에 반잠수함 해양 굴착장치 모형의 제작을 맡겨야겠다고 생각할 것이다([그림 2.1] 참조).

Scale Reproductions, LLC

그림 2.2 | 이 로고는 전혀 흥미롭지는 않지만 의사를 명확하게 전달한다. 어쨌든 이 로고를 기억하려면 100번은 봐야 할 것이다.

한편 고객이 제품이나 서비스가 필요할 때 당신의 회사를 바로 기억해내려면 당신 회사의 로고를 50번은 봐야 할 경우도 있다([그림 2.2] 참조).

잠재고객에는 당신 회사의 제품에 관심을 가져야 하는 사람과 이미 관심이 있는 사람이 섞여 있다. 첫 번째 집단인 관심을 가져야 하는 사람이 바로 타깃 고객이다. 당신은 이 집단을 대상으로 메시지를 보내며, 그들이 당신의 메시지를 들여다보도록 최선을 기울인다. 두 번째 집단인 이미 관심이 있는 사람은 당신의 회사를 찾고 있다. 당신은 이 집단이 검색 엔진을 통해서 당신의 회사를 찾아내기를 바란다.

법률 회사가 반잠수함 해양 굴착장치 모형을 구입할 가능성은 없으니 그들에게는 마케팅을 하지 않을 것이다. 당신 회사의 모형이 어떤 도움을 주는지 판사와 배심원에게 설명해야 하는 법률 회사가 있다면 구글이 단짝 친구가 돼줄 것이다.

단짝 친구에게는 사랑과 관심이 필요하다. 블로그 활동이나 글 작성, 다른 블로그에 댓글 쓰기 등은 검색 엔진이 적합성을 결정할 때 이용하는 일종의 스파이더 푸드(spider food, 인터넷에서 링크를 따라다니며 여러 사이트에서 콘텐츠를 수집해서 검색 엔진 인덱스에 추가하는 프로그램–옮긴이)다. 검색 순위를 소셜미디어의 진행 상황을 측정하는 기준으로 사용할 수도 있지만, 이는 단지 대용물일 뿐이다. 또한 처음부터 활용하기에 도달률은 불분명한 수치이며 초점에서 벗어나게 한다.

그러니 사람들이 당신의 회사에 대해 이야기를 들었는지에 대해 정말 알고 싶다면 직접 물어보는 수밖에 없다. 한 번에 1명씩에게 말이다.

1. 스케일 리프로덕션스, LLC를 들어본 적이 있는가?
2. 스케일 리프로덕션스가 만든 최초의 모형이 앨라배마 주 바유라 바트레(Bayou La Batre)의 선주가 의뢰해서 만든 장난스러운 형태의 새우잡이 배였다는 사실을 알고 있었는가?
3. 스케일 리프로덕션스가 제너럴 다이내믹스(General Dynamics), 노스롭 그루먼(Northrop Grumman), 뉴포트 뉴스 조선소(Newport News Shipbuilding), 레이시온(Raytheon)과 같은 회사에 판매한다는 사실을 알고 있었는가?

오랫동안 여러 지역에서 이런 질문을 하면 브랜드 인지도의 트렌드 맵이 작성된다. 그러나 사람들이 당신의 회사 이름을 들어봤다고 해서 이름의 의미를 안다는 뜻은 아니다. 사람들은 당신의 회사가 알리고 싶은 정체성이 그 이름에 담겨 있다는 점을 모를 수 있다. 이 정체성을 알리자면 질문이 몇 개 더 필요하며, 이를 브랜드 인지도라고 한다.

브랜드 인지도

광고 및 마케팅과 판매에서 첫 단계는 노출이다. 도심의 길에서 전단지를 나눠주는 방법도 있고, 건물 옆에 커다란 간판을 달 수도 있다. 100만 명에게 엽서를 보내거나 수백만 명에게 메시지를 널리 알리는

그림 2.3 | 대부분의 사람이 이 로고의 일부분만 봐도 회사의 이름을 말할 수 있다.

방법도 있다. 소셜미디어의 최고 장점은 고객이 되고자 하는 사람들로 하여금 당신의 메시지를 대신 퍼뜨리게 할 수 있다는 점이다. 당신의 실력이 뛰어나고 운이 아주 좋다면 말이다.

당신의 실력이 뛰어나고 운이 따라준다면 사람들이 당신 회사의 이름과 로고, 판매제품, 회사의 특성 중 홍보하고 싶은 점을 기억하게 된다.

많은 사람이 한 회사의 로고의 일부분인 [그림 2.3]을 기억하고 있을 것이다. 이 회사의 브랜드는 매우 유명하고 친숙해서, 로고의 일부분만 봐도 브랜드가 확 떠오른다.

이 회사는 마틴 린드스트롬(Martin Lindstrom)이 '브랜드를 스매싱하라'고 일컬은 성과를 달성한 것이다(www.martinlindstrom.com/index.php/cmsid_list_articles/_49).

루트 글래스 컴퍼니(Root Glass Company)에 근무했던 얼 R. 딘(Earl R. Dean)은 1915년에 병을 디자인하는 업무를 맡았다. 그 병은 1) 어둠 속에서도 알아볼 수 있게 디자인되어야 했고, 2) 깨진 상태라도 누구나 그 병을 한눈에 알아볼 수 있어야 했다.

그 작업의 결과물은 코카콜라 병이었다. 모양이 워낙 독특해서 땅에 떨어져 깨진 조각을 보더라도 제품이 연상될 정도다.

누구라도 [그림 2.3]에 나온 로고의 일부분만 봐도 회사명, 제품, 창립자의 이름, 슬로건을 쉽게 말할 수 있는 확률이 높다. 이 브랜드에

속하는 몇몇 특성을 정확하게 연상할 수 있는 것이다.

켄터키프라이드치킨

손가락을 빨 정도로 맛있는 음식(KFC의 슬로건－옮긴이)

커널 샌더스(KFC 창립자－옮긴이)

비밀 조리법

11가지 비밀 허브와 양념

패스트푸드

저렴함

KFC의 로고는 워낙 유명한지라 이 회사는 새로운 버전의 로고를 발
표할 때가 되자 우주에서도 볼 수 있는 거대한 광고판을 만들기로 결

그림 2.4 │ 우주에서도 이 로고를 분명하게 식별할 수 있다.

정했다([그림 2.4]).

이 8,129㎡짜리 로고는 정사각형 타일 6만 5,000개로 만들어졌으며, 2006년 11월에 네바다의 사막에 설치되면서 언론의 주목을 받았다. 여기에는 쿠폰을 넣어 원하는 사람은 로고를 줌인해서 찾을 수 있도록 했다.

대중이 일정한 분야에 대한 질문을 받을 때 가장 먼저 떠올리는 브랜드는 두말할 필요 없이 성공을 거둔 브랜드다. 치약 브랜드를 물으면 사람들은 크레스트(Crest)라고 답한다. 항공사를 물으면 유나이티드항공(United Airlines)이라고 답한다. 콜라 브랜드를 물으면 코카콜라라고 답한다. 이를 브랜드 회상(brand recall)이라고 한다. 당신 회사의 브랜드를 알아보게 하는 것은 인식 단계에 속한다. 브랜드를 생각하면 그 브랜드의 속성이 떠오르도록 만들어야 제대로 인식을 시켰다고 할 수 있다.

브랜드 속성 인식

기업들은 대중이 자사 브랜드를 보면서 어떤 속성을 연상하기를 바랄까?

나이키＝자신감과 힘
세븐일레븐＝편이성
월마트＝싼 가격
애플＝스타일

코닥=가족과 함께 하는 순간

코카콜라=상쾌함

내가 열거한 브랜드의 인상에 동의하는 사람도 있을 것이고, 그렇지 않은 사람도 있을 것이다. 그래서 문제가 발생한다. 그러므로 사람들이 당신 회사의 브랜드에 대해 생각하는 속성이 당신이 원하는 그 속성인지를 파악하기 위해 소셜미디어의 버즈에 귀를 기울여야 한다.

온라인에서 귀를 기울이는 방법은 6장 '메시지 받기 : 대화 청취'에서 상세하게 살펴볼 것이다.

이쯤 되면 당신은 사람들이 당신의 메시지를 들었는지의 여부와 당신이 전달한 독특한 판매 제의를 기억하는지의 여부를 알게 됐다. 당신 회사가 표방하는 바를 사람들이 좋아하는가? 브랜드 친밀도를 4장 '감정 파악하기 : 정서 인식'에서 다루고, 브랜드 동참을 5장 '반응 얻기 : 행동 유발'에서 다룰 것이다.

비즈니스 블로그 측정기준

일단 지금은 당신이 메시지를 전달하는 능력을 측정해보자. 당신의 블로그를 살펴보는 것이다.

보도자료, 광고용 우편물, 라디오 및 TV 광고 등을 통해서 메시지를 전달할 수도 있고, 다음과 같은 방법을 통해서 온라인에서 전달할 수도 있다.

글(article)

이메일

블로그 포스트

팟캐스트

사진

동영상

트위터

혹은 이 책이 출판된 뒤에 출현할 새로운 매체

온라인으로 배포된 메시지의 도달률과 인식도를 측정하는 방법은 매체에 따라서 약간의 차이는 있지만 기본적으로는 동일하다.

개인적으로 유명해지고 싶어서 블로그를 운영한다면, 블로그를 운영하는 심리적/감정적 가치, 자아에 대한 가치를 산출할 수 있는 나름대로의 측정기준이 있는 셈이다. 즉, 자신의 블로그를 구독하고 팔로잉하는 사람들의 수가 늘어나는 것을 보노라면 즐겁고 흐뭇해지는 것이다. 그러나 이런 기준은 기업의 블로그에 투자할 예산을 결정하는 상황에서는 그리 도움이 안 된다.

당신이 웹사이트 운영자라면 방문한 사람의 숫자와 그들에게서 얻을 수 있는 추가 클릭 숫자를 측정할 것이다. 당신의 사이트에 광고를 게재해야 한다는 점을 광고업자에게 보여주고 싶을 것이다. 2006년 4월에 제이슨 스탬퍼(Jason Stamper)는 '블로그의 ROI'의 측정을 시도해 다음 공식을 만들어냈다(http://www.cbronline.com/blogs/technology/the_roi_of_blog).

나는 마케팅 부서에 유용한 성과를 그리 많이 창출해주지 못하는 광고가 들어가는 사이트를 측정할 BVIa(블로그 가치 지수 a)를 만들었다. BVIa는 해당 블로그가 자체적으로 자금을 충당하는지, 아니면 회사의 돈을 쓰고 있는지를 계산해주는 간단한 방정식이다.

수치를 방정식에 넣을 때 BVI가 1 이하로 나오는 블로그는 회사의 돈을 쓰고 있는 것이며, 지수가 1 이상으로 나오는 블로그는 자체적으로 수익을 벌어들이고 있는 것이다. 나는 모든 방정식에서 블로그 소프트웨어와 호스팅 비용 등이 0이라고 가정한다. 어차피 이런 비용은 높지 않고, 일반적으로 회사의 다른 호스팅 비용으로 충당되기 때문이다.

방정식은 다음과 같다.

$$\text{BVIa} = \frac{\text{adh (aay/1,000)}}{\text{adt} \times \cdot \text{ehw}}$$

이 방정식의 변수는 다음과 같다.

adh = 1일 평균 히트

aay = 광고 평균 수익

adt = 블로그에 소비한 1일 평균 시간

ehw = 블로그 담당 직원의 시급

나는 '히트'라는 용어의 사용에 이의를 제기한다. 나는 온라인 광고를 주제로 1997년에 출간한 책에서 들라이예 그룹(Delahaye Group)의 CEO인 캐서린 페인(Ketherine Paine)의 말을 인용하면서, 히트라는 용어는 '바보가 성공을 추적하는 방법'의 상징이라고 폄하했다. 기술적으로 히트의 정확한 정의는 수십 개의 파일로 구성된 한 페이지에서 서버에 요청된 파일의 수다. 그러나 제이슨이 히트를 페이지 뷰(이용자가 웹사이트의 특정 페이지에 접속해 페이지의 내용이 브라우저에 한 번 나타날 때를 페이지 뷰 한 번이라고 함. 동일인이 중복 접속해도 숫자가 계속 증가하게 설정할 수 있음-옮긴이)를 의미했는지, 아니면 방문자의 수를 의미했는지는 확실하지 않다.

상품과 서비스를 판매하는 회사가 광고를 판매하는 발행자보다 훨씬 많기 때문에, 나는 상품과 서비스를 판매하는 회사가 갖는 블로그의 사업적 가치에 훨씬 관심이 간다.

최초의 공식적인 소셜미디어 전문가는 포레스터 리서치(Forrester Research)의 분석가 샬린 리(Charlene Li)였다. 샬린은 2006년 10월에 블로그의 ROI 계산이라는 글로 많은 주목을 받았다. 이 글에는 다음 차트가 들어 있다.

이익	적절한 측정방법
고객 스스로 학습	블로그 방문자의 전환율(conversion rate, 방문자가 단순하게 웹사이트를 방문했다가 콘텐츠 제공자의 직간접 요구가 바탕이 된 이상적인 행동을 하는 형태로 전환되는 비율-옮긴이) 상승
검색 결과의 가시성 향상	검색에서부터 블로그에 이르기까지 트래픽 상승
홍보비 감소	홍보와 동일한 수준의 인식 조성
열광적인 지지층에 도달	커뮤니케이션 도구 비용 감소
다른 블로그/뉴스에 실린 비판 해결	안 좋은 뉴스의 확산이 감소되는 비율 측정
고객의 관심에 적극적으로 대응	고객만족도와 유지도 추적
직원의 혁신과 생산성 향상	직원만족도와 유지도 추적
일반인이 회사 내부 상황을 잘 파악할 수 있어서 주가 상승	투자 정서 증가를 블로그 독자층과 연계

출처 : http://blogs.forrester.com/groundswell/2006/10/calculating_the.html

개념적으로 볼 때 샬린의 생각은 옳지만, 그녀는 실제로 돈을 계산하는 부분까지는 언급하지 않았다. 때문에 그녀의 책을 추가로 참고해봐야 한다. 샬린이 조시 버노프(Josh Bernoff)와 공동으로 쓴 책인 《그라운드스웰, 네티즌을 친구로 만든 기업들(Groundswell : Winning in a World Transformed by Social Technologies)》 (포레스터 리서치, Inc., 2008년)에 '한 경영진 블로그의 ROI'라는 제목으로 다음의 표가 나온다.

개시 비용	단위(K=1,000달러)
계획 수립 및 개발	25K
블로그를 운영하는 경영진 교육	10K
진행 비용(연간)	
블로그 플랫폼	25K
브랜드 모니터 서비스	50K
IT 지원	3K
콘텐츠 생산(관리 시간 포함)	150K
리뷰 및 방향 변경	20K
총 비용(첫해)	283K
이익 분석(연간)	
광고 가치 : 가시성/트래픽	
(1,000회당 2.5달러로 1일 페이지 뷰 7,500회 예상)	7K
PR 가치 : 보도 기사/블로그 콘텐츠에서 유발	
(각 10K달러의 가치가 있는 기사 24개 예상)	240K
입소문 가치 : 규모가 중상급인 다른 블로그에서 포스트를 언급	
(각 100달러 가치의 포스트 370개 예상)	37K
지원 가치 : 블로그의 정보 덕분에 고객지원 전화 통화량 절감	
(한 통화당 5.5달러가 소요되는 지원 전화가 매일 50회 절감 예상)	69K
도달 가치 : 고객을 이해(각 8K달러가 소요되는 포커스 그룹 5개에	
맞먹는 댓글/피드백 효과 예상)	50K
총 이익(첫해)	393K

웹 분석론의 전파자이자 최고 블로거인 아비나시 쿠식(Avinash Kaushik)은 최근에 낸 책《웹 분석론 2.0 : 온라인 책임 과학 및 고객 중심 과학(Web Analytics 2.0 : The Art of Online Accountability and Science of Customer Centricity)》(사이벡스[Sybex], 2009년 10월 26일)에서 위에 나온 내용에 기회비용을 추가한다.

> 블로그를 운영하지 않으면 블로그를 운영할 때 들 자원이 다른 곳, 그러니까 수입을 올릴 수 있는 다른 프로젝트에 투입될 것이다. 이것이 기회비용이다. 특허를 낼 뛰어난 아이디어를 고안하거나 중동 위기의 해결책을 찾아낼 수도 있다. 이런 아이디어들은 가치가 아주 크다. 자신의 아이디어에 값을 매겨야 한다.
>
> 이 이론을 내게 적용해보겠다. 내가 블로그를 운영하지 않는다면 기업의 보고서를 분석하는 일을 시간제로 해서 1년에 10만 달러를 받을 것이다.
>
> 기회비용=10만 달러.
>
> 따라서 어느 쪽을 택하든 시간이나 그 시기의 수익성을 척도로 삼으면 블로그 활동의 비용이 나온다. 반드시 회사나 자신의 노력의 비용을 산출해봐야 한다.

광고, PR, 입소문, 지원비용 절감, 기회비용 등 복잡한 사항이 많지만, 일단 간단하게 시작해보자. '도달' 의 기본 사항을 살펴보는 것이다. 당신이 쓴 글을 몇 명이 봤고 몇 명이 그 메시지를 받았는가?

구독자 수

질문 자체는 매우 간단하지만, 답을 하기란 그리 간단치 않다.

가장 쉽게 알 수 있는 수치는 블로그 방문자 수다. 자체 서버에서 운영하는 블로그라면 웹 분석도구를 보면 되고, 그렇지 않은 경우는 호스팅 업체가 제공하는 수치를 보면 된다.

운영을 제대로 하고 있다면 점점 많은 사람이 RSS를 통해서 당신의 블로그를 구독할 것이며, 피드 리더(feed reader)를 통해서 블로그를 볼 것이다. 피드버너(FeedBurner) 등의 도구를 사용해서 블로그 구독자 수를 계속 추적할 수도 있다. 그러나 이는 이메일 구독자처럼 고정되거나 드러난 숫자가 아니라 파생된 숫자다. 사람들이 이름과 주소를 당신의 데이터베이스에 입력하는 게 아니라 당신의 방송 신호를 받도록 설정해놓는 것이다. 다음은 http://www.google.com/support/feedburner에 나와 있는 피드버너에 대한 설명이다.

피드버너의 구독자 수는 당신의 피드가 24시간 동안 요청된 횟수의 근사치를 바탕으로 한다. 구독자 측정은 피드를 매일 검색하는 여러 많은 피드 리더와 통합 관리자의 분석에서 추론된다. 구독자 측정은 피드를 접속하는 브라우저와 보트(인터넷상의 정보 검색을 위해 다른 사이트의 페이지도 자동으로 연달아 검색·수집하는 프로그램–옮긴이)를 계산하지 않는다.

구독자 수는 IP 주소와 피드 리더의 조합을 맞춰서 계산된 다음에, 시장에 나와 있는 수많은 리더와 통합 관리자와 보트를 상세하게 파악해서 추가로 추론된다.

따라서 내가 오늘 내 피드 리더를 작동시켰고 과거의 어느 시점에 당신의 피드를 구독했다면, 당신의 독자 수가 1명 늘어나게 된다. 그러나 이메일과 마찬가지로 내가 구독을 했고 당신의 메시지를 피드 받았다고 해서 내가 글을 모두 읽는다는 보장은 없다. 당신이 전달하고자 하는 내용을 실제로 읽고 자기 것으로 만드는 것은 순전히 각 구독자의 재량에 달려 있다.

구글의 피드버너는 또한 '도달률'을 알려주며, 이는 '피드의 콘텐츠에 대해 행동(보거나 클릭)을 취한 사람의 총 수'다.

> 구독자 수는 몇 명이나 당신의 피드를 구독하는지를 나타낸다. 특정한 시간에 이 구독층의 일정한 퍼센트가 당신의 콘텐츠와 교류를 하고 있다고 볼 수 있으며, 이 '도달률' 측정은 부가적인 사항들을 알 수 있도록 해준다.
> 또한 당신이 아는 구독층 이외의 사람이 당신의 콘텐츠를 보고 있을 수 있다. 예를 들어서 피드 검색 엔진이나 뉴스 필터 사이트에서 당신의 콘텐츠를 보는 방법도 있다.
> 도달률에는 이런 그룹들이 모두 들어가므로 당신의 독자를 정확하고 유용하게 측정할 수 있다.

이제 독자 수의 근사치를 알게 됐다. 이를 기준치와 비교하거나 자신의 운영 능력을 평가하기에 적합한 상황에 있는 경쟁사와 비교해봐야 가치가 생긴다. 측정 결과를 바탕으로 사업상의 결정을 내릴 작정이라면 그런 과정은 필수적이다.

메시지를 몇 명이 받았는가?

아비나시 쿠식은 현실적으로 좀 더 사용하기가 쉬운 포스트 시리즈의 첫 회를 샬린 리보다 앞선 2006년 1월에 게재했다. 많은 블로그 플랫폼은 사람들이 각종 포스트를 본 횟수를 알려주는 반면에, 아비나시는 자신의 블로그를 읽은 사람의 숫자를 측정하려고 노력했다. 그는 '블로그의 성공을 측정하는 방법(총 120일간의 숫자)'이라는 포스트에서 이를 설명했다(http://www.kaushik.net/avinash/2006/09/how-to-measure-success-of-a-blog.html).

나는 블로그 독자(및 블로그 순 독자와 동등한 '웹 분석')라는 측정기준을 산출하기를 제안한다. 이는 2개의 다른 소스인 웹 분석도구와 RSS 도구(및 맹신)에서 파생된다.

	첫째 달	둘째 달	셋째 달	넷째 달	합계
총 방문자	4,735	8,784	5,767	6,525	25,811
순 방문자(+)	2,000	4,230	2,515	3,162	10,791
1일 평균 피드 구독자	50	117	241	360	–
피드 구독자	1,554	3,626	7,471	11,151	23,802
피드 '순' 구독자	200	468	964	1,440	–
'블로그 독자'	6,289	12,410	13,238	17,676	49,613
'블로그 순 독자'	2,200	4,698	3,479	4,602	–

1. 자신의 웹 분석도구를 통해 **총 방문자**(혹은 방문자) 수를 구한다.
2. 해당 월의 **1일 평균 피드 구독자** 수를 구한다.
3. 월별 피드 '**구독자**' 수를 구한다(피드버너에서 1일 구독자 수의 합계).
4. 피드 '**순**' 구독자의 최적 추정치를 얻기 위해 1일 평균 피드 구독자 수에 4를 곱한다(그레그 린덴[Greg Linden]의 언급[http://glinden.

blogspot.com/2006/09/1000th-post-on-geeking-with-greg. html]
에서 힌트를 얻었다. 자세한 내용이 궁금하면 그레그의 댓글[http://
www.kaushik.net/avinash/2006/09/how-to-measure-success-of-
a-blog.html#comment-3664]과 내 답글[http://www.kaushik.net/
avinash/2006/09/how-to-measure-success-of-a-blog.html#
comment-3684]을 참고하기 바란다).

5. 월별 블로그 독자 수 = 총 방문자 + 피드 '방문자'
6. 다시 최적의 추정치를 얻자면, 월별 블로그 순 독자 수 = 순 방문자
   + 피드 '순' 구독자

위에서 볼 수 있듯이 "몇 사람인가?"처럼 지극히 간단한 질문조차도
답을 하기가 아주 까다롭다.

아비나시는 독자 수를 계산하는 방법을 자신의 블로그를 통해 몇 번
에 걸쳐 업데이트했다. 나는 여러분이 http://www.kaushik.net에 방
문해서 그가 최근에 쓴 내용을 읽어보기를 권한다.

포스트랭크(PostRank, [그림 2.5] 참조)와 같은 웹사이트들은 자신의
블로그가 얼마나 유명한지 알 수 있게 해준다.

작은 새가 내게 말했다 : 팔로어 수

트위터를 측정하는 것은 블로그를 측정하는 것과 거의 동일하다.

당신의 목표가 개인적인 세력의 확대라면 버즈컴(www.buzzcom.com,
[그림 2.6] 참조)과 같은 도구로 추적하면 된다. 단, 세력 확대가 당신이
블로그나 트위터를 하는 유일한 이유라면 http://tweetingtoohard.com

그림 2.5 | 포스트랭크에 방문하면 브랜드에 관한 언급을 확인할 수 있다.

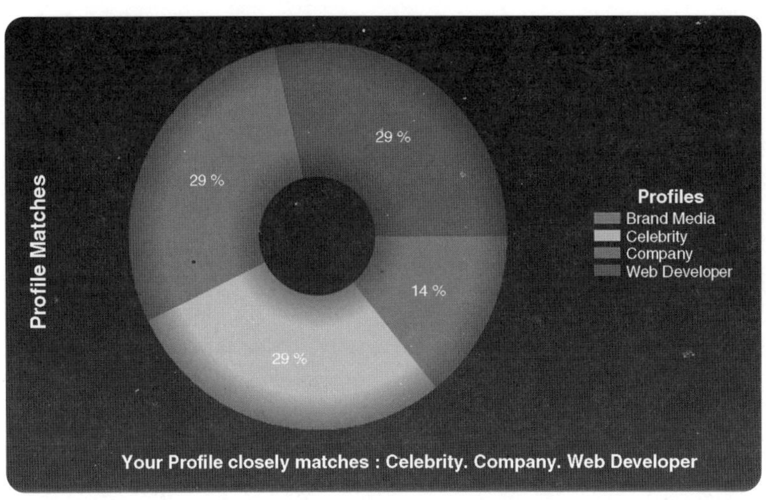

그림 2.6 | 당신의 인지도가 기업, 유명인, 웹 개발자와 거의 일치할 수 있지만,
그것이 사업에 미치는 영향은 정확히 알 수 없다.

에 너무 자주 등장하지 않도록 하기 바란다.

팔로어의 수가 인기를 나타낼 수는 있지만 소비를 보여주지는 않는다. 사람들의 팔로잉 습성은 자신이 팔로잉하는 모든 트위터를 읽는 경우(내가 그렇다)와 말 그대로 모든 사람을 팔로잉만 하는 경우 등 다양하다. 이메일 전체 구독자 수와 실제 메일을 읽는 사람의 수가 다른 것과 마찬가지다. 사람들이 당신의 트윗을 실제로 읽는지의 여부를 제대로 파악할 수 없는 것이다.

다행히도 사람들이 당신의 글을 전파하는지의 여부는 측정할 수 있다. 리트윗은 트윗의 가치에 대한 여론의 확실한 척도다. 당신의 점심 식사 계획을 담은 트윗이라면 리트윗되지 않을 가능성이 다분하다([그림 2.7] 참조).

그림 2.7 | 사람들은 비즈니스와 상관없는 시시한 내용은 리트윗하지 않는다.

타깃 독자의 공감을 얻는 내용이라면 사람들은 스스로 알아서 그것을 그대로 리트윗할 것이다. 바로 이렇게 될 때 컴퓨터 공간의 소셜 입소문이 당신의 도달범위를 높여준다. 리트윗을 하는 사람들이 당신의 도달범위를 확산시켜주는 역할을 하는 것이다.

당신이 올린 주옥같은 내용 중에 다른 사람들이 리트윗할 가치가 있다고 여기는 내용이 무엇인지를 추적해주는 도구가 많이 있다. 트윗빕(Tweetbeep), 트랙백(trackback, 다른 사람의 글에 직접 댓글을 올리는 대신에 자신의 블로그에 그 글을 올려서 일부분이 다른 사람의 댓글로 보이도록 하는 것-옮긴이), 구글 알리미(Google Alerts)를 이용하면 브랜드 확산 상황을 세심하게 지켜볼 수 있다.

리트윗을 추적하면 다음을 파악할 수 있다.

- 당신의 팔로어 숫자
- 팔로어 중 리트윗을 하는 사람의 숫자
- 당신의 팔로어가 보유한 팔로어의 숫자
- 당신의 팔로어가 보유한 팔로어 중 리트윗을 하는 사람의 숫자
- 계속 반복

이를 통해서 당신의 메시지를 본 사람이 몇 명인지를 예측할 수 있다([그림 2.8] 참조).

블로그 포스트의 도달을 측정할 때도 동일한 방법을 활용할 수 있다. 다른 사람이 당신의 포스트를 언급하고 트랙백을 하면, 전 세계 사람들에게 그 글이 미친 영향력을 대충 예상할 수 있는 것이다.

그림 2.8 │ 트윗은 여러 단계의 리트윗을 유발한다.

터닝 테스트(turing test, 기계가 지능을 발휘하는 능력을 시험하는 것 – 옮긴이)

온라인상의 요소를 측정할 때 일반적으로 주의해야 할 점이 여기에도 적용된다. 측정하려는 대상이 인간의 활동인지 봇(bot, 특정 작업을 반복해서 수행하는 프로그램 – 옮긴이)의 활동인지를 명확하게 결정해야 한다.

지금부터 하는 말은 자동화 프로그램이 나쁘다는 게 아니라 인간과 프로그램의 차이점을 말하려는 것임을 알아주기 바란다. 자동화 프로그램은 팔로잉, 친구맺기, 트윗, 또는 리트윗을 할 수 있다. 그리고 소셜 네트워크의 목적에 비추어본다면 혐오감이 들 수도 있겠지만, 어쨌든 [그림 2.8]에 나오는 접점 중 하나가 실제로 어디인가에 있는 소프트웨어의 작은 부분일 가능성도 있음을 명심하기 바란다.

당신의 메시지를 볼 수 있는 '사람'의 수를 합계해야 하는 때가 되면 계산하는 대상이 사람이라는 점을 명심하자. 영향력을 파악(3장 '존중받기 : 영향력 파악' 참고)하려면 다양한 측면에 걸쳐서 여러모로 복잡해진다.

리트윗의 추적에서 정말로 까다로운 점은 기존의 전화와 마찬가지로, 메시지가 한 단계에서 다음 단계로 이동하면서 변경되는 경향이 있다는 것이다. 사람들이 다른 사람의 트윗을 수정해서 전달하기 때문에 동일한 문구를 찾는 엄격한 알고리즘으로는 곤경에 처할 수 있다. 전기전자 기술자협회(IEEE) HICCS-43 논문집(2010년 1월)에 게재된 〈트윗, 트윗, 리트윗 : 트위터 리트윗의 대화적인 측면〉은 인간의 속성 때문에 트위터의 추적 도구가 제대로 가동되지 못하는 과정을 설명하고 있다(www.danah.org/papers/TweetTweetRetweet.pdf). 이 논문에서는 메시지를 따라가는 과정에 내재된 본질적인 어려움을 고려하면, 누가 누구에게 관심을 기울이는지를 추적하기란 불가능에 가깝다고 기술하고 있다.

트위터 사례 연구

애덤 그레코(Adam Greco)는 세일즈포스닷컴(Salesforce.com)의 웹 분석 책임자다. 그는 사람들이 온라인상에서 세일즈포스닷컴에 로그인할 때까지의 모든 사항을 측정하는 업무를 담당한다. 현재 세일즈포스닷컴은 청취 단계에 있다. 다양한 채널에서 자사가 얼마나 자주 언급되는지를 모니터하고 있는 것이다.

"어떤 사람들이 우리 회사와 경쟁사에 대해 이야기하는지, 사람들이 무엇을 말하고 있는지를 파악하고 있다. 메시지를 알리는 데에 초점을 맞춰서 운영되는 유튜브와 페이스북 사이트가 있지만, 나는 주로 사람들이 우리 회사에 대해 말하는 내용을 분석하고 있는 것이다."

애덤은 옴니추어(Omniture, 시장조사 및 웹 분석 전문회사-옮긴이)의 사이트 캐털리스트(Site Catalyst)를 트위터와 통합해서 세 종류의 키워드를 만들었다. 첫째는 세일즈포스닷컴을 언급한 브랜드 키워드다. 둘째는 경쟁사의 키워드이며, 셋째는 세일즈포스닷컴이 관심을 갖는 분야의 일반적인 키워드다.

"우리 회사의 경우 세 번째 키워드를 예로 들자면 '클라우드 컴퓨팅(cloud computing, 인터넷상의 서버를 통하여 데이터 저장, 네트워크, 콘텐츠 사용 등 IT 관련 서비스를 한번에 사용할 수 있는 컴퓨팅 환경-옮긴이)'이나 '고객관계관리(CRM)'이다. 우리는 트위터 API(Application Programming Interface)를 이용해서 트위터에 그런 문구가 들어간 모든 트윗을 1시간 간격으로 수집한다. 따라서 우리 회사는 현재 시간의 변화에 따라서 모니터할 수 있는 차트와 그래프가 있으며, 그 그래프가 상승하면 이메일이나 휴대전화로 연락이 온다."

알람을 통한 관리는 오래된 전통이다. 잡음이 일정한 수준에 달하면 회사가 나서서 조정을 해야 한다. 일정한 횟수까지의 언급은 일반적인 트래픽이다. 트위터를 하는 일반인이 회사에 대한 이야기를 모두 중단하면 홍보 부서와 마케팅 부서는 최근의 활동이 브랜드를 시장에 정착시키지 못한 것임을 깨달아야 한다. 잡음의 수준이 갑자기 올라가면, 홍보 부서와 마케팅 부서, 고객서비스 담당 부서는 조사를 통해 사안에 따라 두려움을 해소하거나 성과에 기뻐해야 한다.

세일즈포스닷컴의 관심은 단순히 논의되는 영향력의 크기에 그치지 않고, 해당 토론이 얼마나 폭넓은 청중에게 도달하는지를 알고자 한다.

. "우리 회사가 두 번째로 하는 것은 API를 통해서 트윗 ID와 더불어 해당 트윗과 관련된 메타데이터, 즉 실제 트윗 자체, 140자의 문자, 글쓴이, 해당 트윗이 대상으로 하는 사람에 관한 데이터를 확보하는 것이다. 그 사람의 팔로어가 몇 명이고 친구는 몇 명인지를 알고자 한다.

또한 트위터 클라이언트의 이름도 확보하려 하고 있다. 누군가 트위터닷컴을 통해서 내 사이트에 들어오면 나는 발생하는 (옴니추어의) 모든 '성공 이벤트(success event)'를 볼 수 있다. 리퍼링 도메인(해당 웹사이트를 방문할 때 거쳐 온 곳. 예를 들어서 구글에서 검색을 해서 누군가의 웹사이트로 들어갔다면 구글이 리퍼링 도메인이다-옮긴이)이 다 나오기 때문이다. 그러나 사람들이 트위트덱(TweetDeck)이나 트월(Twirl)에서 오면 방문 경로 데이터(referrer data)가 없다. 나는 이를 소셜미디어로 포함시킬 수가 없다. 그들은 URL을 직접 입력해서 방문한 것처럼 보인다. 트위터 클라이언트 회사들이 방문 경로 정보를 전달해주면 참 좋을 것이다. 내게 그런 정보가 있으면 트위터가 관련된 전체 트래픽이 얼마나 되는지를 제대로 파악하고 홍보비를 잘 배분할 수 있다.”

애덤은 자사가 언급된 소셜미디어 및 경향을 추적하고 있으며 점유율을 계산할 수 있다. 경쟁사가 얼마나 눈에 띄는가? 시장에 진출하는 새로운 회사가 있는가? 신기술이 있는가? 기존 경쟁사가 새로운 시도를 하고 있는가?

다음 단계는 애덤의 말을 빌자면 ‘금덩어리’를 찾는 것이다.

“나는 우리 회사가 경쟁사와 함께 언급된 트윗에 매우 관심이 있다. 이런 트윗은 경쟁 정보는 물론이고 비교 정보도 제공해준다. 나는 대중이 일반적으로 우리 회사를 어떤 식으로 비교하는지를 계속 지켜볼 수 있다.

우리 회사 CEO의 이름이 어떤 식으로든지 언급되면 자동으로 홍보 부서로 연결되어 평판에 미치는 손실을 모니터하게 된다. 특정한 기능이나 제품이 언급되면 해당 제품의 관리자에게 연결된다.

여기에서 가장 중요한 점은 일정한 시간이 지나면 트윗이 사라진다는 것이다. 트위터는 트윗을 영구적으로 저장하지 않는다. 따라서 현재로서는 옴니추어를 이용하면 된다. 옴니추어에 당신의 회사와 관련된 모든 트윗을 저장해두는 것이다. 2년 전으로 돌아가서 ‘2년간 특정 단어가 들어간 모든 트윗’을 검색할 수 있다.”

다시 말하면 오랜 시간에 걸친 댓글의 경향을 심도 있게 분석하는 작업이 아직 이루어지지 않고 있다. 애덤은 몇 달 동안의 댓글만 수집해왔다.

“지금까지 나는 모든 자료를 수집할 방법을 알아내는 데 많은 시간을 보냈다. 내 비전은 세일즈포스닷컴 방문 수, 순 방문자 수, 회원가입 양식을 완료한 방문자의 수, 양식 완료율처럼 우리가 가진 측정기준을 추출해서 소셜미디어에서 진행되는 내용과 병치시킨 다음, 연관성을 찾아내는 것이다. 트위터에서 우리 회사에 대한 언급이 급격하게 상승하면 이와 수반해서 회원가입 양식 작성자의 수가 상승하는지, 그중 몇 명이 실제로 고객이 되는지를 알고 싶다. 그렇게 해서 소셜미디어와 새로운 리드, 또는 폐업한 회사 사이에 어떤 관계가 있는지를 알고 싶다.”

애덤은 트윗을 최초로 올린 트위터 사용자에게 트랙백을 할 계획이다.

"점들을 연결해갈 수 있어야 한다. 누군가 트윗을 올릴 때마다, 회원가입 양식 작성 완료율이 2% 상승한다. 따라서 우리는 트윗을 작성한 사람을 만족시켜야 한다. 나는 이를 (옴니추어의) 테스트 앤 타깃(Test and Target, 다변수 테스트 도구)과 융합하고 싶다. 그러고 나면 세일즈포스닷컴의 고객서비스에 대한 트윗이 대대적으로 늘어날 때 우리 홈페이지의 여러 요소가 트위터에서 일어나는 상황을 반영할 수 있을 것이다.

우리는 검색도 살펴보고 있다. 이 기간에 자연 검색, 유료 광고 검색(검색 페이지의 최상단에 나타나며, 광고주가 지불한 광고비에 따라 사이트의 순위가 결정된다-옮긴이)을 통한 방문 수와 동일한 기간에 트윗에서 언급된 횟수를 계산한다. 이들을 합하면 검색과 소셜미디어에서 세일즈포스닷컴의 총 브랜드 가치를 알 수 있다. 언제라도 누군가 링크드인, 트위터, 페이스북과 같은 소셜미디어 사이트에서 방문하면, 이를 유료 검색과 비교해서 살펴볼 수 있도록 소셜미디어라는 이름의 특정 리퍼러 방문자로 보고 추적을 한다."

애덤의 계획대로 된다면 세일즈포스닷컴의 미래는 아주 밝다. 그는 아웃바운드 트윗에서부터 돌아오는 방문자의 질까지 추적할 수 있는 날이 오리라고 생각한다. 그때가 되면 세일즈포스닷컴은 트윗, 블로그 포스트, 소셜미디어의 다양한 글로 창출된 트래픽이 질이 높은 트래픽(전환율이 높고 소셜미디어에서 알게 된 사람을 수익성이 있는 고객으로 만드는 트래픽)인지 아닌지를 알게 될 것이다.

도달범위 측정하기

당신의 메시지를 퍼뜨리는 사람이 있는가 하면, 당신 회사의 브랜드와 제품에 대한 생각을 공유하려는 사람들도 있기 마련이다.

후자의 대부분은 '나는, 혹은 우리는 그 회사를 싫어한다' 는 주제의 사이트([그림 2.9] 참조)들이다.

그림 2.9 | 불평거리가 있는 사람은 누구라도 기업의 평판을 훼손시키는 웹사이트를 만들 수 있다.

그런 사이트에 대해서는 6장 '메시지 받기 : 대화 청취'에서도 다룰 것이다. 여기에서는 중립적인, 혹은 긍정적인 관점에서 당신의 회사 및 제품을 언급하는 사이트와 블로그를 다루고 도달범위를 조사해보려 한다.

구글 알리미와 같은 간단한 도구는 블로그 전문 검색 엔진인 테크노라티(Technorati)처럼 블로그에서 특정한 키워드가 언급된 글을 계속 알려준다. 히트와이즈(Hitwise)와 컴스코어(ComScore)처럼 더욱 정교한 서비스는 이보다 훨씬 많은 기능이 있으며, 당신의 회사를 언급하는 사람들의 수도 제대로 파악할 수 있게 해준다.

그러나 트위터와 블로그에 그쳐서는 안 된다. 당신의 회사와 관련해서 플리커, 트윗픽(Twitpic), 와이프로그(Yfrog)에 올라오는 사진과 유튜브에 올라오는 동영상 등도 신경을 바짝 세우고 지켜봐야 한다. 다행히도 이런 활동을 도와주는 버즈로직(Buzzlogic)과 블로그스코프(Blogscope)와 같은 무수히 많은 서비스가 나와 있다.

또한 접근이 제한된 사이트에도 관심을 기울여야 한다. 이는 바로 소셜 네트워크 사이트들이다.

소셜 네트워크 사이트 측정하기

처음에는 번듯한 직장인들이나 자신의 웹사이트를 만들 수 있었다. 그러다가 블로그가 등장하기 몇 년 전에 소셜 네트워크가 선풍적인 열풍을 일으켰다. 마이페이스, 페이스북, 링크드인은 개인이 자신을 표현할 수 있을 뿐만 아니라 친구나 동료와 연계를 맺을 수 있는 장을 제공했다. 기업은 이런 네트워크를 활용해서 고객과 연계를 맺으려 노력하고 있다. 이런 활동을 잘하는 기업이 있는가 하면 그렇지 못한 기업도 있다. 당신의 회사는 어떤가? 무엇을 측정해야 할까?

소셜 네트워크 사이트는 앞에서 다룬 것과 동일한 내용을 측정하되 범위가 조금 좁아진다. 블로그와 트위터는 공개적인 반면에 소셜 네트워크는 폐쇄적이다. 해당 네트워크의 회원이 되어야만 한다. 따라서 사람들이 당신 회사 웹사이트의 제품 페이지를 좋아하는지, 회사에 대해서 이야기를 하는지, 다른 사람의 의견을 서로 공유하는지 등을 계속 살펴려면 앞에서와는 다른 도구 및 기법이 필요하다.

청취자 측정하기

카일 플래허티(Kyle Flaherty)는 브레이킹포인트 시스템즈(Breaking Point Systems)의 마케팅 및 소셜미디어 담당자다. 그는 제니퍼 레지오 (Jennifer Leggio)가 지디넷(ZDNet)에서 운영하는 소셜 비즈니스 블로 그에 글을 게재했다(http://blogs.zdnet.com/feeds/?p=321&page=2).

카일은 이 글에서 브레이킹포인트는 웨비나(webinar, 웹과 세미나의 합성이이며 온라인상에서 진행되는 쌍방향 회의—옮긴이)를 활성화시켰기 때문에 기술 분야의 신생회사인 자사에게 소셜미디어는 최고의 트래픽 리퍼러였다고 설명했다. 그는 직원의 시간 및 도구 구입비와 같은 비용 을 산출해서 웨비나 덕분에 발생된 매출과 비교했다.

그가 경험담을 게재했던 시기에는 데이터를 통합하려면 매우 다양 한 도구가 필요했다. 여기에는 블립닷티브이(Blip.tv), 버드유알엘 (BUDurl), 엘로쿠아(Eloqua), 겟클리키(GetClicky), 구글 웹 분석(Google Analytics), 구글 리더(Googld Reader), 허브스팟(HubSpot) 등이 있다.

카일은 이렇게 말한다.

"버드유알엘을 사용하면 트위터를 통해서 웨비나에 등록한 사람의 수를 알 수 있다. 겟클리키를 이용하면 우리의 링크드인 그룹에서 웨 비나 페이지로 간 사람을 파악할 수 있으며, 웨비나가 열린 날에 유스 트림(USTREAM)에서 웨비나를 실황으로 시청하는 사람들을 알 수도 있다. 또한 제품 견본을 신청한 사람의 수, 제품 평가를 한 사람의 수,

최종적으로 그 제품을 구입한 사람의 수를 파악할 수 있다.”

소셜미디어의 가치를 보여줄 수 있도록 홍보 활동과 수익의 직접적인 관련성을 항상 파악해놓는 것이 중요하다. 카일은 그런 관련성이 생기면 “해당 커뮤니티와 계속 협력할 수 있으며, 이렇게 되면 ROI의 중요성이 줄어들고 IOR, 즉 관계의 영향력(Impact On Relationship)에 초점을 맞추게 된다”고 말한다.

인터넷에는 사람들이 모일 수 있는 장소들이 넘쳐 난다. 그런 장소를 모니터하면서 오가는 대화를 주의해서 듣는 것이 당신이 할 일이다. 당신이 추적하는 요소가 대화가 아니라면 상황이 약간 달라진다. 위젯을 가지고 있는가?

애플리케이션과 위젯 측정하기

페이스북에서 간단한 애플리케이션은 모 아니면 도다. 엄청난 영향을 주거나 아니면 완전히 실패로 돌아간다. 애플리케이션은 바이러스처럼 대대적인 확산을 일으켜서 매출에 영향을 주거나, 혹은 확산을 일으키고도 매출에 전혀 영향을 주지 않을 수도 있다.

2007년에 존슨앤존슨(Johnson & Johnson)은 ‘아큐브 윙크(Acuvue Wink)’라는 페이스북 애플리케이션을 개발했다. 이 애플리케이션은 친구에게 메시지를 보낼 때 윙크하는 눈 모양의 애니메이션을 선택할 수 있었다. 홍보전이 절정에 달했을 때 매일 1만 명의 페이스북 사용자가 ‘윙크’ 애플리케이션을 사용했다. 8월 초에서 연말 사이에 6만 5,000 명이 다운을 받았다. 애초에 존슨앤존슨이 목표로 삼은 수는 10

만 명이었지만, 사용자는 총 50만 명에 도달했다. 빈도로 보면 윙크 50만 번이 목표였지만 1사람당 2번씩 해서 총 100만 번이 넘었다. 보다 중요한 것은 존슨앤존슨의 콘택트렌즈 제품 매출이 17%까지 상승했다는 점이다.

물론 이처럼 크게 확산시키고 싶은 홍보전의 예산을 짤 수는 있다. 그리고 홍보 계획을 세울 수도 있다. 그러나 결과를 보장할 수는 없다. 수치를 보면 돌파구가 될 홍보전인지 아닌지를 단박에 알 수 있을 것이다. 윙크 애플리케이션은 페이스북 사용자들이 이용하기에 간편했지만, 누군가 다른 사람에게 윙크하고 싶을 때에만 작동됐다. 위젯은 애플리케이션과 라이프 사이클이 다르고 측정기준이 몇 개 더 있다.

페이스북 사용자들이 버튼을 클릭해서 당신의 애플리케이션을 사용하는 대신에 당신의 위젯을 페이지에 배치할 수도 있다. 이렇게 해두면 그 사람의 친구들이 방문해서 당신의 위젯을 볼 수 있다. 사용자가 위젯을 따로 가동시킬 필요는 없다. 그저 사용자의 친구가 위젯을 발견해서 사용하며 자신의 페이지에 올릴 때까지 기다리기만 하면 된다.

나는 위젯에 대해 상세한 사항을 알아야 할 때면 클리어스프링(www.Clearspring.com)의 데이터 전략분석 담당자인 조디 맥더멋(Jodi McDermott)에게 조언을 받는다. 조디는 웹 분석협회(WAA, Web Analytics Association)의 표준위원회에서 왕성하게 활동하고 있다. WAA는 2009년 7월에 소셜미디어 표준의 초안을 작성했다. 이 표준안에는 여러 용어의 정의가 나와 있으며, 이런 정의는 분명한 의사소통을 하도록 해주고 측정할 수 없는 요소들을 이해하도록 해준다.

예를 들어, 사람들이 위젯을 퍼가서 자신의 웹사이트에 실은 횟수를 측정할 수 있다. 소비자는 개발자에게서 위젯을 퍼가서 설치한다. 각각의 설치는 소프트웨어의 독립적인 인스턴스(instance)가 된다. 설치를 확인하기 위해 맨 처음에 실행을 해줘야 하는 경우도 있다. 위젯 호스트의 페이지에 방문한 사람에 의해서 위젯이 활성화되면 위젯 소프트웨어가 로딩되고, 이는 뷰 한 번에 해당된다. 측정할 수 있는 요소를 살펴보면 위젯의 라이프 사이클을 쉽게 설명할 수 있다([표 2.1] 참조).

표 2.1 | 위젯의 라이프 사이클

호스트(Hosted)	위젯을 웹페이지에 넣어서 많은 사람이 볼 수 있게 한다.
뷰(Viewed)	누군가 위젯이 호스트된 페이지를 보는 것을 말한다. 광고 노출과 비슷하다.
퍼가기(Grabbed)	뷰어가 호스트 페이지에서 위젯을 가져가 자신의 웹사이트에서 사용하는 행위를 말한다.
설치(Install)	뷰어가 새 호스트가 된다.
활성화(Active)	정해진 시간 동안 보이는 위젯. 위젯이 설치될 수는 있지만 뷰는 되지 않는다.
삭제(Uninstall)	새 호스트는 위젯을 없앨 수 있다.
마우스오버 (Mouseover)	뷰어가 마우스 커서를 위젯 위로 옮겨서 상호작용을 할 수 있다.
페이지 시간 (Time on page)	위젯은 페이지에 보이는 상태에서도 업데이트할 수 있다.
이벤트(Event)	내부 상호작용(탭 클릭, 동영상 재생 등).

당신의 위젯이 대단히 인기가 있어서 많은 사람이 그 위젯을 퍼가서 설치할 수도 있지만, 위젯이 호스트된 페이지가 노출되지 않는다면 성공한 게 아니다. 수천 명이 당신의 위젯을 가져가고 싶어 할 정도로 브랜드에 친밀감을 느낀다면야 긍정적인 일이지만, 위젯의 궁극적인 목

적은 사람들이 페이지를 보는 기회를 만드는 것이다. 그러니 실린 페이지가 노출되지 않는 위젯은 어둠 속의 광고판만큼이나 쓸모가 없다.

일반적으로 모든 측정은 정확할 것이라 기대하지만, 조디는 기대치의 적절한 수준을 설정하는 신중함을 보였다. 그녀는 위젯을 활용해서 해결할 수 있는 몇 가지 문제의 개요를 서술했다. 이는 내가 애매한 수치를 주제로 미디어포스트에 게재한 글에서 고려하지 않았던 부분이다. 아래의 글을 참고하기 바란다.

수치는 정밀하지 못하다

(이 글은 원래 미디어포스트닷컴(Mediampost.com)에 게재됐던 글이다.)

당신이 CMO(최고마케팅경영자)의 사무실에 가는 길에 기이한 일이 벌어졌다. 광고 테스트 결과와 웹 행동 데이터에서 현황을 바꿔놓을 놀라운 내용을 깨닫던 중, 신이 나서 경영진에게 전달하려 했던 보고서의 가장자리가 갈색으로 변하더니 악취가 확 풍기는 끈적끈적한 액체가 뚝뚝 떨어졌다.

사무실에 들어서자 CMO는 즉시 코를 찡그리며 눈을 가늘게 떴다. 기업 커뮤니케이션 부사장은 '이런, 자네 호되게 당하겠군' 이라는 표정을 지었고 광고 부사장은 마케팅 이사를 팔꿈치로 쿡 찌르며 낮은 목소리로 말했다. "잘나가던 저 젊은 친구도 이제 끝장이군."

CMO는 다음 보고서들을 손가락으로 가리켰다(그러나 손을 대지는 않았다).

〈컴스코어의 트래픽 보고서〉
〈히트와이즈의 트래픽 보고서〉
〈컴피트닷컴(Compete.com)의 차트〉

〈아틀라스(Atlas)의 광고 배너 보고서〉

〈옴니추어의 트래픽 보고서〉

〈구글 웹 분석의 트래픽 보고서〉

"한물간 농담을 하는 것 같군 그래." CMO가 웃음기가 전혀 없는 표정으로 말한다. "전 세계의 경제학자를 죄다 한 줄로 세워놓으면 다들 제각기 다른 방향을 가리키기 마련이지. 대체 이 수치를 가지고 어쩌자는 건가? 우리 회사 웹사이트의 방문자가 3,250만 명이라는 건가 아니면 4,400만 명이라는 건가?"

지난번에 상사들이 짜증을 내는 이런 분위기를 처음 접했을 때만 해도 당신은 화이트보드로 후딱 다가서서 아래의 모든 내용을 쾌활하게 설명했었다.

쿠키 삭제

쿠키 차단

다수의 브라우징

동일한 쿠키에 다수의 사람

사람이 유발하지 않은 트래픽

유동적인 IP 주소

페이지 캐시

자바스크립트 로딩

픽셀 배치

그때 당신은 마일과 갤런을 비교한 기가 막힌 결과나 아래의 내용을 설명하는 단계로 넘어가지도 못했다.

각종 도구 사용

각종 데이터 차단 루틴

각종 데이터 수집 방법

저장된 각종 데이터

각종 데이터베이스

각종 데이터의 정제 방법

생산을 위한 각종 세분화

결과로 나온 각종 보고서

통합될 각종 피드

각종 데이터 웨어하우스

당신이 위의 내용을 설명하기도 전에 경영진이 "수고했으니 이제 그만 회의실에서 나가라"고 했던 것이다. 영원히 말이다.

그래서 이번에는 그런 실수를 하지 않는다.

이번에 당신은 온라인 마케팅 분야가 정확성이라는 착각과 정밀성이라는 기대에 시달려왔다고 설명한다.

우리가 사는 세상은 통계와 확률로 이루어져 있다고 경영진에게 말한다. 하늘에 떠 있는 별을 모두 셀 수는 없는 법이니, 아예 그런 시도를 할 필요도 없다. 마찬가지로 다음 사항의 실제 수치를 구하려고 노력하는 사람은 없다.

TV 시청자

라디오 청취자

잡지 독자

광고판을 읽는 사람

버스 포스터를 읽는 사람

바닥에 붙인 스티커를 읽는 사람

항공권 커버를 읽는 사람

사람이 앞뒤로 매는 광고판을 읽는 사람

대신에 우리는 몇몇 사항을 계산하고 이외의 나머지를 예측한다.

당신은 위에 나온 사항보다 더 잘 계산할 수 있는 사항을 알려준다. 그리고 타깃 독자를 역동적으로 겨냥하고, 각자의 경험을 최적화할 수 있는 훌륭한 도구와 기법이 있다고 말한다.

당신은 "우리 웹사이트에 방문하는 사람이 3,630만 명입니다"라고 말한다.

CMO가 안경을 코끝으로 내리더니 이마를 찌푸린다. 지난번 당신이 사무실 복사기로 개인적인 파티 초대장을 복사하다가 들켰을 때도 CMO는 당신에게 그런 표정을 지어 보였다. 그래서 당신은 재빨리 덧붙인다. "이는 오차 범위 4%를 감안한 것이며 이제부터 월별로 비교할 수 있는 기준점입니다."

"그러면 3,250만 명에서 4,400만 명 사이라는 뜻이군."

"그렇습니다. 사실상 거의 그 사이입니다."

CMO는 비난하는 투로 묻는다. "1년에 수천만 달러나 드는 소위 디지털 마케팅 걸작을 본 사람의 수를 정확하게 보고할 수 없다는 말인가?"

"저는 웹사이트 방문자가 우리 회사의 브랜드에 더욱 관심을 갖게 됐는지, 자주 방문을 하는지, 우리 회사의 제품을 구매하는지, 우리 제품에 대해 친구와 이야기를 하는지 등을 보고할 수 있습니다. 반면에 1년에 수억 달러나 드는 CNN과 〈오프라 쇼〉에서 우리 광고를 보고 제품을 구매한 사람이 몇 명인지 알 수 있을까요?"

광고 부사장이 눈에 띄게 몸을 움츠린다.

"저는 검색 광고 마케팅비 400만 달러를 절약하는 한편 온라인 매출을

6~8% 신장시킬 방법을 이 자리에서 보여드리려 합니다.”

CMO의 눈빛에서 화가 난 기색이 사라진다. 데이터를 불신하는 분위기가 가시고 대화에 집중하는 수준이 갑자기 한 단계 높아진다. CMO는 앞으로 몸을 숙이며 눈을 가늘게 뜬다. “한번 보여주게.”

수치가 정밀할 필요는 없다. 그저 설득력만 있으면 된다.

여기에 조디는 각기 전혀 다른 웹사이트에 있는 계속 변하는 콘텐츠를 측정하면서 겪는 예측 불허의 변동을 추가로 덧붙이며 이렇게 말했다.

“쉽지 않은 작업이다. 표준 웹 분석도구에서와 동일한 문제에 부딪힌다. 예상과 달리 도메인이 연결되지 않을 때도 있고, 데이터가 분석되지 않을 때도 있다. 데이터를 서비스 제공자에게 피드백하는 소셜 네트워크의 API가 예고 없이 변경되기도 하며, 나는 이를 환경의 도전이라고 부른다. 현재는 워낙 초창기이기 때문에 모든 소셜 네트워크 플랫폼의 기술과 운영을 담당하는 팀들이 모두 세계적인 수준일 수는 없는 노릇이다.”

소셜 네트워크 시장에는 대학 기숙사에서 창업한 회사들이 수두룩하며, 이들에게는 기능과 기술 측면에서 재주와 기량이 있더라도 엔지니어링이나 비즈니스 프로세스가 제대로 수반되지 않은 경우가 많다. 그런 회사에는 기업 수준의 탄탄하고 믿을 만한 플랫폼을 제공하는 데이터 센터가 거의 없다.

조디가 웃으며 말한다. “그리고 그런 회사는 산만하다. 대충 그때그때 상황을 봐가며 재미삼아서 이것저것 변경해보기를 좋아한다. 이와 달리 기업에서 웹사이트를 운영할 때는 IT팀과 협력해서 모든 요소에 태그를 달고, 표준화를 시킨다. 이런 경우에는 상호의존성이 대단히 높다."

이어서 그녀는 상황이 그리 나쁘지 않다고 나를 안심시킨다. "그러나 점점 많은 대형 영화제작사가 위젯을 사용하고 있고 통신사가 위젯을 활용해서 경쟁력을 유지하고 있어서 기반 구조가 점차 나아지고 있다. 효과적인 기술이 발견되고 있으며, 일반적으로 수용되는 코딩 관행이 있고 개발자들은 이런 관행을 따라야 한다는 점을 인식하고 있다. 아직 초창기이지만 곧 정착이 될 것이다. 거금이 소비되는 분야에서는 기대치에 부응하는 기술이 금방 나오기 마련이다."

사람들이 당신의 메시지를 듣고 있는가?

도달률은 얼마나 많은 사람이 당신의 브랜드, 특히 당신의 메시지를 볼 기회를 가졌는가를 의미한다. 그리고 이는 아웃바운드 메시지가 현대 마케팅 환경의 대혼란을 뚫고 사람들의 귀에 도달할 가능성을 말한다.

당신의 메시지를 사람들이 들었는지는 추측으로 알아내야 한다.
당신의 메시지가 사람들의 마음에 간직되는지는 시장조사로 알아내야 한다.
그렇다면 당신의 메시지가 다른 사람에게 전달할 수 있는 적임자에게 도달하는지는 어떻게 알아낼 수 있을까? 매우 훌륭한 질문이다.

존중받기 : 영향력 파악

소셜미디어는 말하자면 소셜 네트워크의 결합조직(동물의 각종 기관에서 상피조직·근조직·신경조직 등을 서로 연결하고, 양분을 공급하는 등의 역할을 하는 조직－옮긴이)이다. 무엇을 아는가가 소셜 네트워크에서 중요하다는 점은 분명하다. 그러나 누구를 아는가가 훨씬 더 중요하다.

당신이 프레드에게 메시지를 전달하고, 프레드가 이를 다시 샐리와 존에게 전달한다면 훌륭하다.

그러나 샐리와 존이 로버트와 가이, 세스에게 당신의 메시지를 다시 전달해야 비로소 무언가 제대로 되기 시작하는 것이다. 메시지 전달에서 프레드, 샐리, 존보다 로버트, 가이, 세스가 더 가치 있는 이유는 무엇일까? 그 이유는 다음의 3가지다.

1. 청중의 규모
2. 연계 정도
3. 영향력

쉬운 내용부터 시작해보자. 이들의 첫 단계 도달률은 얼마나 되는가?

청중의 규모

헨리가 트윗에 올릴 흥미로운 내용을 찾고 있다면 그의 트위터 팔로어들을 도달범위의 계산에 넣으면 된다. 헨리가 블로그에 그 내용을 올리면 그의 구독자를 계산에 넣으면 된다. 이 사람들은 그의 첫 단계 도달범위다.

그런데 계산에 넣는 팔로어와 구독자의 형태를 분석해보면 수치가 흥미로워진다. 이들은 유형별로 다른 가치를 지닌다. 구독자와 팔로어를 시작으로 각 형태에 점수를 배정해보자.

접점의 형태	값
구독자와 팔로어	1
독자	1
팬	2
전파자(repeater)	4

구독자와 팔로어

과거 어떤 시점에 구독자와 팔로어가 '더 알고 싶다' 버튼을 클릭할 정도로 관심을 표명했다 해도, 그것은 과거의 일이다. 그들이 그 후로 만족하게 살고 있을까, 아니면 이모로부터 잡지 구독권을 선물 받은 것처럼 트윗, 포스트에 신경을 쓰지 않고 있을까? 확실한 상황을 파악하기 전까지는 이런 사람들에게 1점만 배정하자.

많은 구독자가 있다는 것은 좋은 일이다. 그렇지만 그들이 실제로 당신의 메시지를 읽고 있을까?

독자

독자에는 두 종류가 있다. 구독을 해서 읽는 사람과 구독하지 않고 읽는 사람이다. 릴랜드가 올린 내용을 리트윗한 마이크의 트윗을 보고 링크를 클릭해서 블로그 포스트나 보도자료, 기사 등을 찾아간 사람은 그저 일회성 독자다. 이런 사람은 1점의 가치가 있다. 릴랜드는 구독자이자 독자이므로 2점의 가치가 있다.

팬

팬은 만족감을 전파라는 방식으로 표현해왔다. 이들은 구독자일 뿐만 아니라 브랜드나 인물과 자신의 관계를 다른 사람에게 알리고 싶어 한다. 이런 사람들에게는 2점이 배정된다. 릴랜드가 구독자이자 독자인 동시에 팬이라면 회사에 대한 그의 가치는 4점이다.

대형 온라인 잡지인 백달닷컴(http://www.baekdal.com)의 토머스 백달(Thomas Baekdal)은 2009년 8월에 팬을 주제로 다음과 같은 글을 썼다.

간단하게 말하자면 활동적인 팬 1명은 445명의 가치가 있다. 그리고 적극적인 팬 1명을 확보하려면 1만 4,000명에게 도달해야 한다. 이 말은 적극적인 팬 56명이 방문자가 2만 5,000명인 웹사이트와 동일한 노출 효과를 창출한다는 뜻이다.

토머스는 서두에서 팬이란 '당신의 모든 활동을 따르는 사람이거나 다른 이에게 당신을 적극적으로 알리는 사람(혹은 동시에 둘 다를 하는 사람)'이라고 정의했다. 그는 팬을 세 종류로 나눈다.

1. 소셜 채널(트위터, 페이스북, 프렌드피드 등)에서의 팬이나 구독자, 또는 팔로어
2. RSS 구독자
3. 당신의 사이트에 계속해서 방문하는 사람(적어도 일주일에 1번 이상)

토머스는 소셜 채널(트위터, 페이스북 등)을 운영하는 새로운 팬, RSS 구독자, 정기적 방문자, 콘텐츠를 공유(언급)하는 사람, 2단계 팔로어/팬을 자신의 웹사이트의 순 방문자로 고려한다.

이를 기반으로 그는 모든 채널에서 새 팬 3,854명을 확보하려면 방문자가 40만 7,406명이어야 한다고 계산했다. 다시 말하면 방문자 106명 중에서 1명의 팬이 생기는 셈이다. 그는 배너광고를 자세히 검토하고 (링크를 클릭해서 찾아온 평균 비율을 0.2%로 볼 때) 팬 1명을 만들기 위해 방문자 106명을 확보하려면 광고 노출 횟수가 5만 3,000회여야 한다고 밝혀냈다.

토머스는 2만 4,108명 중에서 179명만이 적극적으로 활동(리트윗, 혹은 콘텐츠 공유)한다는 점을 깨닫고, 적극적인 팬 1명을 확보하려면 광고 노출 횟수가 704만 9,000회여야 한다고 계산했다. 적극적으로 활동하는 그의 팬은 1명당 평균 445명의 자체 팬을 확보하고 있으므로 페이스북에 업로드된 사진에 그의 팬 15명이 댓글을 달면 다른 6,675명에게 메시지를 전파하게 된다. 그러니 그 팬들은 매우 가치가 있다.

토머스는 적극적인 팬 1명이 정기 방문자 445명의 가치가 있으며 매달 팬 4명을 새로 만든다고 결론지었다. 적극적인 팬 1명이 생기려면 방문자가 1만 4,000명이어야 하지만, 수동적인 팬 1명이 생기려면 방문자가 106명이면 된다.

전파자

다들 알고 있듯이 메시지는 전파(repeat)가 되어야만 가치가 있다. 이를 '명예로운 언급'이라고 불러보자. 물론 사람들이 다소 부정적인 언급을 할 수도 있으며, 이 부분은 4장에서 다룰 것이다.

숲속에서 나무 한 그루가 쓰러지더라도 그 소리를 들은 사람이 아무도 없다면 소리가 나고 안 나고는 아무런 차이가 없다. 또 숲속에서 나뭇잎 하나가 떨어질 때 수천 명이 그 소리가 들리는 지점에 서 있더라도 그 소리가 너무 적으므로, 이 소리를 듣고 안 듣고도 아무런 차이가 없다.

앞의 독자 항목에서 든 예에서 마이크는 전파자다. 그는 릴랜드의 사이트에서 흥미로운 내용을 보고 이를 전파한 것이다. 전파자에게 배정된 점수는 구독하고 읽고 전파하는 사람의 숫자에 바탕을 두고 계산된 것이다. 그러나 마이크가 구독자나 전파자가 아닐 수도 있다. 만약 그렇다면 복잡한 계산을 해야 하는 상황에 처하게 된다.

또한 트윗은 시간 의존성이 있기 때문에 트윗 대 블로그의 점수 비중을 따져보고 싶을 것이다. 사람들은 오래된 트윗을 무시하거나 잊는 경향이 있으며, 마음 내키는 대로 트윗의 흐름에 드나들 뿐만 아니라 오래된 트윗은 트위터의 데이터베이스에서 사라진다. 트윗은 수명이 짧다. 반면에 블로그는 비교적 영구적이며 구글에 인덱스가 된다. 따라서 블로그에 표현된 의견과 게시된 링크를 찾을 수 있고 읽을 수 있으며, 이를 클릭할 수 있다.

그렇다면 왜 점수를 매기는 것일까? 가장 많은 사람에게 메시지가 도달되도록 하는 사람들이 누구인지를 찾으면 그들에게 개인적인 관심을 집중할 수 있다. 가장 많은 사람들에게 메시지가 도달되도록 해주는 사람들이 누구인지를 찾으면, 이 핵심 그룹이 당신의 회사에 대해 계속 이야기를 하도록 개인적으로 직접, 그리고 자주 관리할 수 있다. 그들에게 선물 바구니를 보낼 수도 있지만, 더 좋은 방법은 그들이 그들의 독자와 전파자들로부터 가치를 인정받도록 기업의 '내부' 독점 정보를 보내는 것이다.

당신의 메시지가 증식되는 속도는 메시지를 퍼가서 전파할 가치가 있다고 생각하는 사람들의 수를 보여준다. 따라서 이를 통해서 당신의 견해가 인기가 있는지 아닌지를 판단할 수 있다. 또한 메시지가 퍼지는 속도와 범위도 알 수 있다.

이런 요소들은 당신이 타깃 독자들에게 반향을 일으켰는지, 소셜미디어 세상에서 회사를 대표하는 인물이 될 준비를 가장 잘 갖춘 사람이 누구인지를 알 수 있는 필수적인 척도다. 아비나시 쿠식은 《웹 분석론 2.0》에서 이를 '인용(citation)' 이라 칭했다.

아비나시는 사람들이 블로그에서 다른 사람의 포스트에 대해서 언급할 때 인용이 발생한다고 말하며, 그는 테크노라티 순위를 활용해서 이를 계속 추적한다. 테크노라티의 FAQ에는 "권위(authority)란 과거 6개월간 한 웹사이트에 링크된 블로그의 수이며 숫자가 많을수록 블로그가 지닌 테크노라티 권위가 높다… 테크노라티 순위가 작은 수일수록 정상에 가깝다"고 설명돼 있다. 이 순위는 매 포스트가 올라올 때마다 변경되므로 유동적이다. 따라서 이는 독자의 수를 측정하는 게 아니라 링크 수를 바탕으로 다른 블로거들이 당신의 블로그에 갖는 관심을 측정하는 것이다.

관심의 방향 및 연계

나와 생각이 비슷한 사람이라면, 이러한 네트워크상에서의 연계도(connection map)를 파악하여 실제로 영향력 있는 인물이 누구인지를 알기 위해 초기 구글 티셔츠와 같은 애장품을 기꺼이 희생하려 할 것이다. 네트워크상에서의 연계를 파악하는 것이 쉽지는 않지만 불가능한 것은 아니다.

첫 단계는 당신이 게재한 트윗이나 포스트의 링크를 부호화해서, 그 글이 다시 게재되거나 리트윗이 여러 번 됐을 때 클릭을 하면 당신이 처음에 올린 글로 바로 연결되도록 하는 것이다. 이는 www.example.com과 같은 일반 링크가 www.example.com?1234처럼 된다는 뜻이다. 그러면 1234 코드가 분석 데이터베이스에 등장하는 횟수를 계산해서 해당 포스트나 트윗이 어디까지 도달하는지를 알아낼 수 있다([그림 3.1] 참조).

대화 따라가기를 다른 말로 하면 주제를 추적하는 것이다. 소셜 그래프는 사람들의 연계는 물론 주제의 방향에 따른 사람들의 연계도 시각적으로 볼 수 있게 해준다. 이를 통해 당신의 메시지 중 어떤 부분이 어떤 시장에 반향을 일으키는지 확인할 수 있다. 당신 회사의 신형 자동차가 위스콘신에서 공급된 부품을 사용했다는 점에 모두가 관심이

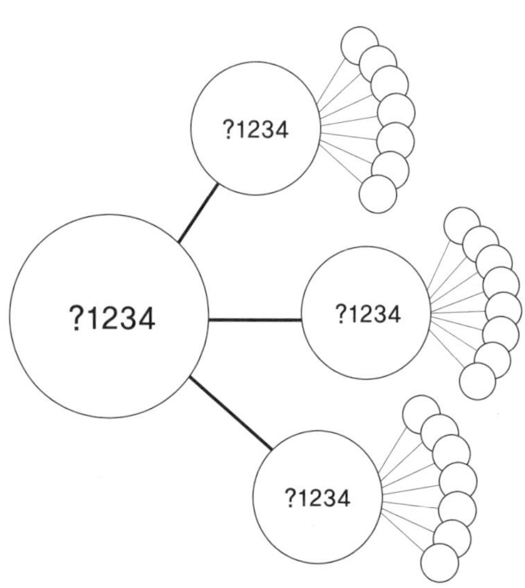

그림 3.1 | 포스트에서 부호화된 링크를 통해 온라인 입소문으로 유발된 트래픽을
파악할 수 있다.

있는 것은 아니다. 스타일이나 마일리지, 또는 엔진의 성능에 관심이 있는 사람도 있다.

[그림 3.2]는 신형 자동차를 출시한 뒤에 스타일에 큰 관심이 일었지만, 이에 관한 대화 횟수가 빠르게 줄어들고 있는 상황을 보여준다. 누군가 사진을 구해서 '이 차 봤어?' 라는 메시지와 함께 친구들에게 전달하고 나서 흥분이 사그라지는 것이다.

그 사이에 엔진의 성능에 관한 토론이 많이 일어나는 한편 마일리지에 관한 토론이 널리 확산되는 것이 확인된다. 따라서 신형 자동차에서 사람들이 가장 흥미로워하는 점을 확실하게 이해할 수 있고, 관리할 시장을 제대로 파악할 수 있게 되는 것이다. 또한 트윗을 어떻게 변경해야 할지도 알게 되는 것이다.

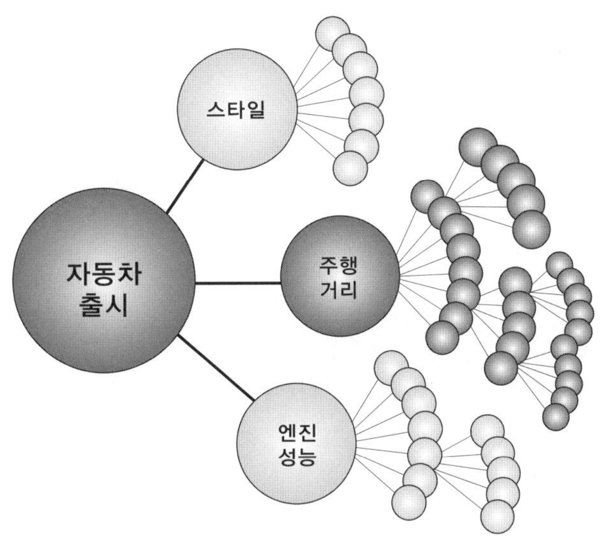

그림 3.2 | 메시지가 관심 분야에 따라 다양한 수준으로 진달된다.

소셜 그룹과 연결되는가?

운이 좋으면 애초에 목표로 삼지 않았던 사람들의 관심을 촉발시킬 수도 있다. [그림 3.3]은 주행거리에 관한 토론이 환경에 관심 있는 사람들 사이의 대화를 촉발시켰으며, 이 대화가 여러 곳에서 활성화되어 있음을 보여준다.

여기에는 좋은 소식과 나쁜 소식이 있다. 좋은 소식은 이제 당신 회사에 관심을 갖는 새로운 독자가 생겼고, 이들이 새로운 대화에 불을 붙였다는 점이다. 나쁜 소식은 친환경적인 요소에 관심을 가질 사람들이 생길 것이라는 점과 이들에게 직접 도달할 수 있었다는 점을 미리 파악하지 못했다는 것이다. 어쨌든 결과적으로는 다른 사람들을 통해서 이들에게 도달하는 것이 훨씬 효과적인 것으로 드러난 셈이다. 다음에 나온 '입소문 도달에 관한 연구'를 참고하자.

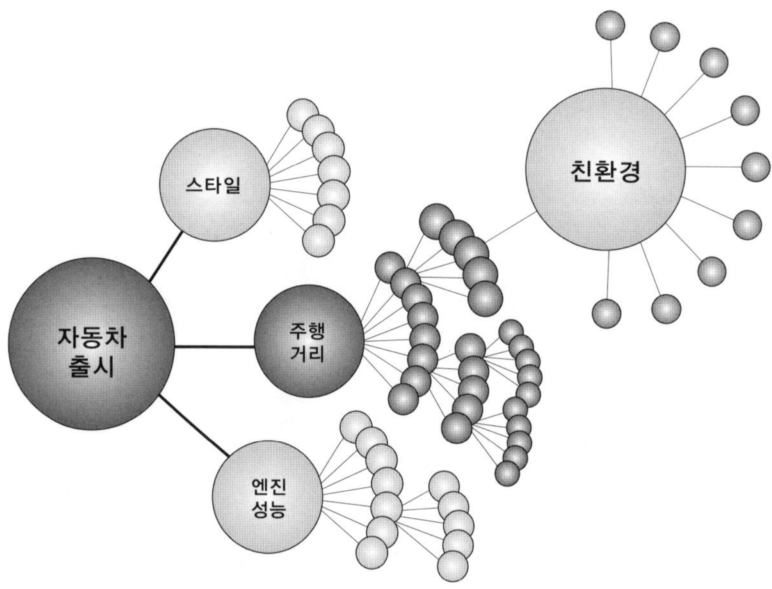

그림 3.3 | 신형 자동차 출시 발표는 예상치 못했던 관심 분야에서 의도하지 않았던 관심을 불러일으켰다.

입소문 도달에 관한 연구

이 보고서는 분석가이자 마케팅 최적화 전문가인 짐 노보(Jim Novo)가 다음 논문을 리뷰한 내용이다. '기업이 조성한 입소문 커뮤니케이션 : 현장 실험에서 얻은 증거', 〈마케팅과학(Marketing Science)〉, Vol. 28, No. 4, 데이비드 고즈(David Godes)와 디나 메이즐린(Dina Mayzlin) 공저, 2009년. http://www.webanalyticsassociation.org/members/blog_view.asp?id=538344&post=89776&hhSearchTerms=jim+and+novo+and+marketing+and+science

이 논문은 고객 대 고객의 상호작용을 미리 주도적으로 관리하는 기업의 효율성을 조사한 것이다. 이 논문은 특히 기업이 입소문을 통한 커뮤니케이션 프로그램을 올바로 운영하는 방법에 관심을 갖고 있다. 이는 2가지 데이터 수집방법을 통해서 이루어졌다. 첫째는 한 고객 레스토랑 체인과 더불어 버즈에이전트(BzzAgent)를 통해서 15개 시장을 테스트하고, 둘째는 세심히 통제한 온라인 실험을 통해서 테스트했다. 그 결과는 예상과 다소 다르며, 특히 입소문 프로그램에 자금을 열심히 투자한 기업의 웹 분석가와 마케팅 담당자들이 입소문과 소셜 분석에 대해 생각하는 방식을 변경시킬 것이다.

이 논문을 작성한 두 연구자는 특히 두 질문에 대한 답을 찾으려 노력했다.

1. 어떤 입소문이 매출증가를 극대화하는가?

답 : 입소문은 (매우 충성스러운 고객이 아닌) 덜 충성스러운 고객에게서 나왔으며 지인(친구가 아니라) 사이에서 일어났다. 놀랍겠지만 이는 마케팅 프로그램 측정에서 흔히 발견되는 결과다. 특히 최고 단골 고객은 마케팅 프로그램이 없어도 구매를 한다. 다시 말하면 이 결과는 통제그룹(홍보를 접하지 않은 사람)을 활용하지 않으면 마케팅 효과를 정확하게 측정할 수 없다는 점을 보여준다.

2. 어떤 사람들에게 입소문을 퍼뜨려야 효과적인가?

답 : '여론 주도자'나 '팬'은 매출을 증가시킬 입소문을 퍼뜨리기에 그리 효과적이지 않다. 이들을 대상으로 하는 홍보는 이미 내용을 다 알고 있는 사람들에게 또 다시 잔소리를 하는 격이기 때문이다. 또한 이들과 연계된 사람들도 이들과의 대화를 통해서 제품에 대해 이미 알고 있을 가능성이 높다. 소셜 커뮤니케이션이 이미 이루어졌기 때문에 이런 사람들에게 도달하는 광고 제작에 돈을 지출하는 것은 비효율적이다.

요약하자면 매출을 증가시킬 입소문 프로그램에 투자하고 싶다면, 이 논문에 나온 대로 '제품/서비스에 대한 대화가 자연스럽게 발생하지 않을 만한' 곳에서 그런 입소문이 퍼지게 해야 한다.

소셜미디어 측정기준의 모든 측면과 마찬가지로, 무질서한 대화에서 패턴을 찾아내려는 초기 단계의 도구들이 몇 개 있다. 이 중 한 예로 FMS 첨단 시스템 그룹(FMS Advanced System Group)의 센티넬 비주얼라이저(Sentinel Visualizer, [그림 3.4] 참조)를 들 수 있다.

센티넬 비주얼라이저의 목표는 다음에 대한 해답을 찾는 것이다.

- 개체(entity)가 네트워크 내에서 얼마나 견고하게 연계되어 있는가?
- 개체가 네트워크에서 얼마나 중요한가?
- 개체가 네트워크에서 어느 정도로 중심이 되고 있는가?

센티넬 비주얼라이저는 다음 기능을 수행한다.

- 중심 활동가를 자동으로 파악한다.
- 조직의 분할점을 찾아낸다.
- 타임라인을 분석한다.
- 복잡한 데이터 관계를 종류별로 정리한다.
- 두 개체 사이의 모든 경로, 가장 짧은 경로, 최선의 경로를 찾는다.

여기에 덧붙여 센티넬 비주얼라이저는 시간이 지나면서 네트워크가 형성 및 변경되면서 서로 상호작용하는 과정을 거의 실시간으로 볼 수

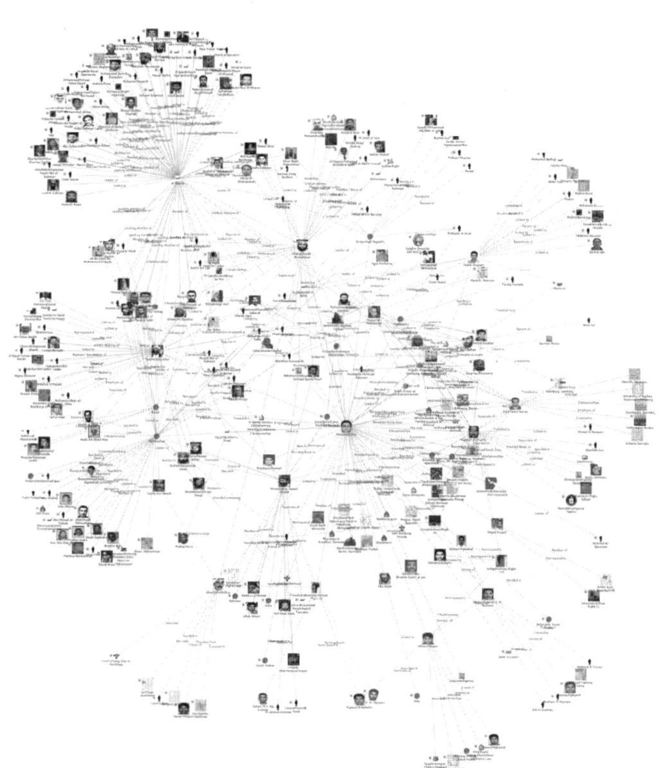

그림 3.4 │ 센티넬 비주얼라이저는 특정한 주제에 대해서 이야기하는 사람의 얼굴을
보여준다.

있는 타임 슬라이더 컨트롤을 제공한다. 실시간 대화 추적의 목적은
패턴을 발견하고 행동을 예상하는 것이다. 이는 정보를 발표할 날짜와
시간을 정할 때 유용하다.

연계 정도 파악

엑시엄(www.axiom.com), 랩리프(www.rapleaf.com), 언바운드 테크
놀로지스(www.unboundtech.com)와 같은 회사는 온라인에서의 관계를

다른 방식으로 보여준다.

이 회사들은 까다롭기만 한 대화추적 방법 대신에 친구와 블로그롤(blogroll, 이웃 블로그-옮긴이)을 찾기 위해 소셜 네트워크 사이트와 블로그를 샅샅이 뒤지는 방법을 쓴다. 이런 정보는 추론이라기보다는 사실에 가깝다. 내가 당신의 친구라고 해보자. 당신을 내 블로그롤에 넣어서 당신의 포스트가 읽을 가치가 있음을 다른 사람들에게 알린다. 이런 정보는 가져가라고 있는 것이다. 말하자면 공개 정보다.

엑시엄은 이 연결 정보를 가지고 자체 데이터베이스를 당신의 데이터베이스와 연결해 당신의 고객이나 잠재고객이 누구와 링크되어 있는지를 알도록 해준다. 이렇게 해서 당신이 속한 커뮤니티가 어떻게 링크되어 있는지를 알게 된다. 즉, 당신의 데이터베이스에 있는 사람들이 구성하는 하위커뮤니티를 알게 되는 것이다. 이는 타깃 메시지를 보낼 때 매우 귀중한 정보다.

트위터

현재 트위터는 전 세계적으로 사랑받는 소셜미디어다. 물론 앞으로도 계속 새로운 소셜미디어가 출현할 것이다. 내게 예지력이 없는지라 미래의 상황을 예측할 수 없으니 일단은 지금 당장 유행하는 트위터의 영향력을 측정하기 위해 사용하는 다양한 방법을 살펴보자.

팔로어 수

앞서 팔로어 수는 쉽게 이해할 수 있으며, 어느 정도까지는 유용하다고 말한 바 있다. 그러나 팔로어의 수가 성공 여부를 나타내지는 않는다. 또한 숫자를 늘리기도 쉽다. 자동으로 사람들을 찾아서 팔로잉할 수 있으며, 그 사람들은 다시 당신을 팔로잉할 것이다. 팔로어 숫자를 올리는 게 유일한 목적이라면 얼마든지 그 목적을 이룰 수야 있지만, 잔존가치(residual value)는 없다.

팔로어의 팔로어

존의 팔로어가 5만 명이고, 그 팔로어들은 자체 팔로어가 없다고 해보자. 그리고 제인의 팔로어는 1만 명이고 각 팔로어들의 팔로어가 1,000명씩이라고 해보자. 5만 명이 볼 기회를 창출하는 것은 1,000만 명이 볼 기회를 창출하는 것에 비하면 초라하기 짝이 없다. 1,000만 명의 일부분(예를 들어서 10%)만 리트윗을 한다고 해도 110만 명에게 도달하게 된다.

여기서 110만 명이라는 단순한 숫자보다 이들이 리트윗을 받는다는 점이 중요하다. 리트윗이 보다 높게 평가되기 때문이다. 당신이 신형 자동차를 자랑하는 트윗을 내게 보내면 나는 그 자동차가 출시된다는 정보만을 받아들인다. 그러나 제인이 당신의 메시지를 내게 리트윗하면 나는 그것이 단순히 자동차 제조사의 홍보가 아니라고 여기게 된다. 내가 그 정보에 관심을 기울일 만한 가치가 있다고 제인이 생각함을 의미하는 것이다.

트윗의 최신성 및 작성 빈도

트위터에서 의사소통은 많이 할수록 좋다. 한 마케팅 담당자의 트위터에 트윗이 2개밖에 없고, 게다가 가장 최근의 트윗이 1년 전에 작성된 것이라고 해보자. 두말할 여지없이 이 마케팅 담당자는 회사에 도움을 주지 못하고 있는 것이다. 그렇다고 평범한 트윗을 계속 올리는 것도 도움은 안 된다.

팔로잉 대 팔로어 비율

이 비율을 측정하는 사람은 비율이 높을수록 좋다고 주장한다. 모든 사람이 당신을 팔로잉하는 반면에 당신은 단 몇 명만을 팔로잉한다고 해보자. 이것이 당신이 멋지고 세상 물정에 밝으며, 중요한 인물임을 뜻할까? 이는 대답하기 쉽지 않은 문제다. 가수 브리트니 스피어스(Britney Spears)가 43만 2,595명 모두를 실제로 팔로잉하고 있을까? 토크쇼 진행자 엘렌 드제너러스(Ellen DeGeneres)가 진짜로 26명만을 팔로잉할까? 두 사람이 아주 특별한 인물인 것은 분명하다. KPI, 즉 핵심성과지표로서 이 비율의 사업적 가치는 무엇일까? 그건 나도 모르겠다.

리트윗

리트윗은 그 자체만으로도 가치가 있다. 당신이 올린 트윗을 본 사람이 당신의 메시지를 리트윗할 가치가 있다고 생각한다면 더할 나위 없이 좋다. 이 경우 당신은 그 트윗이 전파될 가치가 있는 이유를 오랫동안 곰곰이 생각해볼 것이다. 당신이 작성한 트윗이 재미있거나 흥미롭거나, 또는 유용했음이 분명하다. 그러나 그 이유를 알아내지 못한다면 당신은 시간을 낭비하고 있는 셈이다.

재미와 흥미는 대중의 관심을 유지하기에 아주 좋지만, 재미와 흥미만으로는 가치를 창출하지 못한다. 다들 버거킹(Burger King)이 엉뚱

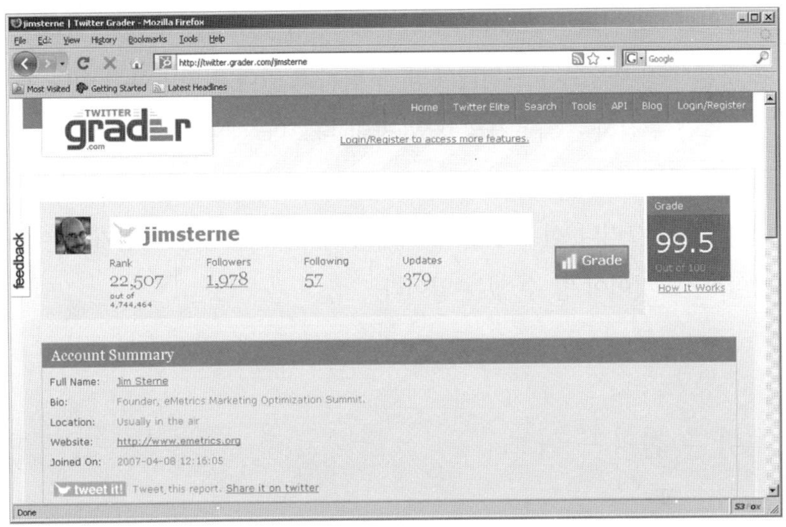

그림 3.5 | 점수가 높으면 기분이야 좋겠지만, 높은 점수가 비즈니스에 무슨 의미가 있을까?

하게 웃기는 광고를 한다는 점을 기억하지만 그렇다고 해서 매출이 올라갈까? 리트윗만으로는 이를 알 수 없다.

그러나 가치 창출 방법을 알려주는 측정기준으로서 리트윗은 팔로잉/팔로어 비율보다 중요하다. 리트윗을 하고 있는 사람들을 중요도에 따라서 분류해보면 흥미로운 점을 발견하게 된다. 팔로어가 3명뿐인 사람들이 당신의 글을 리트윗하고 있다면, 리트윗이 100만 회가 될지라도 기분이 좋아서 어깨가 으쓱해지는 것 외에는 사업적 가치가 없다. 팔로어 수가 적은 사람은 그만큼 가치가 낮기 때문이다.

트위터그레이더닷컴(Twittergrader.com)에서 내 트위터의 점수가 99.5라는 사실을 발견하고 내가 기분이 얼마나 좋을지 상상해보라([그림 3.5] 참조).

트위터그레이더는 트위터 사용자 472만 1,957명을 추적한 결과 내가 다른 사용자들보다 트위터에 더 노력하고 있다고 판단한 것이다. 이 사이트가 추적하는 사용자의 0.5%만이 나보다 점수가 높다. 자칫하면 점수에 집착해서 이를 더 끌어올리려면 어떻게 해야 할지를 고심하게 되기 쉽다. 그러나 점수가 높다고 해서 내가 더 훌륭한 사업가라는 의미일까? 그것이야 알 수 없는 일이다.

올바른 전파자 확보

사업을 홍보하고 사업목표를 달성해야 하는 임무를 맡고 있다면, 최선의 결과를 얻을 수 있도록 가용 자원을 배분해야 한다. 자원이 무한하다면 회사 제품을 모두에게 알릴 수 있을 테지만, 가용 자원이 무한할 수는 없다.

따라서 당신의 메시지를 가장 잘 전달할 수 있는 사람들에게 도달하기 위해 노력할 작정이라면 관련된 부문에서 실제로 영향력이 있는 사람을 파악해야 한다. 여기에서 분석이 흥미로워지는 동시에 다소 애매해진다.

주제에 맞는 전파자 확보

한동안 해시태그 #wa는 웹 분석에 관한 트윗을 추려내는 용도로 사용됐다. 위팔로우닷컴(Wefollow.com, [그림 3.6] 참조)을 잠깐 살펴보면 나보다 #wa에 대한 트윗을 많이 올리는 사람이 6명임이 드러난다.

상위 10명을 잘 살펴보면 이메트릭스 마케팅 최적화 회담에 대한

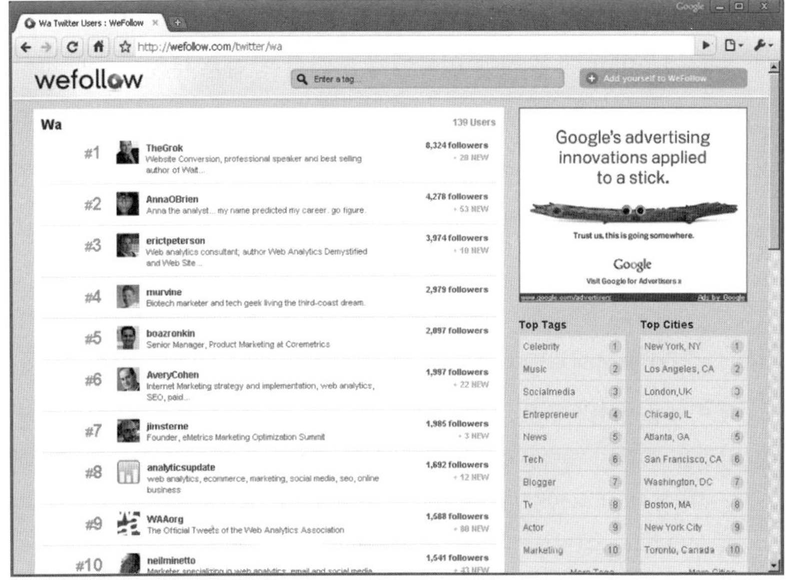

그림 3.6 │ 위팔로우닷컴은 전달할 주제와 관련된 트윗을 올리는 사람을 검색해서 팔로어의 수에 따라서 보여준다.

이야기를 퍼뜨리기 위해서 접촉해야 할 사람의 명단이 확실해진다.

영향력 있는 인물에게 전파하기

사람들이 많이 다니는 길거리의 모퉁이에 형편없는 누더기 차림의 남자가 서 있다. 그는 판지로 만든 커다란 플래카드를 흔들어대며 '하늘이 무너지고 있으며 비둘기 떼가 신분증을 훔쳐갔고, 명왕성에서 온 특사가 자신의 자동차를 차지하고 앉아서 행성으로 돌아가게 해달라고 시위 중이니 이런 사실에 다들 관심을 좀 기울여달라'고 주장한다. 그의 말을 들은 모든 사람이 메시지를 받았다. 그러나 아무도 그의 말에 신경을 쓰지 않는다. 반면에 E.F. 허튼(E.F. Hutton, 미국의 증권회

사-옮긴이)이 전달하는 메시지에는 귀를 기울인다. 그렇다면 사람들
이 귀를 기울이는 말을 하는 인물에게 도달할 방법은 무엇일까?

광고회사인 레이저피시(Razorfish)는 '유창성(Fluent)'이라고 제목을
붙인 2009년 사회 영향력 마케팅 보고서에서, 영향력을 끼치는 사람
을 세 유형으로 분류했다(http://fluent.razorfish.com/publication/
?m=6540&l=1).

특정한 분야에서 핵심적인 영향력을 끼치는 사람은 브랜드 친밀도와 소
셜 플랫폼에서의 구매 결정에 남들보다 큰 영향력을 미친다. 핵심적인 영
향력을 끼치는 사람은 일반적으로 자체 블로그를 가지고 있으며 트위터
팔로어들이 아주 많다. 그가 팔로어들 중에서 개인적으로 아는 사람은 거
의 없다.

이 그룹을 저널리스트로 여길 수 있다. 이들은 일반 대중에게 의견
을 제시하며 팔로어들을 엄청나게 많이 보유하고 있다.

사회에 영향력을 끼치는 사람은 소셜 플랫폼에 참여하는 일상적인 사람
이다. 일반적으로 이런 사용자는 당신의 소비자 소셜 그래프에 들어 있
다. 이들은 현황과 트위터 피드를 업데이트하고, 블로그와 포럼에 글을
쓰며, 소비자 입장에서의 평가를 통해서 브랜드 친밀도와 구매 결정에 영
향을 미친다. 일부 경우에 이런 소비자는 사회에 영향력을 끼치는 사람을
개인적으로 알기도 한다.

이런 사람은 논평하기를 좋아하며, 자신의 의견을 밝히고 싶어 한
다. 많은 사람이 이들의 의견을 읽지만, 그것을 가슴 깊이 새기는 사람
은 일부다.

지인들에게 영향력을 끼치는 사람은 구매 결정과 소비자에게 가장 근접해 있다. 이들은 일반적으로 가족 구성원이거나 소비자 핵심층의 일부이다. 이들은 구매 결정에 가장 직접적으로 영향을 끼치며, 가족이나 친구의 결정에 따른 결과를 감수해야 하는 사람들이다.

이 그룹은 회사의 의사결정자에게 매우 가치가 있다. 이들의 의견은 지인의 모든 배경 지식에 큰 영향을 끼치기 때문이다.

테오가 이 보온병이 일류 제품이라고 생각하니까…
샐리가 이 소프트웨어가 굉장히 좋다고 말하니까…
게리가 이 정원용 호스가 질이 우수하다고 동의하니까…
프랭크가 이 가구가 흠잡을 네가 없다고 여기니까…

사람마다 각기 다른 영향력을 행사한다. 그러나 안타깝게도 오늘날 운영되는 측정기준은 몇 가지를 제외하고는 모두 2차 도달범위만을 중요하게 생각한다.

권위

소셜미디어 영향력 측정기준으로 '권위(authority)'를 활용하는 가장 잘 알려진 도구는 테크노라티이다. 테크노라티 창업자이자 이사회장인 도리온 캐럴(Dorion Carroll)은 블로그 순위를 다룬 포스트(http://blog.technorati.com/2007/05/technorati-authority-and-rank.html)에서 이를 아주 간단하게 설명했다.

테크노라티 권위는 지난 6개월간 한 웹사이트에 링크된 블로그의 수다. 숫자가 높을수록 해당 블로그의 테크노라티 권위가 높다.

우리가 링크의 수가 아니라 블로그의 수를 측정한다는 점을 명심해야 한다. 따라서 한 블로그가 당신의 블로그를 여러 번 링크를 하더라도 당신의 권위는 +1로만 계산이 된다. 물론 새로운 링크는 +1로 계산되며 180일간 지속된다.

테크노라티 'Top 100'은 테크노라티 권위를 바탕으로 볼 때 인기가 가장 많은 블로그 100개다. 1위로 선정된 블로그는 지난 6개월간 다른 블로그가 가장 많이 링크를 한 경우다. 당신의 블로그 순위가 30만 5,316위라면 1위 블로그와 당신의 블로그 사이에 블로그가 30만 5,315개 있다는 의미이다.

구글은 이 전제를 바탕으로 시작됐다. 컴퓨터 신동인 두 창업자는 야후!보다 관련성을 잘 파악하고 인용 모형을 활용할 수 있는 방법을 찾아내려 노력했다. 다른 사람들이 당신의 논문을 인용한다면 이는 훌륭한 논문이라는 뜻이다. 많은 사람이 특정한 단어나 구를 앵커텍스트(anchor text, 사용자가 해당 텍스트를 클릭하면 링크된 페이지로 이동하는 것을 말하며 앵커텍스트에 포함된 단어는 해당 페이지가 검색 엔진에서 매겨지는 순위를 결정할 수 있다-옮긴이)로 사용해서 당신의 웹사이트를 링크한다면, 당신의 웹사이트는 그 특정한 단어나 구에 관한 내용을 담고 있을 것이다.

리트윗랭크(www.retweetrank.com)는 리트윗 횟수에 따라서 트위터 사용자의 순위를 정한다. 점심 식사 메뉴 등의 트윗은 높은 점수를 받지 못한다.

영향

권위는 당신을 추천인으로 지목한 사람의 숫자를 바탕으로 한다. 그
러나 트위터의 출현과 더불어서 다른 정의를 바탕으로 한 여러 도구가
생겨났다.

웹 분석 디미스티파이드(Web Analytics Demystified)의 에릭 T. 피터
슨(Eric T. Peterson)은 웹 분석 분야에서 일류 이론가다. 그는 트위터
API를 처음 시작한 사람 중 하나며, 트위털라이저(Twitalyzer)를 만들
었다([그림 3.7] 참조).

트위털라이저는 각 트위터 계정의 5가지 요소를 참고하는데, 영향

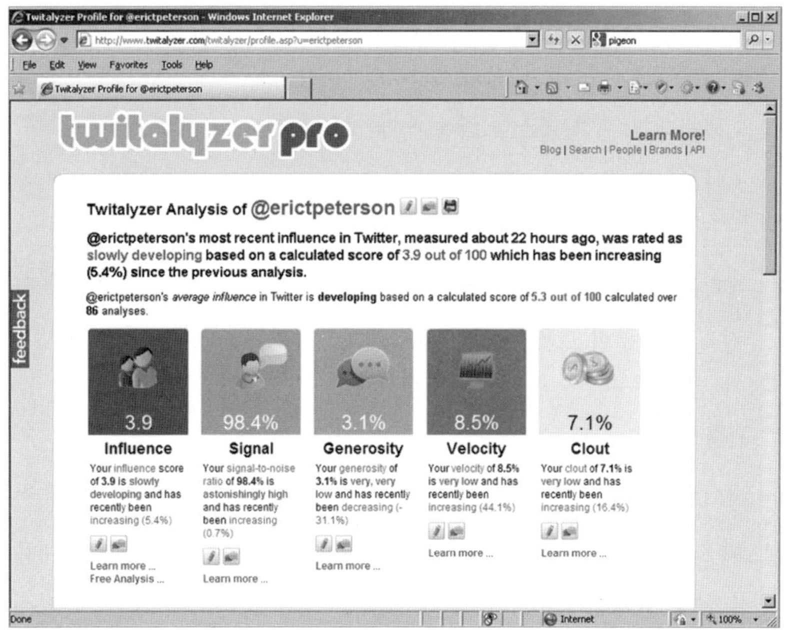

그림 3.7 | 에릭 T. 피터슨이 자신의 트위트 분석도구로 매긴 자체 점수.

력, 신호, 관용, 속도, 권위가 그것이다.

영향력은 다른 네 부문이 합산된 결과이므로 이를 마지막으로 살펴보겠다.

신호 대 소음 비율

트위털라이저의 신호 대 소음 비율은 '사람들은 정보를 전달하는 낯선 이에게 끌리는 경향이 있다' 는 관점을 근거로, 개인의 진술이 아닌 사실을 전달하는 횟수를 측정한다. 이 방법이 성공 지향적이라고 생각될 수도 있지만, 비교적 간단한 다음의 기준을 보면 그렇지도 않다. 다음 경우의 트윗은 소음이 아니라 신호로 여겨진다.

- 다른 사람을 참조(텍스트 다음에 '@' 사용)
- URL 포함(텍스트 다음에 'http://' 사용)
- 해시태그 포함(텍스트 다음에 '#' 사용)
- 다른 사람을 리트윗('rt', 'r/t/', 'retweet', 'via' 사용)

에릭은 이 기준에 입각해서 애완 고양이에 대한 이야기는 조금만 하고 신호가 풍부한 트윗을 많이 게재한다.

관용

여기에서 관용이란 다른 사람이 올린 트윗을 기꺼이 전파하고자 하는 마음을 말한다. 즉 리트윗을 말한다. 트윗이 항상 당신에 관한 내용만을 담고 있다면 관용도 점수가 떨어진다. 다른 사람의 글만 계속 리트윗하면 100점 만점이 된다. 독창적인 내용을 하나도 게재하지 않는 사람이 가장 점수가 높은 게 이상하게 여겨지겠지만, 이 측정기준은 목표 자체가 아니라 전체적인 영향을 살피는 역할을 한다. 그렇지만 당신이 전파할 가치가 있는 훌륭한 트윗을 발견하는 능력이 아주 좋다면 사실상 당신만의 브랜드가 구축되고 독자층이 늘어날 것이다.

속도

대부분의 사람은 속도라는 용어가 서로 연결된 온라인 세계에서 빠르게 전파되는 트윗, 또는 리트윗의 측정기준으로 더 적합하다고 생각할 것이다. 이와 달리 트위털라이저에서 '속도'는 트윗을 얼마나 많이 하는지를 측정한다. 이를 생산량으로 생각하면 이해하기가 쉬울 것이다. 트윗을 많이 올리는가? 그렇다면 점수가 높다. 이 측정기준은 달성하기가 쉽지만, 브랜드에 미치는 피해 때문에 제한이 있다. 에릭은 이를 "의미 없는 내용을 트위터에 많이 올리면 속도는 상승하겠지만 신호 대 소음 비율이 하락한다. 후자는 트위털라이저에서 영향력 산출의 직접 요소는 아니지만, 경험에 따르면 의미 없는 내용을 장황하게 늘어놓기 시작하면 팔로어가 매우 빠르게 떨어져 나간다"고 설명한다.

권위

이 요소는 간단하다. 권위란 다른 사람이 '@당신의 아이디'를 거론한 횟수이다. 정식으로 말하면 '당신이 참조된 횟수를 (트위터 검색 API에 의해) 가능한 참조의 총 수로 나눈 값'이다.

이제 지금까지 설명한 네 요소를 하나로 합해보자.

영향력

당신을 팔로잉하는 사람의 수는 트위털라이저에서 영향력의 일부분일 뿐이다. 트위털라이저는 다음을 바탕으로 전체적인 영향력을 측정한다.

- 팔로어 숫자로 측정한 당신의 상대적 도달범위
- '리트윗'이 된 횟수로 측정한 당신의 상대적 권위
- 다른 사람을 '리트윗'한 횟수로 측정한 당신의 상대적 관용
- 다른 사람에게 참조된 횟수로 측정한 당신의 상대적 권위
- 일주일 동안의 업데이트 횟수로 측정한 당신의 상대적 속도

트위털라이저는 이런 요소를 통틀어서 당신의 트위터가 지닌 '우수성'을 점수로 매긴다. 이는 당신의 노력, 또는 회사를 대신해서 트윗을 올리는 많은 사람의 노력을 확인하는 좋은 방법이다. 이런 점수를 활용하면 최신 동향을 파악하고 경쟁사의 트윗과 비교할 수 있다.

포스트랭크(www.postrank.com)는 'RSS 피드 기사나 블로그 포스트, 또는 글이나 보도기사와 같은 모든 종류의 온라인 콘텐츠' 순위를 매긴다. 포스트랭크는 사람들이 아이템이나 카테고리에 얼마나 흥미나 관련성을 느끼는지를 의미하는 것이 소셜미디어에의 동참이라고 정의한다.

"동참의 예를 들자면 다른 사람에 대한 응답으로 블로그에 포스트 올리기, 글을 즐겨찾기하기, 블로그에 댓글 달기, 기사를 읽으려고 링크를 클릭하기 등이 있다… 아이템이 갖는 흥미나 관련성이 높을수록 해당 아이템을 공유하거나 그 아이템에 반응을 보이기 위해 더욱 많은

활동을 할 것이며, 따라서 노력이 많이 필요한 상호작용이 높은 비중을 갖게 된다."

일정한 카테고리나 주제, 브랜드에 대해 트위터에서 가장 영향력이 큰 사람을 파악하려고 노력하는 도구가 많이 나오고 있다. 이런 도구들은 목표 대상을 정하고 그들의 관심을 끌 수 있는 표현 방법을 아는 데 매우 이상적이다.

그러나 지금까지 이런 도구들은 기회주의적인 경향이 있다. 이런 도구들은 입수할 수 있는 자료를 부여잡고 여기에 어떤 의미를 부여하려고 한다. 과학적으로 연구해서 엄격하게 적용하는 대신에 말이다. 이는 나뭇잎 10장, 머리에 난 혹, 손금에서 패턴을 찾으려는 꼴이나 마찬가지다. 이런 패턴들이 흥미롭고 시사해주는 비는 많지만, 사업적 가치를 명확하게 규명해주지는 못한다.

물고기와 연못의 문제

수레시 비탈(Suresh Vittal)은 항상 모든 사안에서 정황을 이해하는 것이 중요하다고 주장한다. 수레시는 포레스터 리서치의 수석 분석가이며, 다음 내용을 연구한다.

- 기업 마케팅 기술
- 데이터베이스 마케팅 전략
- 고객 분석
- 고객에 대한 통찰력을 활용하는 기술

수레시는 당신이 추적하고 있는 영향력 있는 사람이 그가 속한 네트워크에서 가치가 있는지를 파악해야 한다면서 이렇게 말한다.

"그렇다면 그 네트워크는 얼마나 가치가 있을까? 권위는 그 사람이 얼마나 영향력이 있는지와 그 사람이 자신의 네트워크에서 얼마나 많은 영향력을 행사하는지를 알려준다. 그러나 그가 속한 네트워크가 별로 가치가 없다면, 다른 사람에게 배정하는 중요도와 동일한 수준의 중요도를 그 사람에게 배정해야 할까?"

이는 아주 작은 연못에서 큰 영향력을 가진 물고기와 완전히 상관이 없는 연못에서 큰 영향력을 가진 물고기 중에서 누가 중요한가의 문제다. 그는 내용을 확 뒤집어서 "아주 작은 연못에서 큰 영향력을 가진 물고기 중에는 진짜 거대한 물고기도 있을 수 있다"고 말한다.

"영향력을 배분할 때 상황 및 관련성, 권위, 당신의 브랜드에서 해당 네트워크의 가치를 고려해봐야 한다. 이를 쉽게 고려해볼 수 있도록 돕는 도구가 몇 개 있다."

공허한 측정기준

해당 주제에 대해 사람들이 얼마나 많이 말하는지, 그리고 얼마나 많은 사람들이 말하는지를 측정할 때 발생할 수 있는 문제는, 사람들이 이야기를 하고 있다는 사실 및 그들이 이야기하는 주제만을 파악할 수 있다는 것이다. 즉, 그들의 감정까지는 알 수가 없다.

오스카 와일드(Oscar Wilde)가 한 말은 할리우드에서 진리이다. 즉, 사람들이 당신에 대해 수군거리는 것보다 심각한 문제는 아무도 당신에 대해 이야기하지 않는 것이다. 할리우드에서는 혹평조차 좋은 홍보가 된다. 그러나 비즈니스 세계에서는 사람들이 당신의 회사에 대해 좋은 이야기를 할 때만이 도움이 된다.

감정 파악하기 : 정서 인식

단어로 부호화된 의미는 바이트로 측정될 수 없다. 이는 대단히 압축돼 있다. 볼테르가 말한 열두 마디에 일생의 경험이 담겨 있을 수도 있다."

– 마크 호로위츠(Mark Horowitz), '빅 데이터 시각화',

와이어드, 2008년 6월 23일,

http://www.wired.com/science/discoveries/magazine/16–07/pb_visualizing

친구나 팬뿐만 아니라 다른 사람들도 당신의 회사명을 거론한다. 그런 사람들이 불쾌하거나 안 좋은 일을 말하고 있지는 않은지 주의를 기울여야 한다. 그들의 이야기에 귀를 기울이고 반응하며, 그들의 마음을 바꾸는 것이 당신의 임무다.

소비자들이 회사의 브랜드와 제품에서 연상해줬으면 하는 특성을 사람들이 전파하고 강화해준다면 금상첨화일 것이다. 또한 당신의 회사가 고급스러움, 우수한 품질, 사회적 지위, 또는 즐거움의 표상이라는 생각을 선전해줘도 좋을 것이다. 당신은 당신의 회사에 불만을 갖는 사람들을 지지자로 바꾸고 싶을 것이다.

사람들이 애플(Apple), 할리데이비슨(HarleyDavidson), 디즈니(Disney)와 같은 브랜드를 말할 때처럼 당신 회사의 브랜드를 극찬하고, 당신 회사의 제품과 서비스를 다른 이들에게 홍보해준다면 얼마나 좋겠는가? 이는 매우 중요한 점이다. 사람들은 엉터리 물건을 판매하는 회사의 선전보다는 다른 일반인의 말에 훨씬 믿음을 갖는다.

내 동생의 와이셔츠

인간은 감정의 동물이며, 다른 사람의 감정에 관심을 갖는다. 우리가 하는 모든 반응은 심리작용과 사회적 작용의 결과이며, 그 덕분에 갈수록 인구가 늘어나고 땅덩어리가 좁아지는 이 세상에서 조화를 이루며 살아갈 수 있다.

마케팅 전문가는 비이성적인 생각, 본능적인 반응, 심리적인 곤경을 잘 활용해야 하며, 설득의 힘을 통해서 사람들의 마음을 사로잡아야 한다. 일부 전문가는 이런 능력이 매우 뛰어나다. 올바른 시간에 올바른 메시지를 타깃 고객에게 전달하려고 통계 분석학을 활용하는 이들도 있다. 그러나 그래봤자 그들은 내 동생 더그와 경쟁이 안 된다.

내가 동생과 와이셔츠를 사려 할 때, 아무리 눈길을 확 끌어당기는 할인 문구나 연예인의 진심 어린 추천, 광고비를 막대하게 쏟아 부은 어마어마한 마케팅 광고가 있다 해도 내 동생 더그가 살짝 찌푸리는 표정 앞에서는 아무 소용이 없다.

내 동생은 와이셔츠를 고르는 취향이 매우 훌륭하다. 한편으로 이는 안타까운 점이기도 하다. 내가 동생에게 선물하고 싶은 멋진 셔츠를 발견하더라도 동생의 마음에 들지 않을 게 빤하기 때문이다. 동생은 나름대로의 스타일과 취향이 있다. 적당히 당당하면서도 거만하지 않은 느낌을 주도록 고상하면서도 캐주얼하게 옷을 입는다. 동생이 괜찮다고 생각하는 옷은 전문가들의 눈으로 볼 때 아주 멋진 옷이다. 동생이 점심식사 자리나 전화통화, 또는 이메일에서 옷에 대해 하는 말에 나는 항상 귀를 기울인다.

그러나 내가 옷 이외의 제품을 고를 때는 동생에게 조언을 구하지 않는다. 대신에 '대중의 지혜'에 귀를 기울인다.

우리는 다른 사람의 의견을 얼마나 들을까? 바자보이스에 게재된 '입소문의 힘', 그리고 '소비자가 제품의 순위를 매기고 평을 할 때 중요하게 생각하는 요소' 중에서 주요한 몇 가지를 소개한다(www.bazaarvoice.com/resources/stats).

- 회사, 즉 제품을 선택할 때 가장 믿는 정보원은 '나와 비슷한 사람'이다(에델만 신뢰도 지표조사[Edelman Trust Barometer], 2007년 11월).

- 제니스옵티미디어(ZenithOptimedia)에 따르면 구입에 미치는 영향력에서 가족과 친구의 추천이 가장 높았다(애드에이지[AdAge], 2008년 4월).

- 어떤 사이트를 선택하는 첫 번째 이유는 추천이다(로열 메일[Royal Mail]의 홈쇼핑 추적 연구, 2007년 9월).

- 상품평이나 포스트 메시지를 남기는 사람은 그렇지 않은 사람보다 사이트를 9배나 많이 방문한다. 이처럼 글을 남기는 사람들의 구매 빈도는 그렇지 않은 사람보다 거의 2배나 높다(맥킨지 앤 코

[McKinsey & Co.]/주피터 미디어 메트릭스[Jupiter Media Metrix] 연구, 2002년 1월).

- 소비자평을 읽는 사람들은 다른 소비자가 쓴 평이 전문가가 쓴 평보다 훨씬 영향력이 크다고 말했다(컴스코어/켈시 그룹[The Kelsey Group], 2007년 10월).

다수의 대중은 여과되지 않은 인터넷이라는 캔버스에 자신들의 속내를 배출한다. 그들은 당신의 회사, 제품, 직원을 비롯해 거의 모든 사안에 대해 의견을 내며, 누구나 이런 의견을 고스란히 볼 수 있다. 당신도 이를 잘 살펴봐야 한다. 일부 회사는 이를 아주 중요하게 생각하고 있다.

아래는 웰스 파고(Wells Fargo)에서 운영하는 블로그의 프로젝트 매니저인 에드 터프닝(Ed Terpening)이 '대화의 영향 추적 : 소셜미디어 측정기준과 측정에 대한 원탁회의, 다우존스 백서'에서 말한 내용이다.

우리는 참여와 동참에 많은 신경을 쓴다. 이는 우리에게 제1의 측정기준이다. 그러나 소셜미디어를 조사 수단으로 사용할 때 제1의 측정기준은 정서와 의견이다. 사람들이 브랜드에 대해 하는 말과 브랜드에서 연상하는 단어의 질을 살펴보는 것이다.

정서 분석의 어려움

수많은 사람 속에 있을 때 큰 소리로 이름이 불려본 적이 있는가? 그 목소리에 단박에 주의가 집중됐을 것이다. 다음번에 스포츠 경기와 같이 사람들이 많이 모이는 장소에 가거든 일어서서 "마이크!" 혹은 "수잔!"이라고 외치고 몇 명이나 당신 쪽으로 고개를 돌리는지 확인해 보라.

다른 사람의 말을 오해해본 적이 있는지 생각해보라. 다른 사람의 말을 오해했거나 해석하는 과정에서 무언가를 빠뜨린 적이 있었는가? 이제 당시 상황에서 신체언어, 음성의 특성 및 어조, 전후 사정을 하나씩 제거해보자. 무엇이 남을까? 가공되지 않은 언어만 남는다.

알렉스 라이트(Alex Wright)는 〈뉴욕 타임즈〉에 실린 '웹에서 사실이 아니라 감정 찾아내기'(www.nytimes.com/2009/08/24/technology/internet/24emotion.html, 2009년 8월 24일)라는 글에서 이를 다음과 같이 말하고 있다.

> 현실적으로 보면 기술상의 어려움이 있다. 인간의 의사소통 규범과 컴퓨터 프로세스의 한계 사이에서 반복적인 충돌이 있다. 사람은 사람만이 이해할 수 있다. 그런데 사람도 사람을 제대로 이해하지 못하기가 십상이다.

나는 오피스 2000의 출시를 기념하는 행사장에서 MS의 마케팅 매니저를 만나 놀라운 대화를 나눴다. 그녀는 고객 피드백을 위해 자사의 웹사이트에서 시험 중인 새 기능을 신이 나서 설명했다. MS는 일반 양식으로 연결되는 피드백 버튼 대신에 웹사이트에 게재하는 모든 글의 하단에 자유로운 양식의 텍스트 박스를 추가했다. 그리고 해당 글이 유용한지 아닌지와 찾고 있던 내용이 무엇인지를 답변해달라고 고객에게 요청했다. 나는 그것이 고객의 의견에 귀를 기울이는 훌륭한 방법이라고 생각하면서 물었다.

"흥미롭군요. 어떻게 진행되고 있나요? 사람들이 그 방식의 의사소통에 적극적으로 나서나요? 회사가 정보를 많이 얻고 있나요?"

"그렇기도 하고 그렇지 않기도 합니다."

"그래요? 사람들이 의사표시를 잘 하지 않나요?"

"사람들은 놀라울 정도로 소통을 잘하고 있습니다."

"응답자가 몇 명이나 되나요?"

"하루에 5~10명 사이요."

"그렇다면 MS 입장에서는 많은 정보를 얻지 못하겠네요."

"각 글마다 하루에 5~10명 사이라고요."

"네?"

"우리 웹사이트에 실리는 글은 1만 개가 넘습니다."

"아, 그러면 어떻게 관리하고 있나요?"

"현재 텍스트 분석도구를 연구하고 있습니다."

정서 분석의 틀

인간의 감정적인 의사소통, 즉 '주관적인 정보 추출'을 분석하고 측정하는 데는 색 도표와 온도계가 유용하다.

색 도표는 감정의 표출이 초록색(긍정적)이나 빨간색(부정적)이나 회색(중립) 중에 어디에 속하는지를 표시해준다. 그리고 온도계는 감정의 표출이 주관적인지, 아니면 이성을 잃은 분노인지를 객관적으로 알 수 있도록 해준다. 색 도표는 양극으로 나뉘어 있으며(polarity), 온도계는 강도(intensity)를 측정한다.

양극성

고기가 오븐에 들어 있다.

중립.

고기 맛이 좋다.

긍정적.

고기 맛이 지금껏 먹어본 것 중 최악이다.

부정적.

고기를 먹을 수 없다.

판단하기 어렵다. 그저 사실의 진술일 수도 있다.

고기가 너희 엄마가 만든 요리보다 맛있다.

칭찬하는 척하면서 실제로는 헐뜯고 있지는 않은가?

컨설팅 회사인 알타 플라나(Alta Plana)의 세스 그림즈(Seth Grimes)는 2009년 8월 24일자 〈뉴욕 타임스〉 기사에서 "정서는 통상적인 관념과 매우 다르다… 죄악(sinful)이라는 말은 통상적으로 안 좋은 뜻으로 사용되지만, 초콜릿 케이크를 묘사할 때는 좋은 의미가 될 수도 있다"고 말했다.

빈정거림, 역설, 관용적 표현, 속어, 한때의 유행어는 모두 글쓴이의 감정을 구분하기 위해 만드는 프로그램 알고리즘에서 대단한 골칫거리다. 그러나 문제는 이뿐만이 아니다.

강도

"싫어!" 그녀가 조용히 말했다.

　치과 진료를 기다리는 괴로움이 드러난다.

"싫어!" 그녀가 웃으며 말했다.

　실제로는 누군가 자신을 간지럼 태우는 것을 좋아한다.

"싫어!" 그녀가 심통 사납게 말했다.

　언니는 외출할 수 있지만, 자신은 집에 남아 있어야 한다.

"싫어!" 그녀가 격렬하게 말했다.

　끊임없는 말다툼으로 폭발하기 직전이다.

　강도는 감정의 등급을 말한다. 얼굴을 마주 보고 말하는 경우에는 감정의 강도를 금방 눈치 챌 수 있지만, 이메일로 대화를 할 때는 파악하기가 어렵다. 그래서 이모티콘이 사용된다.

　글을 쓴 사람의 실제 감정은 어떻게 알 수 있을까?

　감정 상태를 체계적으로 분류하려는 분석자들은 구할 수 있는 모든 실마리를 찾으려 한다. 예를 들어, 형용사가 많으면 주관적인 감정이라는 뜻이 될 수 있다. 명사와 동사가 많으면 객관성을 암시한다. 때로는 느낌표가 유용하다. 아무튼 글에서 감정을 파악하기란 상당히 까다롭다.

　그리고 말하는 사람이 누구냐에 따라 감정이 달라지는 것은 물론이다.

출처와 대상

누구에 관한 누구의 의견인가?

헨리가 만사에 불평을 늘어놓는 사람이라면, 당신의 제품에 대한 그의 말은 적당히 에누리해서 들어야 한다. 폭스 뉴스(Fox News)가 민주당에 대해 비판한 말이나 MSNBC가 공화당에 대해 비판한 말은 걸러서 들어야 한다. 그리고 보건정책에 대한 나의 이야기는 아예 듣지 않는 것이 낫다.

코넬 대학의 베셀린 스토야노프(Veselin Stoyanov)와 클레어 카르디(Claire Cardie)는 학교 신문에 게재한 '의견 요약 모색 : 출처 링크하기'(http://www.cs.cornell.edu/home/cardie/papers/acl2006ws.pdf)에서 이를 다음과 같이 설명한다.

> 몇몇 연구에 따르면, 문장이나 절, 개개의 의견 표현 수준에서 정서에 관련된 정보를 추출할 수 있음이 증명되었다. 그러나 세밀하게 걸러낸 의견 정보를 통합해서 동일한 출처/대상이 표현한 의견으로 분류돼 있고, 동일한 대상을 향한 한 출처의 여러 의견이 결집된 의견으로 합해져 있으며, 각 출처/대상을 누적된 통계로 산출돼 있는 요약 설명을 작성할 방법이 거의 개발되지 않았다.

그렇다. 우리는 아직 배우는 중이며 현재는 초기단계다. 인간의 의사소통을 포착해서 해석하는 방법에 흥미가 있다면 보 팽(Bo Pang)과 릴리언 리(Lillian Lee)의 '의견 도출 및 정서 분석'을 참고하기 바란다(http://www.cs.cornell.edu/home/llee/omsa/omsa-published.pdf).

그러나 말에 담긴 감정과 관련된 잡다한 모든 사항을 다 포착할 수 있는 기술이 과연 있을까?

자동화된 정서 분석의 가능성

　문서, 스프레드시트, 설문조사결과처럼 체계가 없는 데이터에 초점을 맞춘 텍스트 분석도구는 오래 전부터 많이 있었다. 기본적인 검색도구로 사용되는 이런 도구들은 현재 소셜미디어 공간이라고 불리는 감정의 바다에서 다듬어지고 있다.

　수백만 명이 분출한 감정을 분석하면 여론조사나 설문조사 응답자, 혹은 고객만족도 질문지에서 명확하게 드러나지 않는 사고방식의 변동이 드러난다. 오랜 시간에 걸쳐 대중의 정서를 추적하면 소중한 통찰력이 생기며, 시장과 자사의 브랜드 가치가 변하는 과정에서도 정상의 자리를 유지할 기회를 얻게 된다.

　소셜미디어용 수치 처리기가 계속해서 나오고 있지만, 이것들은 아직은 제대로 된 사업 도구라기보다는 신기하지만 미숙한 도구에 불과하다.

　케이디페인 앤 파트너스(KDPaine & Partners)의 연구소 책임자인 크리스 니어(Chris Near)는 여론 및 PR의 영향력을 오래전부터 측정해왔다. 그는 2009년 5월에 블로그에 올린 포스트에서 "케이디페인 앤 파트너스는 트위터를 아주 정확하게 측정하고자 할 때는 사람을 고용해서 일일이 읽게 한다. 이는 언어를 제대로 이해할 수 있는 유일한 방법이다"라고 말했다.

　그는 이어서 '각기 문제가 있는' 도구 5개를 설명했다. 현재 그가 거론했던 도구들은 모두 이름이 바뀌었다. 이 도구들은 앞으로 기능이 향상되거나 세상에서 사라지겠지만, 그래도 문제는 여전히 존재한다. 이상적인 세상에 존재하는 이상적인 트위터 분석도구라면 다음 기능을 갖춰야 할 것이다.

- 트윗에 나오는 모든 단어, 약자, 부호, 이모티콘으로 검색하는 능력
- 날짜, 사용자, 해시태그, 어조에 따른 고급 검색 기능
- 작성한 사람/회사, 받은 사람/회사, 참조한 사람/회사에 따라 포스트를 구별하는 능력
- 각기 다른 감정을 구별한 결과의 색 도표
- 총 숫자/퍼센트 및 각 유형별로 빠른 합계가 나오는 대시보드
- 긴 기간을 검색하는 능력
- 경향 및 관련사항을 보여주는 즉석 도표
- 적어도 80%이상의 정확도. 90~95%면 더욱 이상적
- 실시간 업데이트
- 비용 0(너무 과한 요구일까?)

크리스는 "평가 대상인 도구 모두가 이런 희망사항과 거리가 멀다. 그러나 일부 도구는 방향을 제대로 잡고 있다"고 말한다.

현재 이런 도구들의 주요 문제점은 '단어집'을 바탕으로 한 구문 분석법으로 정서를 파악한다는 점이다. 글에 'hate'나 'bad', 또는 'ridiculous' 등의 단어가 들어간 글은 무조건 부정적인 정서로 파악된다. 그런 단어가 들어가도 이중부정인 경우에는 긍정적인 정서가 될 수 있다는 점이 간과되는 것이다.

트위트라트르닷컴(Twittratr.com)의 개발자들은 이를 스타트업위크엔드(StartupWeekend) 프로젝트라고 부른다.

"우리는 긍정적인 의미의 키워드와 부정적인 의미의 키워드 목록을

각각 만들었다. 트위터를 검색해서 키워드를 찾고 여기에서 얻은 결과를 우리가 만든 형용사 목록과 비교하여 평가한 다음 적절하게 표시한다. 물론 이 방법에는 분명히 문제가 있다. 이를 개선할 아이디어가 있는 사람은 부디 우리에게 알려주기 바란다."

투명성이 중시되는 시대 조류에 맞춰서 트위트라트르닷컴은 모든 사람이 검토할 수 있도록 구글 독스(Google Docs)에 그 형용사 목록을 게재했다. 목록은 단조롭다. 긍정적인 단어 목록과 부정적인 단어 목록 중 일부 예([표 4.1] 참조)에서 볼 수 있듯이, 양 칸의 단어들을 조합하면 트위트라트르 개발자들을 혼란스럽게 만들 여지가 상당히 많다.

단어집을 사용한 접근법은 몇 페타바이트(petabyte, 1페타바이트는 1,024테라바이트―옮긴이)나 되는 문서를 샅샅이 조사하면서 각 문서의 내용을 해독할 때나 실행 가능성이 있다. 순수한 통계 엔진은 문서에서 특정한 단어의 빈도를 다른 모든 문서에 나온 해당 단어의 빈도를 기준으로 비교하고 대조한다. 그러나 문서가 140자로 돼 있다면 이런 방법은 유용하지 못하다.

'대단하다(is a great deal)'는 구가 들어 있는 모든 문장을 반드시 긍정적이라고 판단했다가는 곤경에 빠지기 십상이다. 인간은 릴리언 리가 제시한 다음의 3가지 예(http://www.cs.cornell.edu/home/llee/talks/llee-aaai08.pdf)에 담긴 감정을 즉시 분류할 수 있다.

1. 이 휴대용 컴퓨터는 대단하다.
2. 언론의 대단한 관심이 신형 휴대용 컴퓨터의 출시에 쏟아졌다.
3. 이 휴대용 컴퓨터는 대단하며, 우리 회사는 당신이 관심 있어 할 멋진 받침대를 판매한다.

표 4.1 │ 트위트라트르닷컴은 아래 형용사 등이 포함된 단어집을 사용해서 트윗에 담긴 감정에 점수를 매긴다.

구체적인 정서 단어(트위트라트르닷컴이 선정)			
긍정적인 단어		부정적인 단어	
http://docs.google.com/Doc?id=d f5m8zwp_92gvtfm3d9		http://docs.google.com/Doc?id=d f5m8zwp_93gd2mhkd7	
Woo	amazing	irritating	self-deprecating
quite amazing	epic flail	not that good	hunker down
looking forward to	flail	suck	duh
damn good	good luck	lying	got killed by
frickin ruled	fail	duplicity	hated us
way to go	life saver	angered	only works in safari
cute	piece of cake	dumbfounding	must have ie
comeback	good thing	dumbifying	fuming and frothing
not suck	hawt	not as good	heavy
prop	hawtness	not impressed	buggy
kinda impressed	highly positive	stomach it	unusable
props	my hero	pw	nothing is
come on	LOL	pwns	is great until
congratulation	:)	pwnd	don't support
gtd	;)	pwning	despise
proud	:-)	in a bad way	sucks
thanks	;-)	horrifying	problems
can help	:D	wrong	not working
thanks!	;]	flailing	fuming
pumped	:]	failing	an issue
integrate	:p	fallen way behind	WTF
really like	;p	fallen behind	:(
loves it		lose	:-(
yay		fallen	

결국에는 기계가 감정을 분류하도록 가르칠 수 있을 것이다. 그렇다면 누가 가르쳐야 할까? 당연히 사람이다. 그러나 사람도 다른 사람의 정서를 파악하는 데 어려움을 겪는지라 기계 역시 어려움을 겪고 있다.

정서 파악의 실패

엘자 킴(Elsa Kim)과 샘 길버트(Sam Gilbert) 등은 '140자에서 슬픔 감지하기 : 정서 분석 및 트위터에서 마이클 잭슨에 대한 애도' 라는 제목의 매우 직설적인 연구에서, 인간조차 정서 파악에 큰 어려움이 있음을 입증했다.

연구 목적은 기본적으로 다음과 같았다.

> 마이클 잭슨의 사망으로 트위터에서 전례 없이 엄청난 감정이 분출됐다. 우리는 이 보고서에서 다양한 정서 분석 방법을 시험하고 사람들이 트위터에서 감정을 표출하는 양상을 파악하기 위해 마이클 잭슨의 사망을 다룬 트윗 186만 427개를 조사한다.

연구자들은 마이클 잭슨과 관련된 트윗에서 'sad' 라는 단어가 들어가 있으면 이 트윗이 실제로 마이클 잭슨의 사망에 대한 슬픔을 담고 있는지 알고 싶었다. 너무 단순화했다고 여겨지는가? 그러나 너무 성급히 생각하지 말기 바란다.

첫째, 연구자들은 트윗 4만 4,383개를 골라서 ANEW(Affective Norms for English Words, 영어단어의 정서 표준) 데이터 세트에 따라 분석했다.

ANEW 데이터 세트는 영어단어 1,034개에 표준적인 감정 지수를 매긴 것이다. 즉, 각 단어는 감정적 정서의 세 범위에 따라서 1~9점이 매겨져 있으며, 정서의 세 범위란 유인가(valence, 즐거움 대 불쾌감), 자극(arousal, 흥분 대 침착), 우열(dominance, 강함 대 약함)이다(브래들리[Bradley]와 랭[Lang], 1999년).

세 범위로 나눈 트윗의 점수가 열다섯 장에 이르는 PDF 파일에 정리되어 있지만, 나는 이에 관심을 갖지 않았다. 그러나 연구자들이 트윗 346개를 무작위로 선정해서 평가자들에게 분류를 의뢰하는 부분에서는 비상한 관심이 일었다. 평가단은 각 트윗에 다음 태그를 붙이라는 지시를 받았다.

- 'Y' –그렇다(yes); 트윗 작성자가 슬픔을 표현한다.
- 'N' –아니다(no); 트윗 작성자가 슬픔을 표현하지 않는다.
- 'M' –혼합돼 있다(mixed); 트윗 작성자가 슬픔뿐만 아니라 상반되는 다른 감정도 표현한다.
- 'U' –불문명하다(unclear); 트윗이 스팸 메일이거나, 영어로 작성되지 않았거나, 정서를 분간하기가 불가능하다.

'sad' 라는 단어를 슬픔을 표현하지 않는 방법으로 어떻게 표현할 수 있을까? 알고 보니 간단했다. 침착함과 슬픔의 정서부터 시작해 보자.

"마이클 잭슨의 사망은 슬픈 손실이다··· 고인의 가족에게 애도의 마음을 보내며 기도를 한다."

다음은 흥분한 상태다.

"마이클 잭슨이 죽었다고? 무슨 소리야! 슬프다… 정말 슬프다:("

이어서 결과에 대한 슬픔이다.

"중고품 가게에서 마이클 잭슨의 CD 가격이 변하는 것은 슬프지만, 담담한 마음으로 지켜보고 있다."

다른 점에 대한 슬픔이다.

"오늘 마이클 잭슨이 죽을 것이라고 누가 상상이나 했을까? 그의 죽음이 거짓말 같다. 파라 포셋(Farrah Fawcett, 마이클 잭슨과 같은 날 사망한 영화배우 – 옮긴이)이 죽어서 너무나 슬프다. 기이한 날이다…"

그리고 다음과 같은 감정도 있다.

"TMZ.com은 마이클 잭슨이 죽었다고 말한다. 그러나 마이클 잭슨의 위키피디아 페이지는 아직 업데이트가 되지 않았다. 내가 할 일 없이 위키피디아나 둘러보고 있었다니 얼마나 슬픈 일인가."

물론 스팸 메일도 있다.

"RT @bowlsey @JamieC : 마이클 잭슨의 사망에 매우 슬픔. 우리는 당신에게 필요한 모든 가구를 판매합니다–habitat.co.uk"

이들이 연구한 주요 결과 앞부분에는 "마이클 잭슨의 사망을 다루며 'sad' 라는 단어가 들어간 트윗의 대략 3/4이 실제로 슬픔을 표현하고 있었다. 이는 단어 사용을 바탕으로 한 정서 분석이 상당히 정확하다는 점을 보여준다"는 문구가 있었는데, 나는 여기에서 큰 충격을 받았다.

다시 말하자면, 정서를 파악하면서 사용한 강압적인 단어집 접근법은 25%가 오류란 뜻인데, 연구자들은 이를 **상당히 정확**하다고 말하는 것이었다. 게다가 갈수록 점입가경이었다. 평가자 중에 정서가 혼합된 트윗을 발견한 사람이 아무도 없었다. 게다가 생각도 각기 달랐다.

평가자 6명 모두가 일치된 견해를 보인 트윗은 235개(67.92%)에 지나지 않았다.

인간이 슬픔처럼 단순한 감정에 대해서도 일치된 견해를 가질 수 없는 판국에 대체 기계가 어떻게 감정을 분류할 수 있겠는가?

그러나 그렇다고 그런 작업을 포기하지 말고 인간과 기계가 협력해야 한다고 주장하는 사람도 있다. 그리고 결과적으로 인간이 기계를 가르칠 수 있는 것으로 드러났다.

미래의 희망

인공지능 분야의 기본 신조 중 하나는 기계가 저지른 실수가 무엇인지를 사람이 알려주지 않아도, 기계가 스스로의 실수에서 배울 수 있다는 것이다. 그렇지만 실수를 했음을 기계에게 알려주기는 해야 한다.

시간이 지나면서 기계는 다양한 종류의 실수에 수학 값을 배정하고 확률 평가를 해서 미래에 대한 결정을 내린다.

그렇다면 킴과 길버트의 실험이 일회성이 아니라 계속 진행되는 연구라면 어떻게 될까? 인간이 결과를 살펴보면서 어른이 아이를 이끌 듯, 기계에게 계속 지시를 하면 어떻게 될까?

트위터 센티멘트(Twitter Sentiment)는 이와 동일한 접근법을 활용한 다(http://twittersentiment.appspot.com). 트위터 센티멘트에서 처음 마음에 들었던 점은 홈페이지의 저작권 표시가 2010년으로 되어 있는 것이다. 나는 그 연도를 보고 빙그레 웃음을 지었다. 또 개발자들이 〈트위터 정서 분석〉이라는 논문에 완벽하게 작성해놓은 아래 내용을 보고도 미소를 지었다.

앨릭 고(Alec Go) (alecmgo@stanford.edu)
레이 황(Lei Huang) (leirocky@stanford.edu)
리차 바야니(Richa Bhayani) (richab86@stanford.edu)
CS224N – 최종 프로젝트 보고서
2009년 6월 6일 5:00PM (3일 지연)

http://nlp.stanford.edu/courses/cs224n/2009/fp/3.pdf

그러나 내가 이 논문에서 정말로 마음에 들었던 점은 인간이 기계를 가르칠 수 있도록 프로그램을 해놓았다는 사실이었다. 트위터 센티멘트의 검색창에 '디트로이트 타이거즈(Detroit Tigers, 미국 메이저리그 구단－옮긴이)'를 입력하고 검색하면, 가장 위에 나오는 트윗은 부정적인 정서를 뜻하는 색으로 표시돼 있다([그림 4.1] 참조). 그러나 이는 기계가 틀린 것이다.

단어집의 관점으로 보면 이해가 된다. 이 트윗에 나온 'poor'와

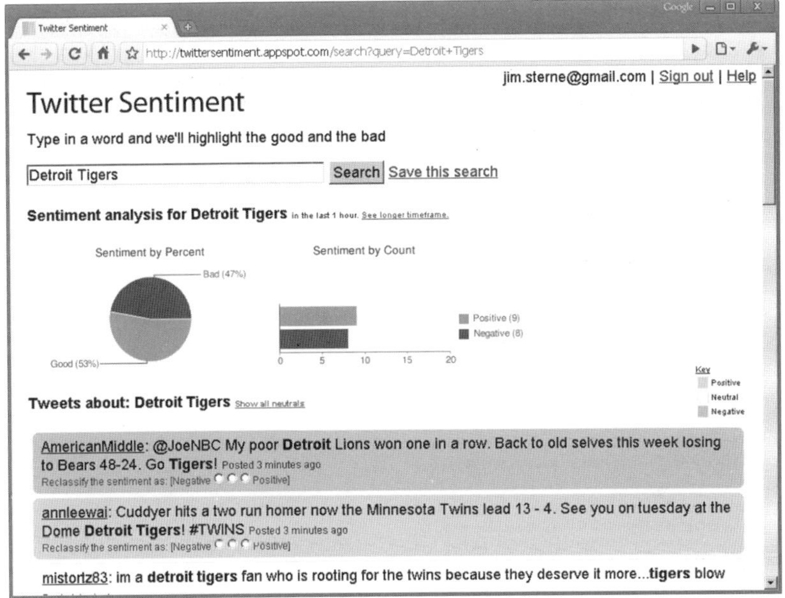

그림 4.1 | 트위터 센티멘트는 인간이 소프트웨어에게 감정을 가르칠 수 있도록 해준다.

'loosing'은 상당히 느낌이 강한 단어들이다. 그러나 이 트윗은 타이거즈가 아니라 베어즈에 대해 이 두 단어를 사용하고 있다. 이 트윗은 디트로이트 타이거즈에 대해서 매우 호의적이다.

그래서 나는 인간으로서 내 지적 능력과 마우스를 사용해서 'positive'라고 써진 라디오박스를 클릭해 이 트윗에 대한 정서 평가를 바꾸었다([그림 4.2] 참조).

트위터 센티멘트를 만든 연구팀은 그 사이트가 철저히 '학교 프로젝트'라고 말한다. 그렇다면 기업들은 무엇을 해야 할까? 당연히 더욱 본격적인 정서 분석 서비스에 관심을 가져야 한다.

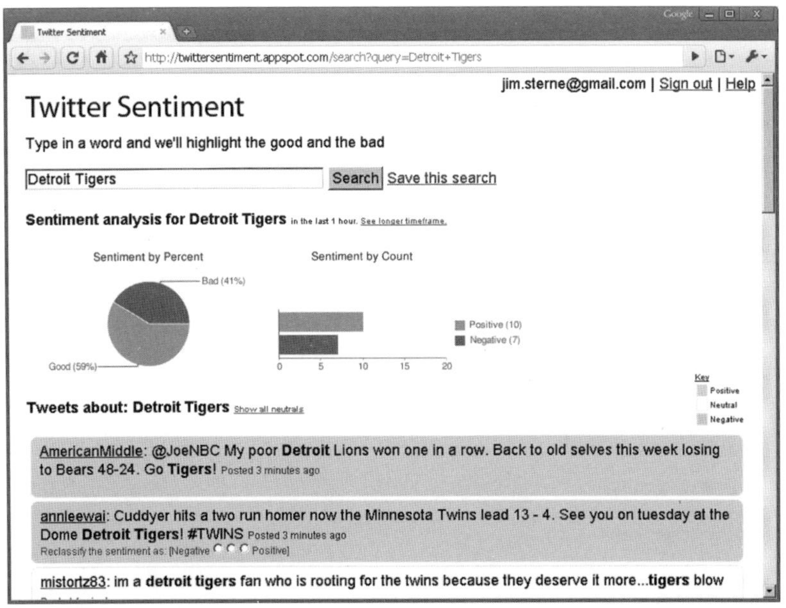

그림 4.2 | 간단한 클릭 한 번으로 디트로이트 타이거즈 대한 공동 정서를 6%나 변화시켰다.

트위터 이외에서의 정서

자신의 블로그가 잘 운영되고 있는지를 알 수 있는 애플리케이션이 있다. 또한 블로그 세상을 조사해 당신 회사의 브랜드가 인기가 있는지, 그리고 회사의 제품에 대한 평가가 좋은지도 충분히 알 수 있다.

왜 내가 정서 분석을 부정적으로 보던 의견을 180도 전환하여 긍정적으로 보게 된 것일까? 그건 바로 블로그에는 많은, 그야말로 엄청나게 많은 데이터가 있기 때문이다.

트위터에서 엄격하게 제한된 140자라는 틀에서 벗어나면, 정서를 수학적으로 파악하기가 훨씬 수월해진다.

블로그의 정서 평점

당신의 블로그가 좋은 평가를 받고 있는가? 소셜 멘션(www.socialmention.com)은 '정서 평점'을 활용하는데, 이 사이트는 '정서 평점'이 '해당 블로그에 대한 일반적으로 긍정적인 언급과 일반적으로 부정적인 언급의 비율'이라고 간단히 설명하고 있다. 어쨌든 당신이 에릭 T. 피터슨([그림 4.3] 참조)처럼 긍정적인 정서가 20점이고 부정적인 정서가 1점이라면 블로그를 제대로 운영하고 있을 가능성이 높다.

영역을 확대해서 블로그 이외에 기사나 다른 게시물까지 포함시키면, 선동적인 텍스트 마이닝(text mining, 대용량의 데이터에서 사용자가 관심을 가지는 정보를 찾아내는 프로세스-옮긴이) 방법이 오랫동안 회사

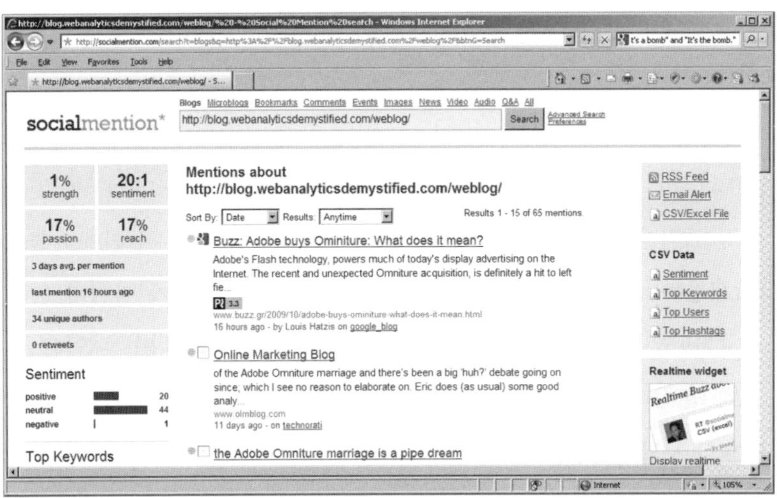

그림 4.3 │ 소셜 멘션은 포스트, 독자, 댓글의 평상시 양을 측정해서 정서 비율을 계산한다.

에 요긴한 것이었음을 알 것이다.

수다 듣기

그렇다. 미국국토안전부가 하는 일이 바로 수다 듣기이다. 끊임없이 모든 대화를 듣고 있는 것이다. 국토안전부는 사악한 의도를 지닌 테러리스트 활동에 귀를 기울인다. 반면에 우리는 브랜드 친밀도와 구매 의사에 대한 이야기에 귀를 쫑긋 세워야 한다.

어텐시티(www.attensity.com)의 과학자들 역시 다음과 같이 인간과 기계가 협력해서 함께 배워야 한다는 관점을 갖고 있다.

인공지능 덕분에 애플리케이션이 사용자의 상호작용과 데이터를 통해서 배울 수 있게 됐다. 예를 들어 사용자가 자신의 질문에 대한 답변을 '가장 정확한 응답'으로 표시해두면, 시스템은 이후 비슷한 질문에 답을 할 때 그 답변을 사용할 것이다. 본질적으로 시스템은 삽입된 데이터 및 사용자가 그 데이트에 보인 반응을 통해서 실제로 학습을 하게 된다.

스카우트 랩스(www.scoutlabs.com)의 제품 부사장인 마가렛 프란시스(Margaret Francis) 역시 앞서 말한 〈뉴욕 타임스〉 기사에서 "우리 회사 알고리즘의 정확성은 약 70~80%다"라고 자랑하며, 사용자가 동일한 재분류 방식을 사용해서 시스템을 가르칠 수 있다고 설명했다.

그렇다면 인간의 지도가 얼마나 필요한 걸까? 조지타운 대학의 대니얼 홉킨스(Daniel Hopkins) 교수와 하버드 대학의 게리 킹(Gary King) 교수는 논문 '사회학의 자동화 비모수(nonparametric) 콘텐츠 분석법'(2009년 6월 29일, http://gking.harvard.edu/files/words.pdf)에서 바로 이 질문을 다룬다.

신뢰 구간, 표준 오차, 효율성은 기본적으로 얼마나 많은 문서가 핸드 코딩이 됐는가에 달려 있기에 이는 전적으로 조사자의 통제를 받는다. 그렇다면 문서가 얼마나 많아야 충분한 것일까? 핸드 코딩은 비용과 시간이 많이 들기 때문에 우리는 불확실성 간격을 적용해 이 작업의 활용을 최대한 제한하려 한다.

이 질문을 연구하면서 편견을 배제하려고, 해당 인구와 지역에서 무작위로 표본을 추출하며… 세로축에 오차의 제곱 평균 제곱근(RMSE)을, 가로축에 핸드코딩 문서의 수를 배치한다. 그리고 우리 평가자를 직선으로, 직접 표본 추출 평가자를 점선으로 표시한다.

우리 평가자를 살펴보자면, 핸드 코딩 문서의 수가 증가함에 따라 RMSE가 빠르게 감소한다. 문서의 수가 단 100개인 지점에서 RMSE가 높은 수치를 나타내지만 이마저 3% 포인트를 약간 웃돌며, 이는 일부 애플리케이션에서 용인되는 수준이다(예를 들어, 대부분의 국내 연구에서는 표본을 무작위로 추출하고 오차의 다른 모든 출처를 차단한다고 해도 오차 범위가 최소 4% 포인트다). 문서의 수가 500개인 지점에서는 핸드 코딩의 장점이 줄어들기 시작한다. 일부 이유는 그 지점에서 우리 평가자의 평균 RMSE가 단지 약 1.5% 포인트이라서 제거해야 할 오차가 조금 더 많아졌기 때문이다. 결론은 분명하다. 일반적인 것보다 훨씬 좁은 신뢰 구간이나 희귀한 특정 범주에 관심이 있지 않다면, 특정한 양의 관심을 추정할 목적으로 문서 500개 이상을 코딩하는 것은 불필요하다. 일부 애플리케이션의 경우에는 문서 100개 정도면 충분하다.

그렇다면 현재 우리가 인간과 컴퓨터를 올바른 방법으로 협력시키고 있는 것일까? 기계에 의한 정서 분석이 과연 우리가 지향해야 할 방향일까?

SAS의 텍스트 마이닝 수석 전략가인 맨야 메이스(Manya Mayes)는 기술이 이미 그런 단계에 도달했다고 말한다. 다음은 2009년 6월 11일

그녀의 블로그에 실린 포스트에서 발췌한 것이다(http://blogs.sas.com/text-mining/index.php?/archives/32-Sentiment-Analysis-Overview.html).

나는 다소 대담한 주장을 하려고 한다. 올바른 방법론을 활용한 자동화 정서 분석은 사실상 인간이 행한 정서 분석보다 우수하다. 이 말에 반론을 제기하고 싶겠지만, 일단 참을성 있게 읽어주기 바란다.

정서/만족도를 분석하는 접근법은 제공된 데이터에 따라서 다양하다. 나는 3가지 유형의 데이터에 대한 이용 가능성을 바탕으로 다양한 접근법을 분류하려 한다.

1. 아마존의 상품평처럼 고객이 평가한 만족도가 점수로 나온 고객 피드백(자유로운 형태의 텍스트).
2. 수작업, 즉 사람이 직접 콘텐츠를 평가하고 주관적으로 점수를 매긴 만족도 점수가 들어간 고객 피드백(자유로운 형태의 텍스트).
3. 블로그 포스트와 댓글에서와 마찬가지로, 만족도가 점수로 따로 표시되지 않은 고객 피드백.

첫 번째 유형의 데이터에서는 머신 러닝 알고리즘이 전체적인 정서를 아주 잘 측정한다(예 : +긍정/중립/−부정). 이 접근법에 적절한 데이터를 예로 들자면 여론조사 데이터와 상품평 포럼이 있다. 문제는 (일정한 목적을 염두에 둔 채로) 이 방법으로 수집되는 텍스트가 많지 않다는 점이다. 설사 수집된다고 해도 머신 러닝 알고리즘은 긍정적인 요소와 부정적인 요소를 잘 구분하지 못한다. 고객이 만족하지 않는다는 점을 알아내더라도 어떤 부분에 만족하지 않는지를 알 수가 없다.

두 번째 유형의 데이터를 살펴보자. 만족도를 평가한 고객이 하나도 없다면, 수동으로 평가한 문서 샘플을 사용해서 통계 모형을 만들어 평가하지 않은 남은 문서에 자동으로 점수를 매길 수는 있다. 그러나 이렇게 하려는 회사는 많지 않다. 또한 이는 고객의 의견을 제대로 반영한다고 볼수 없다. 고객의 생각을 평가자가 주관적으로 해석한 것일 뿐이다.

세 번째 유형의 데이터는 평가된 만족도가 없는 고객의 의견이다. 이경우에 자연언어처리, 즉 NLP를 사용해서 텍스트의 내용에서 정서를 도출해낼 수 있다. 이런 데이터가 가장 일반적이며, 따라서 이를 분석하는 접근법도 가장 일반적으로 사용된다. 쉽지는 않지만, 이 방법이 엄청난 수의 고객이 생성한 텍스트에서 나오는 이익 가치를 측정하기에 가장 효율적이다.

폭넓게 사용할 수 있으며 비용이 저렴한 기술이 하나 있다. 이는 각 단어에 긍정적인 가치와 부정적인 가치를 배정한 다음에 이를 합산해서 전체적인 정서 등급을 매기는 방법을 바탕으로 전체적으로 긍정적인 정서인지, 아니면 부정적인 정서인지를 판단하는 것이다. 그러나 이 접근법은 다음과 같은 상황에서는 실패하게 된다.

- "나쁘지 않다."(부정어가 2개 들어가 사실상 긍정을 의미하는 경우)
- "이 제품이 형편없다고는 말하지 않겠다."(빈정거림, 혹은 유머)
- "키보드가 어처구니없이 작지만 자판의 배치는 지금껏 본 중에 최고다."(혼합)

정서 분석 기술에서 가장 최근에 있었던 진보는 다음의 여러 기법을 조합해서 사용하는 것이다.

- 통계
- 규칙을 기반으로 한 정의
- 인간의 개입, 예를 들어 기계가 매긴 점수를 최종 점검

이렇게 조합해서 분석한 결과는 인간이 직접 정서 분석을 하는 것보다 비용이 덜 들면서도 보다 일관적이다. 이는 자동화가 일관성을 더해주고

마지막에 인간이 결과를 확인하기 때문이다. 적절한 환경에서 이 방법이 적용될 경우, 분명 확장성을 상당히 증가시킬 것이다.

그러나 기계가 '폭탄이다'와 '그 폭탄이다'는 두 문장의 차이점을 구분하지 못하는 문제가 여전히 남는다. 정서 분석이 중요한 것은 정서가 시장의 논리와 감성 둘 다를 직접 들여다볼 수 있는 창이기 때문이다. 정서란 당신의 브랜드, 업계, 전파성이 강한 최신 동영상에 대한 실제 의견인 것이다.

순간순간 변하는 대중의 정서를 파악하는 방법에 자연언어처리, 전산 언어학, 인공지능을 이용한 지가 아직 얼마 되지 않았다. 아직 초창기라는 말이다. 이런 도구와 제조사들은 현재 시행착오를 거치며 배우는 중이고, 앞으로 발전이 있을 것이다. 그때까지는 그들이 밝혀내는 경향이 완전히 정확하지는 않더라도 시사하는 바가 있을 것이며, 설득력도 있을 것이다.

포레스터 리서치의 수레시 비탈은 우리의 기대치가 너무 높다면서 다음과 같이 말한다.

"다들 정서 분석을 너무 비판하는 듯하다. 나는 마케팅 담당자가 정서 분석을 만병통치약으로 보는 자세를 버려야 한다고 본다. 정서 분석을 훌륭한 방향지시 도구로 봐야 하고, 마케팅 담당자가 주기적으로 조사해야 하는 고객의 사고방식과 선호도 자료의 기반이 되는 요소로 봐야 한다. 이 시스템은 자체의 논리, 즉 사업의 원칙을 분석 시스템에 적용해서 앞으로 나올 포스트와 대화의 정서를 개선한다.

기계가 빈정거림, 역설적 표현, 구어체, 전문용어를 제대로 해석하지 못하는 심각한 문제가 있는 것은 사실이다. 그러나 전혀 감을 잡지 못했던 과거의 상황보다는 정확도가 약 70%인 시스템이라도 있는 현재가 더 낫지 않을까?"

기업 마케팅 관리 및 최적화 도구를 판매하는 옴니추어의 제품 마케팅 선임이사인 매트 랜지(Matt Langie)는 정서를 체계적으로 파악하는 능력에 대한 기대치가 너무 높다는 수레시의 의견에 동의한다.

"트윗에서 어구나 회사명, 제품명과 같이 특정한 키워드를 골라내는 작업은 아주 간단하다. 우리 회사의 옴니추어 디스커버(Omniture Discover) 제품을 언급한 모든 사람을 찾아서 합산한 다음에 중립, 브랜드 옹호자, 브랜드 비(非)추천고객(detractor)으로 분류하면 된다. 물론 이 방법은 '이 제품은 지독하게 좋다'라고 말하는 사람을 제대로 분류하지 못한다."

매트는 '100% 효율적인 자연언어 검색이란 없다'는 점에 동의하지만, 숫자에 집착한 사람들이 흔히 망각하는 점을 지적한다.

"완벽하게 명확한 내용까지는 필요 없다. 중요한 점은 경향이며, 경향은 일정한 방향이 있다. '당신의 브랜드 옹호자가 브랜드 비추천고객보다 빠른 속도로 늘어나고 있는가?'라는 점을 살펴봐야 한다."

사람들은 당신의 회사에 대해서 이야기하고 있다.

사람들은 당신의 회사에 느끼는 감정을 드러내고 있다.

그래서 어떻다는 것일까?

그런 상황이 어떤 반응을 유발하고 있을까?

반응 얻기 : 행동 유발

　대중이 당신이 올린 글을 읽고 마음에 들어 그 글을 여러 사이트에 전파하더라도, 이는 당신이 목적을 달성하는 과정의 일부에 불과하다. 대중의 이성적 및 감성적인 브랜드 애정도의 변화를 추적하는 작업은 유익하다. 대중의 마음이 우호적인지 적대적인지를 알아내는 작업도 중요하지만, 당신의 소셜미디어 활동이 일으킨 결과를 측정하는 작업은 필수적이다.

　네트워크 세상에서는 '다다익선'이라는 생각은 옳지 않다. 물론 많으면 좋긴 하다. 그러나 경쟁사보다 친구와 팔로어의 숫자가 많다는 점이 홍보와 브랜드를 측정하는 최고의 척도는 아니다. 단순히 숫자 자체가 목적은 아니며, 이는 목적을 위한 수단일 뿐이다.

　당신을 팔로잉하고 당신의 블로그와 뉴스레터를 구독하는 사람의 수를 계산하는 것은 아주 간단하다. 까다로운 것은 실제로 동참하는 사람이 몇 명인지를 측정하는 것이다(다음 상자 참조).

'동참(engagement)'에는 다양한 뜻이 있으며, 나는 이 단어를 너무 단순화해서 사용하는 과정에서 실수를 범할 수도 있다는 점을 인정하고 들어가겠다. 이 책에서 이 단어는 정형화된 뜻이 아니라 '관심을 가지고 상호작용을 함'이라는 뜻으로 쓰인다. 그리고 관심과 상호작용 둘 다가 동참에서는 필수적이다.

동영상, 게임, 농담, 날씨 등에는 상호작용을 하면서도 브랜드에는 별 관심을 안 기울일 수 있다. 상호작용을 아주 많이 하다보면 점차 브랜드에 대한 애정이 생길 수는 있지만, 회사 측에서 브랜드 이름을 바꾸면서 주소를 알려주지 않을 경우에는 연락처를 찾으려는 수고를 기울이지 않는다.

반대의 경우도 있다. 롤스로이스가 세계적인 명차라고 생각하는 사람이 있다고 해보자. 이 사람은 실버 섀도(Silver Shadow)를 한 대 구입할 금전적인 여유도 있다. 그러나 당장 이 차를 구입할 생각은 없다. 그저 이 차를 운전하고 다니거나 집 앞에 멋들어지게 세워놓는 공상만 하고 있다. 롤스로이스의 웹사이트를 방문하지 않으며, 기사를 검색해보지도 않고, 사진을 찾아볼 생각도 하지 않는다. 그저 실버 섀도가 최고의 자동차라는 생각만 갖고 있을 뿐이다. 이런 사람은 브랜드 친밀도는 높지만 상호작용이 낮다. 따라서 이 사람은 동참하고 있는 것이 아니다.

당신의 말을 중요하게 여기는 사람이 몇이나 될까? 적극적인 참여도는 당신의 메시지를 멍하게 쳐다보고만 있는 사람들의 숫자보다 훨씬 타당한 측정기준이다.

얼마나 주목받는가?

사람들이 블로그나 트위터 등 자신의 개인 공간에서 당신 회사의 이름을 거론하는 것은 '동참'의 한 방법이다. 그러나 이들이 대중적인 웹사이트에서 당신의 회사나 제품, 서비스에 대한 호감을 자발적으로 거론하는 것이야말로 진정한 친밀도와 동참의 증거가 된다. 당신의 회사 로고가 그려진 셔츠를 입는 수준을 넘어서 호감이 담긴 글을 공개적인 장소에 게시하는 것은 식료품점 입구에 있는 게시판에 사랑의 쪽지를 붙여놓는 것과 마찬가지다. 그런 공개적인 글은 영구적으로 남으며, 그들의 개인적인 지인들뿐만 아니라 훨씬 많은 이들에게 공개된다.

주목받을 가치가 있는가?

디그, 레디트(Reddit), 딜리셔스, 스텀블어폰 등은 클릭 한 번으로 자신의 의사를 표현할 수 있는 사이트들이다. 당신이 표현한 내용이 마음에 든 사람들은 그 글이 주목받을 가치가 있다고 생각하고 이런 사이트에서 언급할 것이다.

이 책을 쓰고 있는 현재 WAA는 소셜미디어 표준을 제정하는 중이며, 이 표준에서는 소셜 북마크를 다음과 같이 설명한다.

> 소셜 북마크는 온라인에서 저장, 공유, 검색되는 URL이다. 전통적인 북마크(즐겨찾기)는 로컬 브라우저에 저장되지만 소셜 북마크는 온라인에서도 이용할 수 있다. 일반적으로 소셜 북마크는 웹사이트에 들어오는 트래픽을 분석할 때 리퍼러의 하위범주로 나온다.

여기에서 측정기준은 가슴이 후련할 정도로 간단하다.

• 당신의 콘텐츠에 대한 링크를 몇 명이 공유했는가?

- 링크가 몇 개나 공유됐는가?
- 일정한 기간에 링크를 클릭해서 들어온 사람이 몇 명인가?

웹 분석도구와 북마크 서비스는 그 자체만으로 유용한 수치를 제공한다. 당신은 이런 관심이 얼마나 쏟아지는지를 추적하고, 최상의 결과가 나오는 콘텐츠가 어떤 종류인지를 시험하고 측정하기만 하면 된다.

미주리 과학기술대학의 커뮤니케이션 담당자인 앤드류 카레이가(Andrew Careaga)는 홍보 활동의 효율성을 측정하기 위해 딜리셔스닷컴을 활용해서 온라인 뉴스 기사와 블로그 포스트를 추적했다. 그는 2008년 4월에 자신의 블로그에 올린 포스트에서 그에 대한 사례를 하나 들었다(http://highered.prblogs.org/2008/04/23/delicious-as-a-pr-measurement-tool).

지난주 중서부에 지진이 일어났을 때, 우리는 우리 대학의 지진 전문가인 데이비드 로저스에게 언론사와 인터뷰할 것을 권유했고, 그는 금요일에 15개 언론사와 인터뷰를 했다. 대부분이 중서부 언론사였지만 미주리 주에서 가장 규모가 큰 일간지와 몇몇 TV 및 라디오 방송국에서도 인터뷰에 왔다. 그러나 로저스의 말을 인용했으며 야후! 뉴스에 소개된 라이브사이언스닷컴(LiveScience.com)의 글을 제외하면 딜리셔스(del.icio.us) 사용자에게 저장된 로저스의 인터뷰가 단 하나도 없었다. 현재 우리는 딜리셔스 사용자 10명이 그 인터뷰에 관한 기사를 저장했다는 사실을 안다. 또한 그들이 누구이며, 관심을 갖는 다른 분야가 무엇인지도 알 수 있다.

최근에 나온 자연분해성 비닐봉지에 대한 연구를 다룬 뉴스 기사가 〈파퓰러 사이언스(Popular Science)〉 잡지의 블로그인 팝사이닷컴(PopSci.com)에 게재됐으며 사용자 10명이 이 기사를 저장했다. 마찬가지로 인기가 많은 과학기술 블로그인 기즈모도(Gizmodo)도 그 이야기를 게재했다. 딜리셔스 사용자 중에 그 이야기를 저장한 사람이 없지만, 댓글을 잠깐 훑어보면 이 기사에 기즈모도 독자들의 관심이 많다는 사실을 알 수 있다.

레온 허드슨(Leon Hudson)은 앤드류의 블로그에 올린 댓글을 통해 주제별 북마킹 및 뉴스 사이트가 있다고 말한다.

"나는 뉴질랜드에 본사가 있는 미디어 모니터링 에이전시인 총 뉴즈텔(Chong Newztel)에 근무한다. 우리 고객인 몇몇 홍보회사는 미디어 측정 및 평가를 위해 http://www.scoopit.co.nz를 활용한다. 스쿱잇(Scoopit)은 뉴질랜드 커뮤니티 소셜 북마킹 사이트다."

별로 표시하는 등급

딜리셔스닷컴은 URL을 북마크 하도록 하는 반면, 다른 사이트들은 진정한 크라우드소싱(crowd sourcing, 기업이 생산과 서비스 및 문제해결 과정에 특정 커뮤니티나 불특정 대중을 참여시키고 목표를 달성하면 수익을 참여자와 공유하는 활동—옮긴이)을 위해 투표를 하도록 한다. [그림 5.1]은 동참의 먹이사슬 등급(위로 올라갈수록 높은 단계)이다. 당신은 별표를 몇 개나 받았는가?

사이트별로 다른 이름을 사용하지만, 인기도를 사용해서 일정한 노력의 순위를 평가하는 발상은 매우 유명하다([표 5.1] 참조).

별표로 매기는 평점은 유지하는 것이 매우 간단하다. 별 5개 중에서 2개 반 이상을 얻고 있다면 점수를 올리는 데에 초점을 맞출 것이다. 그러나 궁극적인 목표는 당신의 메시지가 뉴스 순위의 최상단에 올라가게 하는 것이다. 야후! 버즈(Yahoo! Buzz)는 몇 년 전부터 사람들이

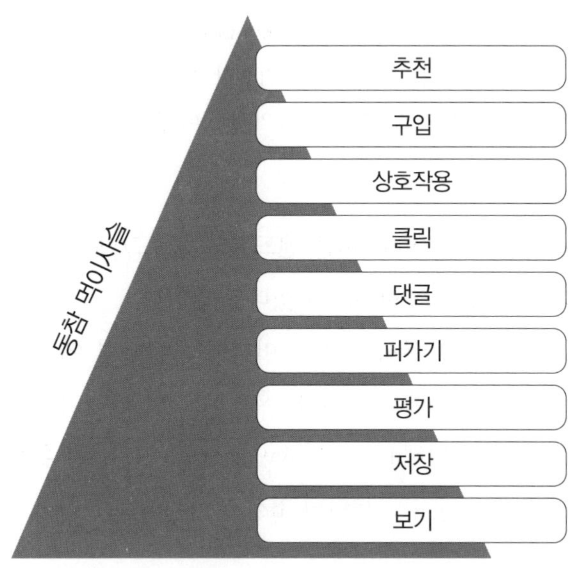

그림 5.1 | 동참 먹이사슬은 다양한 동참의 단계를 가치별로 나열한다.

가장 중요하고 흥미롭다고 여기는 이야기의 순위를 선정할 수 있게 해
놓았다([그림 5.2] 참조).

표 5.1 | 당신의 노력이 긍정적으로 주목받는 방법이 많이 있다.

서비스/사이트	추천
디그	Digg
페이스북	Friend
프렌드피드	Likes
레디트	Upvotes–Downvotes
스텀블어폰	I like this
테크노라티	Favorite
트위터	Favorite
텀블러	Heart
야후!	Buzz up

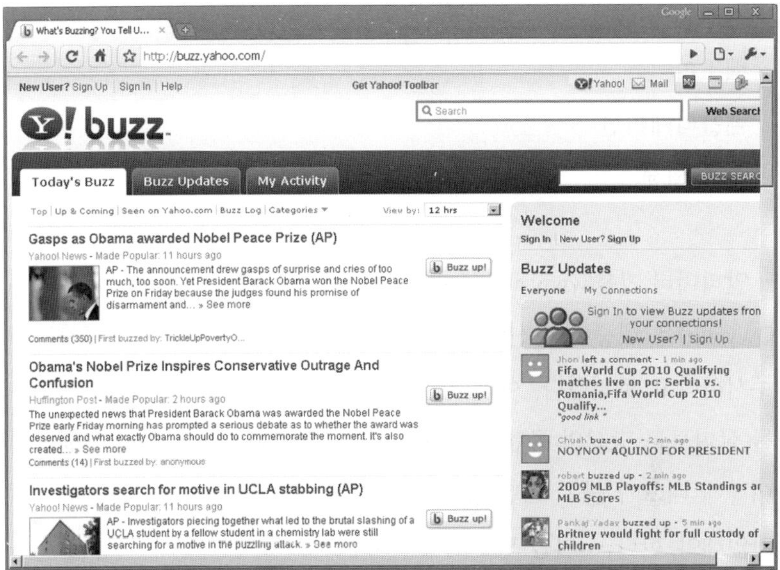

그림 5.2 | 야후!에서 버즈 업(Buzz up)을 누르면 해당 이야기가 상위로 올라간다.

태그에 주목하자

이제 사람들이 당신의 링크에 어떤 태그를 붙이는지를 곰곰이 생각하고 조사해볼 때다. 자료를 저장할 때마다 태그를 붙일 수 있다. 아이폰을 다룬 이야기라면 분명히 '아이폰'이라는 태그가 붙겠지만, 그 외에도 다음과 같은 태그가 붙을 수 있다.

개발

sdk(소프트웨어 개발 키트)

사용 지침서

디자인

해킹

벨소리

애플리케이션

잠금 해제

알티미터 그룹(www.altimetergroup.com)의 예레미야 어우양(Jeremiah Owyang)은 대중이 당신에 대한 링크의 북마크를 어떻게 분류하는지 주시하라고 조언한다. 예레미야는 "당신이 웹 전략가라면 이런 도구를 살펴보고 당신의 콘텐츠(및 경쟁사의 콘텐츠)를 지켜보면서 콘텐츠에 어떻게 태그가 붙고 어떤 댓글이 달리며, 회원들이 어떤 말을 하는지 확인해야 한다… 이를 당신의 웹 마케팅 노력에 결합시키고, 당신의 콘텐츠를 메타태그하거나 사람들이 태그를 붙이는 데 사용하는 키워드들이 포함되도록 글을 작성해야 한다. 또한 구입하게 될 검색 엔진 마케팅 키워드에도 이런 키워드들이 포함되어야 한다. 결국 키워드는 당신의 웹페이지에 대한 실수요자나 소비자의 생각이다."

전달

보기, 저장하기, 평가하기, 태그 달기 등이 모두 좋지만, 이보다 더 좋은 것은 당신의 메시지가 전달되는 것이다. 전달은 앞에서 설명했으므로 여기에서는 자세히 다루지 않고 그저 반응 방식 중 하나라는 점을 상기시키는 선에서 마무리하고 넘어가겠다.

도달의 관점으로 보면 누군가 당신의 말을 다른 사람에게 전달하는 것이 당신의 블로그에 댓글을 다는 것보다 훨씬 가치가 있다. 그러나 방문자의 관점에서는 자신의 의견을 써서 모두가 볼 수 있는 게시판에 싣는 것보다는 리트윗 버튼을 누르거나 당신의 말을 복사해서 붙이는 게 훨씬 수월하며 자신을 덜 드러내는 방법이다.

댓글에 대한 갈망

아비나시 쿠식(http://www.kaushik.net)의 "우리가 대화를 하고 있는가?"라는 질문은 참으로 적절하다. 그의 질문은 사람들이 당신의 블로그에 동참하고 있는지의 여부를 측정하는 척도기 때문이다.

당신의 블로그에 달리는 댓글 수를 측정해보면 당신이 민감한 내용을 다룬 시기를 알 수 있다. 댓글이 가장 많이 달리는 포스트의 종류를 검토해보면 열렬한 팬과 신랄한 비추천고객을 파악할 수 있을 뿐만 아니라 업계에서 열광하는 글과 의견의 종류를 알 수 있다. 이런 즉각적인 피드백은 글을 쓰는 사람에게 방향을 제시해주며 회사에 정보를 제공해준다.

아비나시 쿠식은 《웹 분석론 2.0》에서 블로그를 측정할 수 있는 대화 비율(conversation rate)을 아래와 같이 정의한다.

대화 비율은 "우리가 대화를 하고 있는가?"라는 질문에 대한 답을 준다. 또한 실제로 청중을 동참시키는 콘텐츠를 올리고 있는지도 파악하게 해준다.

대화 비율 = 방문자 댓글 수/ 포스트 수

이어서 아비나시는 포스트와 댓글, 단어 수를 가지고 글쓴이의 기여도와 독자의 댓글 양을 설명한다. 이 책의 뒤에 나온 실제 판매 주기에서 '대화'라는 의미로 사용하고자 여기에서는 '댓글'이라는 용어를 그저 개수의 의미로 사용한다. 이렇게 하면 블로그 자체를 평가하려고 블로그를 측정하는 경우와 사업상의 목적으로 블로그를 측정하는 경우의 차이점을 알게 될 것이다.

댓글은 참여의 성실한 형태다. 당신이 쓴 글이 사람들의 마음을 움직여 모두가 참여하고 싶어 하면, 사람들이 계속해서 당신의 브랜드에 관심을 가질 것이다. 그러나 동참의 다른 징조들은 이보다 감지하기 어렵다. 인바운드 링크(inbound lilnk, 다른 사이트에서 자신의 사이트로 걸어 놓은 링크-옮긴이)부터 시작해보자.

갑작스러운 반응의 증가

트위터, 블로그, 페이스북, 플리커는 모두 당신의 회사나 제품이 언급되는 곳들이다. 사람들이 언급하는 이유는 당신의 회사를 마음에 두고 있기 때문이다. 이는 당신이 취한 일부 행동에 대한 직접적인 반응이 아니라, 당신이 취한 모든 행동에 대한 반응이다.

제품 판매 트윗과 할리우드의 코닥 극장에 대한 언급이 나온 [그림 5.3]은 코닥에 관심이 있는 사람들을 보여준다.

옴니추어는 자체 측정도구를 사용하며, 제품 마케팅 선임이사인 매트 랜지는 온라인에서 발생하는 대화를 주시하고 있다. 옴니추어는 API가 있는 소셜 사이트에 관심을 가지며, 그 데이터를 마케팅 측정도

그림 5.3 │ 코닥의 어느 부서의 누군가는 사람들이 자사 브랜드에 대해 나누는 대화를 주시하고 있을 것이다(그렇지 않다면 주시해야 한다).

구인 사이트 캐털리스트에 적용해서 회사나 제품 브랜드가 언급된 횟수를 파악한다.

매트는 이렇게 말한다.

"이를 살펴보는 주요 방법은 3가지다. 첫째는 반응도의 맥락에서 살펴보는 것이다. 즉, 사람들이 광고에 어떤 반응을 보이는지, 회사에서 보낸 이메일에 어떤 반응을 보이는지, 신제품에 어떤 반응을 보이는지를 살피는 것이다. 우리는 비교, 혹은 동향을 기준으로 트윗과 (회사 및 제품에 대한) 언급을 살펴본다. (옴니추스가 어도비에 매각됐다는 소식과 같은) 업계의 관심을 사로잡는 초대형 뉴스를 발표하면 트윗과 의견의 수가 급등한다."

아직 산업계 기준이 없는지라 비교 측정은 매우 중요하다. 블로그나 트위터에서 열심히 활동하는 직원이 있는 회사는 소셜미디어에서 버즈를 더 많이 일으킬 수 있다. 따라서 지금으로서는 과거 기록과 현재의 (회사 및 제품에 대한) 언급 및 트래픽을 서로 비교하는 것이 최선책이다.

"주의해서 살펴봐야 할 두 번째 주요 영역은 생산성이다. 이는 사용자가 콘텐츠에 기여하는 영역이다. 그러니까 누군가 유튜브에서 동영상을 보고 그 동영상이 좋다거나 싫다는 등의 글을 올리는 것이다."

방문자 추적

나는 영업부에서 직장생활을 시작했다. 마케팅에서 유일한 목적은 장래의 고객들에게 나를 선보이는 것이었다. 선두 자리를 차지하는 것이 가장 중요했다. 오늘날 온갖 멋진 댓글이 달린 소셜미디어가 있더라도 웹사이트의 트래픽이나 통화량, 매장 방문 횟수가 늘어나지 않는다면 아무런 소용이 없다. 나는 사람들이 내 웹사이트를 많이 클릭해주면 좋겠다!

재난의 징조를 감지할 수 있는 방법이 있으면 좋기는 하지만, 진짜로 알아야 할 점은 이런 소셜 활동이 핵심 사업성과 지표의 요소인 측정기준에 영향을 미치는지의 여부다. 다시 말하자면, 소셜 활동이 사업에 도움이 되는가 하는 점이다.

당신이 블로그, 트위터, 유튜브에서 펼친 활동의 결과를 추적하면 수익을 창출할 수 있는 곳이 발견된다. 따라서 첫 반응, 즉 사람들이 당신의 사이트를 방문했는가부터 살펴보자. 우디 앨런(Woody Allen)의 말을 빌자면, '인생의 90%는 눈에 띄도록 하는 것'이다.

아비나시 쿠식은 '평균 공유 링크 클릭 방문율(CTR, Average Shared

Links ClickThrough Rate)' 이라는 용어를 만들었다. 그는 이 명칭이 장황하다고 인정하지만, 의미를 정확히 묘사하고 있다. 구글과 야후!의 무료 웹 분석도구와 더불어 옴니추어, 웹트렌즈(Webtrends), 코어메트릭스(Coremetrics)에서 나온 수많은 마케팅 측정도구들을 감안하면, 웹사이트 방문이야말로 측정이 가장 쉬운 것이다.

방문자가 어떤 웹사이트를 방문하기 전에 들렀던 곳을 추적하는 것은 간단하다. 방문자는 구글 검색이나 보도기사, 배너광고 등을 거쳐서 온다. 소셜미디어는 이보다 쉽지 않아서 URL을 코딩해야 하고, 비트닷엘와이(Bit.ly)와 티알닷아이엠(Tr.im)과 같은 사이트에서는 URL 코딩이 필수적이다. 트윗클릭스(Twitclicks), 트윗버너(Tweetburner), 클롭닷인(Clop.in) 등의 사이트들은 긴 URL을 짧게 한 다음에 클릭 횟수를 추적한다.

예를 들어서 [그림 5.4]에는 단축 URL이 2개 나온다. 하나는 콘테스트의 URL이고 다른 하나는 블로그 포스팅의 URL이다. 블로그 포스트에 링크된 트윗의 URL이 콘테스트에 링크된 트윗보다 직접 클릭 수가 더 많지만, 콘테스트의 링크가 더 많이 퍼졌다. 내 트윗에서 나온 클릭 수 116회는 트래픽의 절반도 안 된다. 이는 그저 흥미로운 내용과 정말로 흥미로운 내용 사이에 커다란 차이점이 있음을 의미한다.

메시지를 보낼 때 URL에 추적 코드를 심어놓을 수 있다. 링크 끝에 물음표를 덧붙이고 이어서 해당 광고를 구분해주는 독특한 코드를 넣으면, 그 코드가 웹 분석 보고서에 나타난다. 링크 단축기는 그 코드를 보유하고 있을 것이므로 이런 작업이 훨씬 수월해진다.

측정기준이 들어 있는 링크 단축기를 사용하지 않는다면, 당신의 사

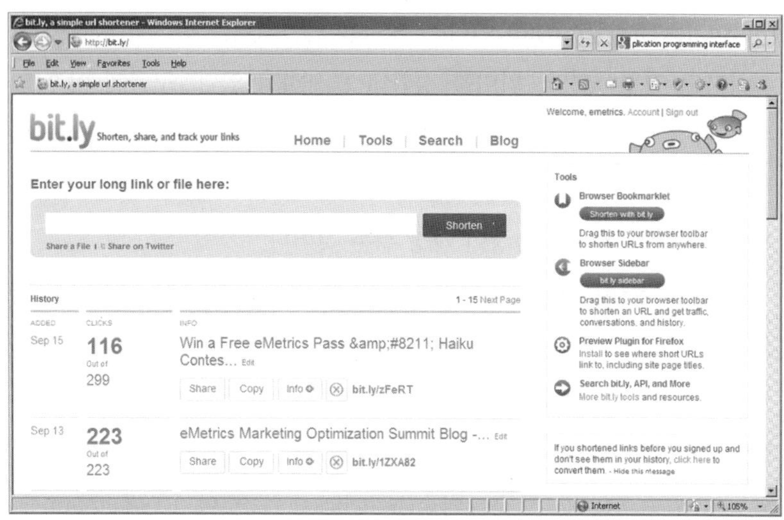

그림 5.4 | 어떤 단축 URL에 트래픽이 늘어나며 얼마나 늘어나는가?

이트에 직접 링크한 트위터 사용자의 트래픽이 당신의 웹 분석 보고서에 누가 트윗했는지가 표시되지 않은 채 나오거나, 당신의 도메인명과 페이지 위치를 직접 쳐서 들어온 '직접' 방문처럼 보일 것이다.

당신의 웹사이트 방문자를 추적해서 어떤 블로그의 링크를 통해 들어왔는지 알아낼 수 있다. 그 사람이 단축 링크를 사용하지 않았다면 말이다. 단축 링크를 사용한 경우라면 프로그래머를 고용해서 다양한 API와 데이터스트림을 끼워 맞춰야 한다. 그러나 포스팅이 되거나 트윗이 된 당신 회사 제품에 대한 언급 사이의 연계가 한 단계 이동됐다면 어떻게 할까? 또 링크가 전혀 없다면 어떻게 할까?

이는 식품, 와인, 디저트, 급속히 변하는 기술 분야의 회사들이 겪는 문제이다. 틸리움(www.tealium.com)은 이런 회사들에게 많은 도움이 될 흥미로운 접근법을 찾아냈다. 틸리움은 당신의 회사에 대한 언급을 샅샅이 뒤진 다음에 각각의 방문자가 어디에서 당신 회사의 이름을 봤는지 알려준다. 방문자가 당시에 링크를 클릭하지 않았거나 링크가 전혀 없었던 경우라도 말이다.

다시 말하면, 틸리움은 당신의 회사에 대한 언급 하나가 트래픽을 증가시키기에 충분한지, 혹은 한 사람이 최종적으로 클릭하기 전에 당신 회사에 대한 언급을 여러 번 발견해야 하는지를 알려주는 것이다. 광고계에서는 이를 '뷰 쓰루(view through, 온라인 광고 시청 횟수-옮긴이)' 라고 부른다. 이는 브랜드 명에만 국한되지는 않는다.

틸리움의 설명을 들어보자.

틸리움의 고객은 유트브와 같은 온라인 동영상 사이트는 물론 새로운 기사와 블로그에서 모니터하고 싶은 키워드를 정한다. 일반적으로 정해진 키워드는 회사명, 웹사이트 주소, 고유 심벌, 제품, 경영진의 이름이다. 키워드가 정해지면 인터넷에서 뉴스, 블로그, 동영상 등으로 분류해서 기사를 검색하는 데에 사용된다. 해당 회사의 웹사이트에 방문자가 들어오면 특허 출원 중인 틸리움 소셜미디어 기술이 그 방문자가 인덱스된 특정한 소셜미디어 콘텐츠에 노출됐는지를 파악한다.

소셜미디어가 트래픽을 증가시키는지를 경영진에게 입증할 보고서가 필요하다면 이 방법이 좋은 출발점이 될 것이다.

풍자에 반응하기

온라인에서 당신의 회사를 풍자하는 이야기가 나왔다는 것은, 공격의 표적이 될 만큼 회사의 영향력이 커졌다는 신호라 할 수 있다.

회사에 대한 풍자를 측정할 수 있을까? 그렇다. 그렇다면 이를 통제할 수 있을까? 불가능하다. 코카콜라/멘토스(Mentos) 동영상(코카콜라에 멘토스를 넣어 실험한 동영상-옮긴이)을 비롯해, 회사에 불리한 온라인상의 의견들을 통제하려다 그것이 불가능함을 깨달은 회사들의 사례가 많이 있다. 이 사실을 깨닫는 과정이 만방에 공개되는지라, 이는 회사 입장에서 상당히 창피한 일이다. 차라리 회사의 손실을 무릅쓰더라도 우스운 이야기를 해대는 사람들을 받아주고 격려해보자. 일종의 풍자 경쟁이 일어나게 해보자.

세스 고딘(Seth Godin)은 '세상이 언제 당신을 비웃을까?' 라는 제목의 블로그 포스트에서 "말을 퍼뜨리고, 이야기를 공유하라. 말할 가치가 있으면, 패러디할 가치도 있다. 당신이 하는 일이 언제쯤이나 패러디가 될까?"라고 말한다.

물론 패러디가 불쾌한 수준이고 언급된 내용이 사실이 아니라면 법적 대응을 해야 한다.

당신이 유튜브에서 얼마나 노출됐는지를 측정하는 방법을 사려 깊고 면밀하게 살펴보고 싶다면 케이디페인 앤 파트너스의 연구전략 책임자인 피터 코왈스키(Peter Kowalski)의 블로그 포스트 '유튜브 측정 방법 : 간단한 측정 프로그램을 만들고 특정한 동영상이 실제로 문젯거리인지를 결정한 다음에 최악의 시나리오를 준비하라' (http://kdpaine.blogs.com/themeasurementstandard/2008/05/how-to-measure.html)를 읽어보자. 또한 www.10e20.com/blog/2008/07/15/video-optimization-and-analytics-a-closer-look-at-youtube-insight에 게재된 제이크 매튜스(Jake Matthews)의 글도 유튜브 인사이트(YouTube

Insight)라는 도구를 훌륭하게 논평하고 있다.

클릭 후 동참 유도하기

다른 곳에서 클릭을 통해 일단 당신의 웹사이트에 들어오면, 이때부터는 완전히 다른 측정기준이 적용된다. 웹 분석 분야는 지속적으로 변하고 있으며 지난 10년간 내 마음을 사로잡아왔다. 나는 《웹 측정기준 : 웹사이트의 성공을 측정하는 입증된 방법(Web Metrics : Proven Methods for Measuring Web Site Sucess)》을 집필했으며 WAA는 물론이고 이메트릭스 마케딩 최적화 회담까지 창설했다. 말 그대로 나는 완전히 사로잡힌 것이다.

사람들이 클릭을 한 뒤에 이루어지는 상호작용에서 당신의 설득 과정이 진행된다. 이때 회사의 구체적인 목표를 위해 당신의 마케팅이 올바른지, 아니면 제대로 된 길을 벗어났는지를 측정하는 다양한 도구가 있다.

트윗을 통한 판매

구매는 현장/전화 통화/매장에서 궁극적인 문제이지만, 소셜미디어에서도 마찬가지다. 그렇다. 현재 사람들은 블로그 포스트와 트윗에서도 직접 구매를 하고 있는 것이다.

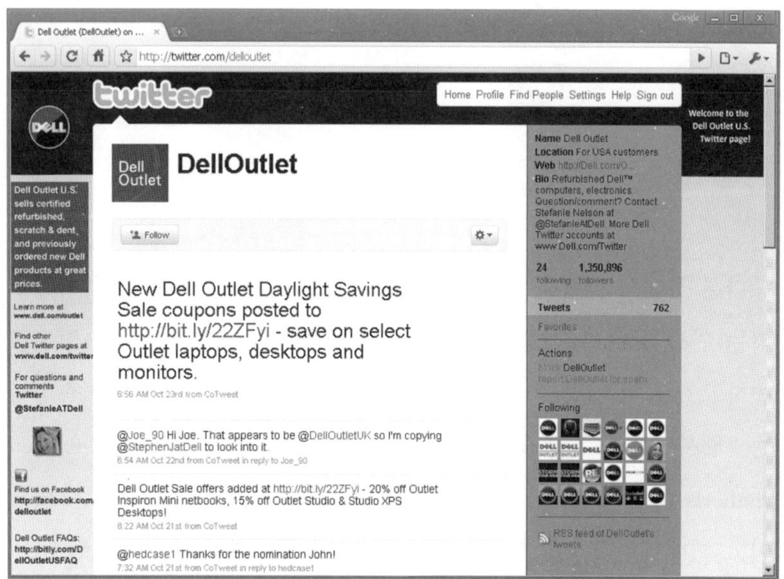

그림 5.5 | 인터넷에서 선주문을 받고 컴퓨터를 판매하는 방식으로 선풍을 일으켰던 델(Dell)은 현재 트위터를 통한 판매에서 선두를 달리고 있다.

델이 트위터에서 운영하는 아울렛(Twitter.com/delloutlet, [그림 5.5] 참조)은 '표면에 흠이 있지만 보증서가 있는 선주문 신제품을 파격적인 가격으로 판매'한다. 이런 제품을 구매하지 않을 이유가 없다. 델은 클릭해서 구매하라는 트윗을 대대적으로 올린다. 예산에 한계가 있는 사람(누구나 그럴 때가 있다)부터 기업 구매자에 이르기까지, 이런 트윗은 모든 이에게 구매계획이 있는 제품을 쉽게 살펴보거나 평생 한 번뿐인 파격적인 할인혜택을 받을 수 있는 기회다.

2009년 6월 현재 델은 300만 달러의 매출을 올리면서, '과연 이런 영업방식이 새롭고 가치 있는 의사소통 방법이 될 것인가?'라는 의문을 잠재웠다.

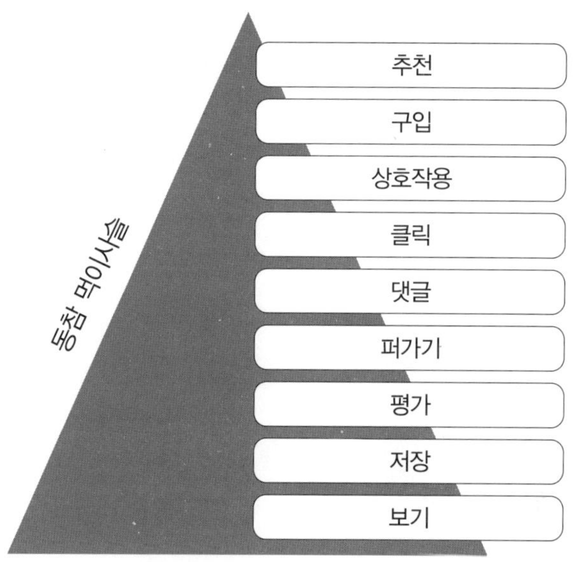

그림 5.6 | 동참 먹이사슬

동참 먹이사슬([그림 5.6] 참조)의 최상위 단계는 추천이다. 이 단계는 당신의 회사가 소셜미디어에서의 대화를 얼마나 잘 듣고 있는지를 검토해볼 수 있는 좋은 지점이다. 이 단계는 따로 장을 할애해서 설명할 만큼 중요하므로, 다음 6장에서 자세히 다룬다.

메시지 받기 : 대화 청취

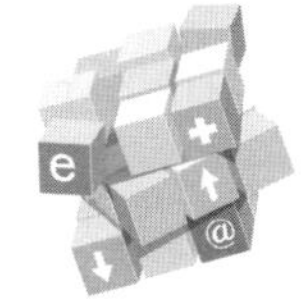

내가 듣는 소리를 당신도 듣고 있나요?(Do You Hear What I Hear?, 1962년에 발표된 크리스마스 노래 제목─옮긴이)

나는 지금 크리스마스 캐럴을 말하는 게 아니다. 고객의 소리를 말하는 것이다.

나는 (PC가 나오기 전인) 1980년대 초반에 기업을 대상으로 비즈니스용 컴퓨터를 판매했다. 당시 기업들은 그런 컴퓨터를 한번도 사용해보지 않은 기업들이었다. 비즈니스용 컴퓨터는 당시 새로운 기술, 새로운 시장이었으며, 소규모 회사들은 컴퓨터에 대해 전혀 모르고 있었다. 나는 점심시간에 근사한 레스토랑이 아닌 대중적인 카페로 나를 데려가는 영업부 상사가 참 검소하다고 생각했다. 그러나 사실 그는 내게 사람들의 말에 귀를 기울이는 방법을 가르치고 있었다.

나는 영업 목적의 전화, 회사 브로슈어, 또는 기술연수보다 카페에서 주변에 앉은 사람들의 말을 들으면서 컴퓨터 판매방식에 대해 더 많이 배웠다. 시내 전역에서 컴퓨터가 화두였다. 〈타임(Time)〉 지의 표지에 '올해의 인물'로 컴퓨터 전문가들이 등장하기 수년 전이었고, 인터넷이 그 자리를 차지하기 20여 년 전이었다.

카페에서 업무를 겸한 점심을 하는 사람들은 내가 설명할 준비가 안 된 문제들에 관심이 있었다. 비즈니스 프로세스, 조직 개편, 직원 연수에 관심이 집중돼 있었던 것이다. 그들은 이전에는 인간을 달에 보내는 목적에나 유용했던 기술을 과연 신뢰해야 할 것인지를 놓고 대화를 나눴다. 이런 사안에 답이 나와야만 컴퓨터를 믿고 정보를 저장할 수 있을 것이며, 속도와 기술력에 대해서만 떠들어대는 컴퓨터 영업사원을 믿게 될 것이었다. 고객의 목소리를 들은 덕에 나는 영업사원으로 성공을 거뒀다.

1999년에 나온 〈클루트레인 선언서(The Cluetrain Manifesto, www. cluetrain.com)〉에서 선구적인 사상가들은 강령을 만들었다. 이들은 "시장은 대화의 장이다"라고 선언했다. 대화에 합류하는 회사가 있는가 하면, 자신들의 메시지만 시장에 외쳐대는 얼빠진 회사도 있다. 1800년대 후반에 발명된 가격표는 대화 불일치의 첫 번째 신호였다.

백화점의 왕이라 불리는 존 워너메이커(John Wanamaker, 미국 워너메이커 백화점 설립자-옮긴이)는 "내 광고의 반이 낭비라는 사실을 안다. 그 반이 뭔지를 모를 뿐이다"라는 말로 유명하다. 또한 그는 최초로 광고의 저작권을 따냈으며 필라델피아에 세운 백화점에서 최초로 가격 정찰제도를 실시하면서 가격표를 발명했다. 그전에는 흥정, 즉 대화를 통해서 가격이 정해졌다.

따라서 소셜미디어를 시장에 일방적으로 메시지를 전달하는 새로운 도구로 생각하거나 당신의 영향력을 측정하는 대신에, 소셜미디어가 대화를 돕는 도구로 사용될 때 훨씬 더 강력한 힘을 발휘한다는 점을 알아야 한다. 지구상의 모든 여성은 남자친구나 남편이 되고자 하는 남성에게 대화는 예술작품이나 마찬가지이며, 성공 여부는 전적으로 듣는 능력에 달렸다고 말할 것이다. 소비자들도 이와 똑같은 말을 할 것이다. 당신이 들을 자세만 되어 있다면 말이다.

검색을 주시하자

검색은 소셜미디어 활동이 아니라 온라인 마케팅의 일반적인 요소로 여겨져왔다. 광고주의 관점에서 보면 검색은 현재 관심이 있는 사람들을 포착할 수 있는 훌륭한 수단이다. 사람들이 현재 검색하는 내용은 트윗과 마찬가지로 대중의 관심을 대변한다.

- 무엇을 하고 있는가?
- 무엇을 생각하고 있는가?
- 무엇을 찾고 있는가?

세 질문은 모두 밀접하게 연관돼 있으며, 마케팅 담당자들은 세 질문의 답변을 분석하는 것이 가치가 있음을 안다. 사람들이 검색 엔진을 통해서 당신의 웹사이트로 온다는 것은 특정한 뭔가를 찾고 있다는 뜻이며, 자신의 의도를 전달하고 있는 셈이다. 또 (당신의 웹사이트에 있는 검색 창을 통해서) 뭔가를 검색한다는 것은 웹사이트의 메뉴만으로는 원하는 것을 찾기가 어렵다는 점을 전달하고 있는 셈이다. 두 경우 모두가 시사하는 바가 크다.

그러나 소셜미디어 세상에서 더욱 중요한 점은, 사람들이 당신의 회사에 대해 하는 이야기가 검색 엔진을 통해 당신의 웹사이트를 방문할 방문자 수에 막대한 영향을 끼친다는 것이다.

크리스핀 셰러든(Crispin Sheraden)은 소프트웨어 회사인 SAP에서 검색 마케팅 연구를 담당하는 수석 책임자이며, 전반적인 검색을 관리한다. 이는 SAP이 CRM용, 기업자원 기획용, 제품의 라이프 사이클 관리용, 공급망 관리용 등의 소프트웨어와 서비스를 판매한다는 뜻이다.

크리스핀은 지역별 중심지와 개별 국가의 운영을 지원하는 업무를 맡는다. 그는 소셜미디어가 검색에 어떤 의미를 갖는지 즉각 깨달았다.

"2008년이 시작되면서 우리는 소셜미디어에 영향을 미치기 위한 유기적인 검색 프로젝트가 우리 회사의 랭킹에 도움이 된다는 점을 깨달았다. 이를 실시하는 회사가 하나도 없었기 때문에 우리는 저돌적으로 뛰어들었다. 가장 처음 한 작업은 애드디스(www.addthis.com) 기능을 우리의 거의 모든 콘텐츠 페이지에 적용한 것이었다. 이는 페이스북, 트위터, 디그 디스(Digg This), 레디트의 모든 체크잇(check-it) 버튼을 팝업한다."

그의 설명을 들어보자.

우리는 그 버튼의 사용을 측정해서 보고서를 만들기 시작했다. 콘텐츠를 공유하거나 북마킹을 하는 사람의 숫자 및 그들이 공유하고 북마킹하는 콘텐츠의 종류를 살펴봤다.

우리가 검색에서 측정기준이라는 측면에서 보고 공유했던 그 외 모든 것은 사실상 상위의 핵심 페이지에 초점이 맞춰져 있었다. 우리는 제품 시연이나 커뮤니티에 초점을 맞춘 내용을 담은 하위 페이지들이 가장 많이 공유된다는 점을 발견했다. 그전에는 트래픽이 상당히 적은 그런 하위 페이지에 그토록 관심이 많다는 점을 알아채지 못했다. 그런 하위 페이지 가운데에는 사람들이 미처 깨닫지 못했던 활성화된 페이지가 있었으며, 우리는 이를 소생시켰다. 따라서 우리는 자칫하면 중요하지 않게 치부됐을 페이지의 콘텐츠를 정비하는 데에 중점을 둘 수 있었다.

트래픽이 적지만 공유가 많이 되는 콘텐츠는 키워드 연구와 검색 마케팅의 결정 과정에서 주된 관심사가 된다. 또한 추가 페이지를 세분화해서 제작해 공급망을 다룬 전체 페이지에서 재고관리 내용을 더 많이 집어넣도록 사내 의견을 반영하거나, 재고관리 자체만을 다룬 특정 페이지를 제작하는 팀을 갖출 수 있다. 그런 페이지는 더욱 효율적으로 순위가 매겨지기 시작했으며 트래픽이 올라가고 있다.

무엇보다도 우리가 추천해서 새로 제작한 검색 중심, 혹은 소셜 검색 중심 콘텐츠 페이지는 해당 사이트의 다른 모든 페이지에 비해서 평균 서너 배나 변환(이메일 주소와 다른 연락처 정보를 확보)된다.

크리스핀은 특정한 사업상의 문제점에 맞춰서 특정한 소프트웨어 솔루션을 판매하는 실용적인 면에 중점을 둔다. 그의 목표는 잠재고객의 질의를 유발하는 트래픽을 더욱 늘리는 것이다. 이게 바로 소셜미디어가 뜻하는 바일 것이다.

검색은 소셜미디어 활동의 일환이 될 것이며, 새로 창업하는 회사들은 모든 면에서 이런 활동을 강화하려 하고 있다. 검색창에 질문을 입력하면 검색 엔진이 질문과 가장 관련 있다고 판단하는 답변은 물론이고 최근에 비슷한 질문을 검색한 사람들이 클릭한 내용까지 나온다. 어머니가 'chicken stock(닭 육수)'를 검색해서 링크를 하나만 클릭했다면 어머니의 관심이 요리임을 추정할 수 있다. 아버지가 'chicken stock'를 검색해서 링크를 하나 클릭했다면 아버지가 타이슨(Tyson,

쇠고기, 돼지고기, 닭고기 등 고단백 식품 가공업체-옮긴이)의 주식을 매각하고 필그림스 프라이드(Pilgrim's Pride)의 주식을 매입할지를 고민 중이라고 추측할 수 있다(stock은 육수라는 뜻과 주식이라는 뜻을 갖는다-옮긴이).

사이트 순위를 주시하자

5장의 '별로 표시하는 등급'에서 순위를 다룬 바 있다. 여기서 여러 순위선정 사이트에서 일어나는 순위 변동을 모니터해주는 시스템이 유용하다는 점을 다시 강조하고 싶다.

정확한 점수를 알아낼 필요는 없다. 어떤 상황이 발생했을 때 실마리를 찾을 수 있도록 방향을 제시해주는 정보만 있으면 된다. 점수가 갑자기 급등하면 촉각을 곤두세워야 한다. 이는 점수가 곤두박질 칠 때도 마찬가지다.

칭찬에 귀를 기울이자

어떤 고객이 예상치도 않게 당신 회사를 칭찬하는 트윗이나 포스트를 올리면 매우 기쁠 것이다. 한번도 만난 적이 없는 사람이 애정을 보여준 것이다. 자칫 자만심이나 어리석음으로 비칠 수도 있지만, 애정도를 측정하는 것도 당신의 작업에서 중요한 부분이다.

매일 200명이 당신의 회사를 소리 높여 칭찬하면 분명 기분이 좋을 것이다. 그러다가 다음날에는 100명만 칭찬을 한다면 당신의 회사가 뭔가를 잘못하고 있다고 여겨야 할까? 꼭 그렇지는 않다. 이전보다 제대로 하지 못하고 있다는 뜻일 수는 있지만 이는 별 의미가 없다.

사람들이 불만스러워하는 게 아니다. 그저 현재 칭찬을 안 하고 있을 뿐이다. 왜 칭찬을 안 하는지 궁금한가? 처음에는 당신 회사의 제품이나 서비스를 접하고 대단히 흥분했다가 그 제품에 점차 익숙해졌기 때문일 수 있다. 혹은 신형 휴대전화를 처음 샀을 때 멋진 기능을 보고 느꼈던 감탄이 이제는 훈훈한 만족감으로 바뀌어서 더 이상 사람들에게 떠벌려댈 필요가 없어졌기 때문일 수도 있다. 이처럼 사람들 개개인을 보면 그 이유가 논리적으로 이해된다. 그러나 사업에서는 개인이 주역이 아니다. 시장은 개인의 총집합이다.

시장에서는 퍼센트의 변화가 중요할 뿐, 사람의 실제 수는 별로 중요하지 않다. 항상 경향을 주시해야 한다. 매일 100명이 당신 회사를 칭찬한다면 이는 당신이 세상에 퍼뜨리는 만족감을 측정하는 기준선이다. 이 경향이 반전되면 의견을 하나하나 읽어보고, 당신의 회사가 칭찬받을 만한 자격에 변화가 생겼는지 알아봐야 한다.

날마다 새로운 고객이 생긴다. 당신 회사의 비밀 소스를 처음 맛보고 푹 빠지거나, 당신 회사의 휴대용 컴퓨터를 처음 사용해보고 속도에 놀라거나, 식기세척기를 설치하려고 약속시간에 딱 맞춰서 방문한 당신 회사의 직원에게 감동받은 사람들이 날마다 생기는 것이다.

어떤 제품이나 서비스를 인정하는 의미로 자기도 모르게 터져 나오는 감탄이 시간이 지나면서 줄어들면, 그에 따라 시장 전체가 변한다. 당신 회사의 제품은 여전히 훌륭하지만 이전만큼은 고객의 마음에 감동을 일으키지 못하고 있는 것이다. 이를 고객의 기대치 변동(customer expectation inflation)이라고 한다. 즉, 고객이 싫증이 났다고도 할 수 있는 것이다. 그러나 상황이 그렇게 되기 전에, 당신 회사의 제품에 대한 입소문이 줄어들기 시작하는 시점에 주의를 기울여서 들어보자. 이는 신호이기 때문이다.

또한 칭찬 속에 숨어 있는 신호도 다양하다. 지지자들이 '훌륭한 제품'이나 '뛰어난 서비스'보다는 '저렴한 가격'에 대해 당신의 회사를 칭찬하면, 이를 문제로 여겨야 한다. 지지자가 보내는 애정의 양은 동일하지만, 주제가 '그 회사 없이는 살 수 없다'에서 '그 회사 웹사이트에 진짜로 우스운 사진이 있다', 또는 '경품행사에 당첨되어 여행권을 타고 싶다'로 바뀌면 당장 관심을 기울여야 할 문제가 있는 셈이다.

당신이 수많은 대중에게 제품과 서비스를 판매할 경우, 고객의 마음을 읽을 수 있는 쉬운 방법이 있다. 공개된 대중들의 평가를 보는 것이다. 공개된 소비자들의 평가는 너무나 널리 퍼져 있어서, 이를 다루는 자체 산업이 생겼을 정도다.

평판에 귀를 기울이자

지금까지 이루어진 많은 연구를 보면 동일한 결론을 내리고 있다. 즉, 사람들은 광고보다 주변 사람들을 더 믿는다는 것이다. 이는 전혀 놀랍지 않은 결론이다. 요란한 격자무늬 양복을 입은 중고차 영업사원이 하는 말은 축구경기장에서 옆에 앉은 처음 본 사람이 하는 말보다 설득력이 없다(주의 : 경기장에서 옆에 앉은 사람이 중고차 영업사원일 수도 있다!).

악평은 유용하다

모든 마케팅 담당자는 추천 글이 잠재고객에게 확신을 주고, 사용자가 쓴 평도 잠재고객의 마음을 끈다고 알고 있다. 당연히 이런 점은 마케팅 담당자들을 두렵게 한다. 불만이 있는 고객이 제품에 대해 이런저런 말을 하도록 내버려두면 안 좋은 평이 나올 것이다. 그렇게 두면 안 된다. 메시지를 관리해야 하고, 브랜드 이미지를 관리해야 한다.

이 책은 소셜미디어를 다루기에, 이 책을 읽는 독자들은 "어떻게 해도 대화를 통제할 수는 없으니 시도도 하지 말라"는 말을 이미 알고 있을 것이다. 그러나 그렇게 단순하게 생각해서는 안 된다. 물론 대화를 통제할 수는 없지만, 대화를 이끌어갈 수는 있다. 대화에 영향을 끼칠 수 있으며, 대화에 효과를 미칠 수 있다. 바로 그런 이유로 대화를 추적하고 측정하는 것이다.

그러나 대화를 항상 긍정적이고 밝게만 유지할 수 있다는 생각은 조금도 하면 안 된다. 사실 당신의 회사와 제품 및 서비스에 대해 모두가 좋은 이야기만 하는 것도 좋지 않다.

많은 연구에서 부정적인 상품평 하나가 다른 모든 긍정적인 평에 대한 신뢰도를 크게 향상시킨다 점이 입증됐다. 훌륭한 상품평 10개는 사람들을 조금 더 확신하도록 만들지만, 좋은 상품평 9개와 나쁜 상품평 1개는 매출을 눈에 띄게 향상시킬 것이다.

이 점을 잘 보여주는 예를 들어보겠다. 나는 소니의 휴대용 컴퓨터를 사기 전에, 내가 생각하고 있는 제품에 대한 혹평이 있지는 않은지부터 확인하고 싶었다. 아무 조사도 없이 구매하기는 싫었다. 나는 상품평을 보면서 내가 사려는 제품에 많은 이들이 만족하고 있음을 발견했다. 칭찬과 더불어 부정적인 평가도 상당히 있었는데, 부정적인 평가는 크게 3가지였다. 우선 물 등의 액체를 쏟거나 흘리면 키보드가 작동하지 않는다고 불평하는 사람이 둘 있었다. 그러나 나는 물이나 커피, 음료수를 마시며 컴퓨터를 사용할 생각 따윈 전혀 없었다.

두 번째는 흔히 볼 수 있는 불만이었다. 컴퓨터에 소프트웨어가 너무 많이 깔려 있어서 제어판에서 프로그램을 제거하는 간단한 작업만 해도 다른 많은 이런저런 파일이 제거돼서 나머지 프로그램들이 작동하지 않는 것이었다. 나는 이전에 소니 컴퓨터를 3대나 써본지라 이미 그런 상황을 경험해본 적이 있었다.

세 번째 불만은 RAM 용량이 부족하다는 것이었다. 나는 그런 상황도 두 번 경험해봤다.

나는 20~30개의 평을 읽고 나자 컴퓨터에 물을 쏟아 붓지 않을 준비가 돼 있고, 악성코드로 전파되는 블로트웨어(bloatware, 메모리를 너무 많이 잡아먹는 프로그램−옮긴이)를 조심하기만 한다면야 이 제품을 사도 되겠다고 결론내렸다. 사람들이 내리는 최악의 평이 그 정도라면 걱정할 게 없었다.

소니의 제품생산 책임자가 내가 읽었던 상품평을 읽었다면 메모리 확장을 권하고 방수 키보드를 제작하면 된다는 것을 깨달았을 것이다. 전자는 가격의 문제이고 후자는 일부 고객에게 도움이 될 것이다. 그러나 소니가 진짜로 주의 깊게 고객의 평을 본다면, 다음에 내 놓을 제품이 갖추어야 할 요건을 제대로 파악할 수 있을 것이다.

상품평은 매출을 증가시킨다

고객의 상품평이 매출을 향상시킨다는 사실은 바자보이스에 동기를 부여했다. 바자보이스는 과거 웹 분석 회사인 코어메트릭스를 창립한 브레트 허트(Bret Hurt)와 세계 최대의 컴퓨터 판매 회사인 델에서 웹을 분석하던 샘 데커(Sam Decker)가 세운 회사다.

바자보이스는 고객의 상품평을 웹사이트 점수와 결합하는 소프트웨어와 서비스를 제공한다. 당신의 회사에서 만드는 가방의 모델이 100여 개의 웹사이트에서 판매된다면, 그 웹사이트들이 바자보이스의 고객일 경우에 고객의 평이 그 사이트에 모두 올라가게 할 수 있다.

다양한 측정을 통해 입증된 바에 따르면, 상품평이 있는 웹사이트에서의 매출이 상품평이 없는 웹사이트에서보다 훨씬 높다. 배관용품을 온라인으로 판매하는 빈티지 터브 앤 배스(Vintage Tub & Bath)는 2008년 가을 초에 매출이 12.5%를 상회한 반면, 주요 경쟁사들은 거의 28%나 치솟았다. 그해 9월에 빈티지는 바자보이스와 협력해서 상품평 1,000개 이상을 온라인에 올렸다. 그러나 그 후 주가가 폭락했고, 욕실용 고급 배관용품의 매출이 바닥으로 떨어졌다. 9월에 빈티지의 매출은 약 9%가 하락했다. 그러나 동일한 기간에 경쟁사의 매출은 거의 30%나 감소했다.

악평이 제품을 향상시킨다

유아용 가구 판매회사인 더 랜드 오브 노드(The Land of Nod)는 바자보이스와 같은 사이트에서의 소비자 평에 주의를 기울임으로써 제품을 향상시킬 수 있었다.

이 회사의 제품 중 어린이용 탁자는 5점 만점에 4.8점이었다. 소비자들은 이 제품에 매우 만족했으며, 90%가 '친구에게 추천하겠다'는 최고의 상품평을 남겼다. 그러나 상품평을 세밀하게 살펴보자, 탁자의 표면에 쉽게 흠집이 생기는 것이 단점이라는 소비자들이 많았다.

제품 디자이너들은 흠집이 잘 나지 않는 단단한 목재로 새 제품을 만들었다. 또한 회사의 마케팅팀은 이 제품의 단점을 거론했던 사람들에게 관심을 가졌다. 공개적으로 의견을 밝혔던 사람들에게 제품을 교환해줬다. 고객서비스가 훌륭해졌고, 만족한 고객이 열렬한 옹호자가 됐으며, 현재 이 회사에서 제품을 구매한 모든 사람은 그 회사가 고객의 의견에 귀를 기울인다는 점을 알고 있다.

상품평은 고객이 원하는 바를 알 수 있기에 제품 개발에 도움이 되고, 어떻게 하면 고객의 반향을 일으킬 수 있는지 알 수 있기에 마케팅 차원에서 큰 가치가 있다. 또한 상품평 자체가 최고의 홍보수단이 될 수도 있다. 고객이 세상을 향해 당신 회사의 제품을 칭찬하는 것이야말로 최고의 광고이기 때문이다. 따라서 상품평을 가장 중요한 측정기준이라고 말하는 사람들도 있다.

누구나 자신의 회사 제품에 대해 사람들이 "X라는 브랜드를 몇 년간 사용해왔는데, 식빵이 나온 이래로 최고의 발명품이야!"라는 식으로 말해주길 바란다. 이는 칭찬보다 중요하다. 또한 사람들이 당신 회사의 티셔츠를 입거나 배낭에 달린 당신 회사의 로고를 뽐내는 것보다 중요하다. 누군가 자신의 평판을 걸고 당신 회사가 가치가 있다는 말을 다른 이들에게 해주고 있는 것이다.

추천에 귀를 기울이자

순수 추천고객 지수(NPS, Net Promoter Score)는 궁극적으로 중요한 질문을 던진다. 즉, "당신이 우리 회사를 친구나 동료에게 추천할 가능성이 얼마나 되는가?" 하는 질문이 그것이다. 개발자 프레더릭 라이켈트(Frederick Reichheld)는 이것이 고객의 충성도를 파악할 수 있는 최고의 질문이라고 말한다. 프레더릭은 "추천고객(promoter)에서 비(非)추천고객을 뺀 NPS가 손익계산서에 영향을 주지는 않지만, 비추천고객은 회사의 장래를 망친다"고 말한다.

텍트로닉스, 순수 추천고객 지수에서 놀라운 결과를 발견하다

어떤 마케팅 벤치마크를 사용할지는 시험 및 측정장비 제조회사인 텍트로닉스(Tektronix)의 부사장인 마틴 에더링턴(Martyn Etherington)에게 단순한 문제였다.

시장을 주도하는 회사인 텍트로닉스는 고객확보 상황을 추적하는 많은 활동과 측정기준을 그리 긍정적으로 보지 않았다. 이 회사의 목표는 그보다는 이미 진행 중인 사업에서 성장시킬 부문을 찾는 것이었다.

텍트로닉스는 동기부여가 확실하게 돼 있었다. 다른 많은 회사들처럼 텍트로닉스도 1990년대에 다각화에 이은 합병과 경비절감으로 어려움을 겪었다. 그러나 이 회사는 첨단산업계의 위기에서 살아남았고, 보다 유기적이고 탄탄한 성장을 모색했다.

이 목적을 달성하기 위해서 2006년에 에더링턴은 텍트로닉스를 성장시킬 수 있다는 확신이 드는 저기술 측정기준에 중점을 두기 시작했다. NPS에서 드러나는 고객 충성도를 분석하는 것이었다. NPS는 고객 충성도 분야의 전문가인 프레더릭 라이켈트가 개발했으며, 그의 책 《1등 기업의 법칙(The Ultimate Question)》을 통해서 대중화된 개념이다. NPS에 따르면 "당신이 우리 회사를 지인에게 추천할 가능성이 얼마나 되는가?"라는 궁극적인 질문을 통해 고객의 충성도를 측정할 수 있다.

에더링턴은 "조사결과 그간 우리가 밀접한 관계를 맺고 있다고 여겼던 고객사 중 일부의 NPS가 예상과 반대로 나왔다"고 말한다.

에더링턴은 비전에지 마케팅(VisionEdge Marketing)의 사장인 로라 패터슨(Laura Patterson)과 협력해서 텍트로닉스의 단골고객사 40곳을 조사해 추천고객에서 '비추천고객'을 빼서 총 NPS를 산출했다. 또한 각 고객사의 개별적인 NPS 결과도 세심히 살폈다.

간단한 질문지

에더링턴의 주요 도구는 간단한 질문지였다. 질문지에는 ("당신이 우리 회사를 지인에게 추천할 가능성이 얼마나 되는가?"라는 궁극적인 질문 외에) 특정한 반응에 대한 이유를 묻는 질문들이 담겨 있었다. 질문지를 수거한 뒤에는 전화를 통해서 보다 심도 있는 내용을 알아냈다.

현재 텍트로닉스는 이 과정을 제도화했다. 회사의 웹사이트에 들어오는 방문자가 요구하는 기술지원 작업을 마무리하고 판매가 완료된 뒤에, 방문자 중 일부에게 앞서 말한 궁극적인 질문을 던진다. 텍트로닉스의 해외 지사 4곳은 매달 NPS 수치를 검토하며 분기별로 철저하게 연구한다. 또한 텍트로닉스는 자동화를 도입해서 NPS 결과를 추적하는 대시보드를 만들었다.

에더링턴은 이렇게 말한다.

"녹색으로 표시된 부분은 긍정적이라는 뜻이다. 붉은색으로 표시된 부분이 있으면 곧바로 전화를 통해 측정 결과를 반전시킨다. 사실상 이 도구는 부차적일 뿐이며, 주된 요소는 규율과 책임이다. 우리에게 해답을 주는 것이라면 스프레드시트나 접착테이프를 비롯해 그 어떤 도구라도 상관없다."

에더링턴에 따르면 NPS의 결과가 사내의 기대치와 딱 맞아떨어지지 않았기 때문에 일부 직원은 회의적이고 방어적인 태도를 보였다. 특히 영업부 직원들은 낮은 NPS 결과를 자신의 업무 실적을 비판하는 직접적인 척도로 봤다.

에더링턴은 "그러나 우리는 그런 목적으로 NPS를 사용한 게 아니었다. 우리는 NPS를 징벌의 수단이 아니라 향후 성장의 지표로 삼고 싶었다"고 말한다.

텍트로닉스는 이제 수동측정 단계가 완료됐기에, 고객경험관리를 담당하는 회사 새트메트릭스(Satmetirix)와 협력해서 더욱 자동화된 프로세스를 실행하기 시작했다. 이는 모든 사업 영역에서 매출을 늘릴 수 있는 정확한 지점을 추적하고, 고객의 행동 경향에 나타나는 복잡성을 상세하게 기술한다.

에더링턴이 말한다.

"우리는 지난 2년간 NPS가 높은 고객과의 거래에서 시장의 평균 성장률을 웃도는 성장세를 유지했다. 그리고 NPS의 평균수치를 향상시키기 위해, 즉 문제의 원천을 찾아내기 위해 노력 중이다. 지수가 가장 낮은 고객층은 단지 우리 회사와 맞지 않는 것일 수도 있다."

이 글은 원래 2008년 6월 9일에 비투비 온라인(www.btobonline.com)에 발표된 글이며, 비전에지 마케팅의 동의를 얻어 여기에 게재한 것이다.

"추천하겠는가?"는 흥미로운 질문이지만, 이 질문이 실제로 향후 실적으로 이어질 가능성에 대해서는 이견이 있다. "그렇다. 내 부동산 중개업자에게 추천할 의사가 있다. 그러나 나는 20년 동안 같은 집에서 살아왔고 앞으로 이사를 갈 계획이 없다", 또는 "그렇다. 내 치과 주치의에게 추천하겠다. 그러나 앞으로 그의 병원을 이용하지 않을 생각이다"라는 답변이 나올 수도 있다. 사업을 성장시킬 수 있도록 고객의 태도에 영향을 주는 방법과 지점을 파악하려면 세부적인 사항을 파

고들어야 한다.

제품, 웹사이트, 또는 회사에 변화가 일어날 경우, 문제가 있는 부분을 발견하고 여론의 변화를 추적하는 작업에는 아이퍼셉션스(www.iperceptions.com)와 오피니언랩(www.opinionlab.com)과 같은 여론조사 업체가 매우 유용하다.

포시 리절츠(www.foreseeresults.com)도 대중의 마음을 파악하는 데 유용하다. 현재 온라인에 많은 조사도구와 서비스가 있지만, 포시 리절츠는 미국 고객만족도 지수 모형을 사용한다는 점이 특징이다. 미국 고객만족도 지수는 일련의 인과관계 방정식을 통해서 고객의 만족도, 품질 인식, 가치 인식에서 고객만족도를 도출해낸다. 미국 고객만족도 지수는 대단히 엄격한 방법론을 적용해서 고객만족도의 경향을 추적하며, 미국 경제 전 부문에서 제품 및 서비스에 대한 만족도의 지표가 되고 있다.

포시 리절츠에서 볼 수 있는 흥미로운 요소는 2가지다. 첫째, 이 회사가 사용하는 지수가 기업의 재정 상태를 예측해준다는 것이다. 만족도 지수를 올리면 주식의 가치가 향상되고, 따라서 주가도 올라간다. 둘째, 이 회사는 가격, 웹사이트 및 콘텐츠, 콜센터의 문제해결 속도 중 고객만족도에 영향을 미치는 요인이 무엇인지를 알려준다. 고객은 가격이 가장 중요하다고 말하더라도, 가격보다는 회사 웹사이트의 검색 능력이 고객만족도에 더 큰 영향을 미칠 수도 있는 것이다.

지금까지 여론조사를 다뤘다는 점에 유념하기 바란다. 여론조사는 고객이 당신에게 하고 싶은 말을 대신 알려줄 뿐이다. 따라서 나는 고객과 직접 대화를 나누는 활동도 지속할 것을 적극적으로 권장한다.

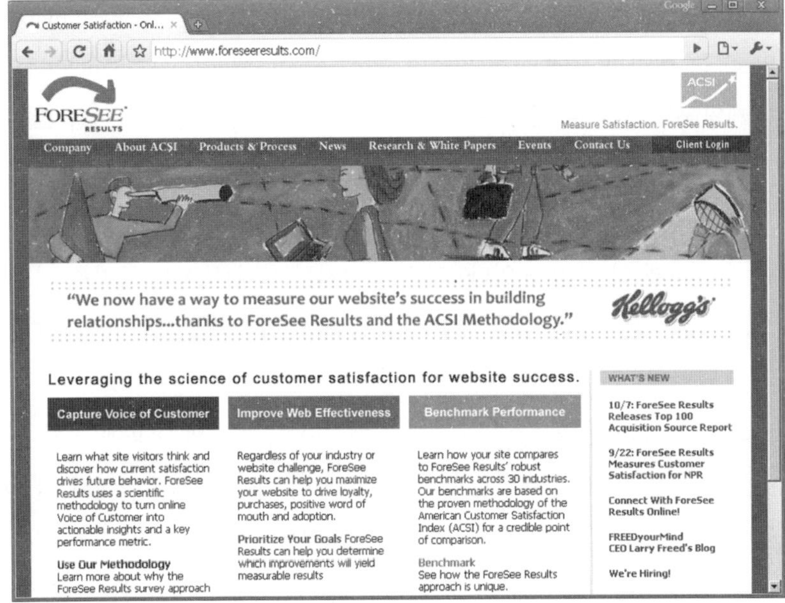

그림 6.1 | 포시 리절츠는 고객만족도 조사결과를 재정적 성과와 연계시켰다.

그러면 고객들은 당신에게 자신의 친구와 팔로어들이 어떤 제품과 서비스에 관심이 없는지, 당신 회사가 잘못하고 있는 점이 무엇인지를 말해줄 것이다. 그렇지만 사회적인 측면, 즉 고객들끼리 하는 이야기에 초점을 두자.

가장 간단한 추적 방법(게다가 무료다!)은 구글 알리미(Google Alert)이다. '(당신 회사/제품을) 추천하겠다'는 문장을 검색해보자(I would recommend [your product/company]). 모든 정서 분석과 마찬가지로, '……를 추천하지 않겠다'는 검색어로 살펴보는 것도 간단하지만, 이 방법은 농담이나 말장난이 들어간 경우에는 해석하기가 까다로워진다.

고객의 말에 귀를 기울이기란 어렵지만 유용하다.

광고 지원으로 웹사이트를 운영하는 〈워싱턴 포스트(Washington Post)〉는 페이지 뷰에 신경을 쓰며, 로셸 산치리코(Rochelle Sanchirico) 마케팅 선임이사는 페이스북과 트위터로 인한 자사 웹사이트의 트래픽을 모니터한다. 로셸은 해당 트래픽의 가치를 추적하며, 그저 페이지 수가 아니라 어떤 페이지인지까지 확인한다. 로셸은 "일부 페이지는 우리에게 더 가치가 있다. 그런 페이지는 보다 특정한 독자를 대상으로 하며, 광고주는 그런 페이지에 광고비를 더 지불하기 때문이다"라고 말한다.

그러나 〈워싱턴 포스트〉는 자사와 웹사이트, 기사의 내용에 대해 사람들이 하는 말에도 관심을 갖는다. 2009년 가을에 워싱턴에서 열린 웹 관리자 회의에서 로셸은 〈워싱턴 포스트〉가 사람들의 태도를 해석하고 추천 글을 찾는 데 어떤 도구를 이용하는지 알려달라는 질문을 받았다. 이에 대해 그녀는 '견습사원'이라고 답했다. 그렇다. 때로는 사람이 해야 하는 일도 있는 법이다.

불평에 귀를 기울이자

불평의 형태와 규모는 다양하다. 일반적인 불평은 그저 참고만 해야 하지만, 고마운 마음으로 받아들여야 하는 불평도 있다. 사람들이 제품의 특정한 기능이나 서비스의 실수를 불평하면, 같은 생각을 하는 사람이 몇 명인지, 그리고 시간이 지나면서 그들의 태도가 변하는지를 측정해보자.

불평이 대중의 관심을 받으면?

불평에 귀를 기울이는 주된 이유는 소셜 네트워크의 특성인 밀접한 상호연결성 때문이다. 누군가 어떤 이유로 당신 회사에 불만을 가지고 비판을 하기 시작하면 얼마 지나지 않아서 대중에게서 공개적으로 호된 질타가 쏟아질 가능성이 있다.

유튜브에서 '유나이티드 항공사, 기타를 부수다(United Breaks Guitars)'라는 동영상이 선풍적인 인기를 끌었던 경우를 기억하는가? 작곡가 데이브 캐럴(Dave Carroll)이 들려주는 이야기를 아래에 요약한다.

> 2008년 봄에 선스 오브 맥스웰(Sons of Maxwell, 데이브와 돈 형제로 구성된 그룹-옮긴이)은 일주일간의 여행을 위해 네브래스카로 향했다. 경유지인 시카고에서 유나이티드 항공사의 수하물 직원이 내 테일러(Taylor) 기타를 던지는 장면을 목격했다. 나중에 보니 3,500달러짜리 기타가 심하게 망가져 있었다. 유나이티드 항공사는 그 일이 일어났다는 사실을 부인하지 않았지만, 이로부터 9개월간 내가 이야기를 나눴던 여러 직원은 책임을 다른 사람들에게만 돌리려 했다. 결국 아무 배상도 해주지 않겠다는 답변이 돌아왔다. 그래서 나는 최종적으로 배상 '거절'을 통보한 직원에게, 유나이티드 항공사에서 겪은 내 경험을 노래 세 곡에 담아 그 노래들을 동영상을 제작해서 인터넷에 올려 전 세계 사람들이 보도록 하겠다고 말했다(http://www.davecarrollmusic.com/ubg/story).

그리고 데이브 캐럴은 자신의 말을 실행에 옮겼다. 결과가 궁금한가? 그의 동영상은 유튜브에서 대대적인 인기를 끌었다(http://www.youtube.com/watch?v=5YGc4zOqozo, [그림 6.2] 참조).

순수한 홍보의 관점으로 보면 귀를 기울이는 것이 필수적이다. 그러나 의외의 일을 기다리며 그저 귀를 기울이고 있는 쪽보다는 불평을

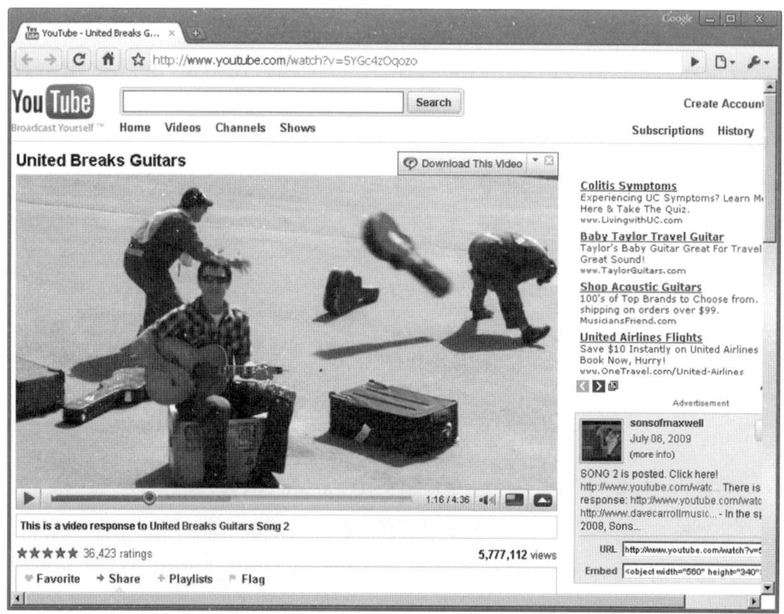

그림 6.2 | 적어도 50만 명 이상은 유나이티드 항공사의 비행기를 이용해도 될지를 놓고 망설이게 될 것이다.

모니터하는 쪽이 훨씬 가치가 있다.

주제의 변동 경향

당신 회사의 소프트웨어가 안정적인지, 폐수가 깨끗한지, 가격이 경쟁력이 있는지에 대한 의견은 시간이 지나면서 바뀔 것이다. 불평을 추적해 경향을 파악하면 해결해야 할 문제의 우선순위를 정할 때 유용한 정보를 얻게 된다.

당신이 자동차 회사에 근무한다고 상상해보자. 아주 간략하게 만든 예인 [그림 6.3]은 시간이 지나면서 일어난 대화의 변화 경향을 보여준다. 자동차, 특정 브랜드, 특정 모델에 관한 한 환경문제가 가장 유행

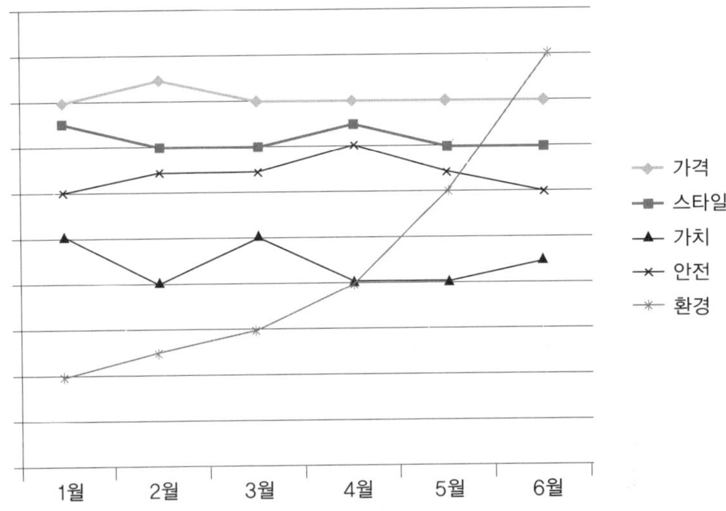

그림 6.3 | 대중의 관심이 환경에 쏟아졌으며, 이런 관심이 계속 커지고 있다는 강력한 신호가 자동차 회사에 전달된다.

하는 주제임을 알 수 있다.

분노가 담긴 트윗

당신의 회사는 과거에 공개적으로 당신의 회사에 대해 야단스럽게 소란을 피우는 고객을 겪었거나 언젠가는 맞닥뜨리게 될 것이다. 그들은 블로그나 포럼이 아닌 트윗 공간에서 소리를 지른다.

이들이 주체할 수 없는 분노를 트위터에서 터뜨리는 가장 만만한 대상은 휴대전화 서비스다.

- 에어로플랜(Aeroplan) + 이들의 비유연성 = 형편없는 고객서비스.
- 모뎀을 켜는 데 1시간, 버라이즌(Verizon, 미국의 정보통신 회사—

옮긴이)의 자동응답기가 지껄이는 무의미한 소리를 듣는 데 30분
이 걸렸다.

- 우와, AT&T는 NYC에서 완전히 쓰레기야. 하루 동안 통화 중에
끊어진 횟수가 토론토에서 3년간 겪은 것보다 많아!

어떤 회사가 최악인지를 놓고 다른 의견을 보이는 사람들도 있다.

- 아이고! AT&T가 아무리 형편없다지만 크리켓 와이어리스(Cricket
Wireless, 미국의 정보통신 회사−옮긴이)보다 형편없을까!
- 1,000배 더 심각! 한 시간 동안 전화통을 붙잡고 있었지만 직원과
연결이 안 됨! #서비스 실패.

이 정도면 트위터에서 당신 회사의 이름과 '#서비스 실패' 해시태
그를 검색해보는 것도 좋을 듯하다.

그러나 특정한 트위터 계정과 당신의 회사 로고에 사용금지 사선이
그려진 아이콘과 더불어 당신 회사 전용으로 새 해시태그가 생기면,
고객만족도에 문제가 있다는 뜻이다([그림 6.4] 참조).

나는 이를 '중대한 순간'이라고 칭하는데, 이는 당신 회사의 고객서
비스가 참을 수 없는 수준이라는 점을 보여주는 훌륭한 측정기준을 트
위터가 제공한다는 전제를 기반으로 한다. 사람들이 키보드를 통해서
대중에게 불평해야 할 정도라면, 이는 진지하게 대응해야 할 커다란
문제점이라는 뜻이다.

당신 회사의 제품과 서비스를 폄하하는 사람은 늘 존재할 것이다.
특히 당신 회사가 휴대전화 서비스 회사라면 더욱 그렇다. 그렇지만

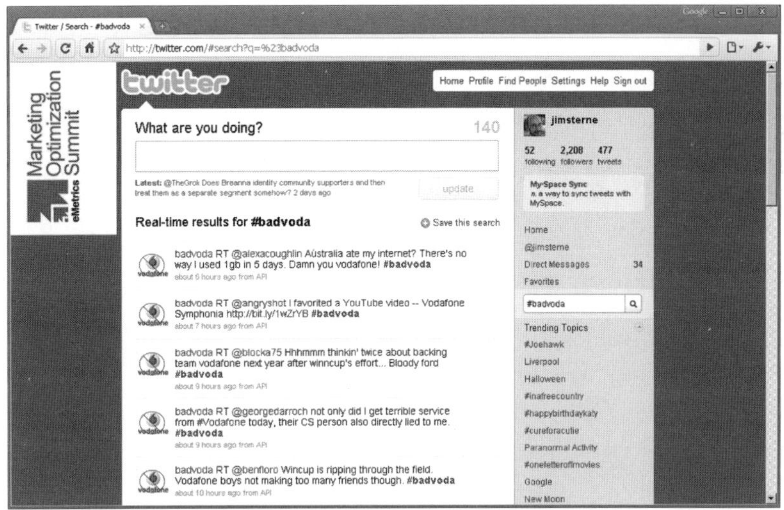

그림 6.4 | 보다폰(Vodafone) 고객이 뭉쳐서 불만을 토로하고 있다.

사람들이 '문제를 공개적으로 항의하며 거리 시위에 나서기' 전에 대처할 수 있도록, 불평 글의 빈도와 새로운 내용을 염두에 두거나 최소한 대시보드에 기록해놓아야 한다.

참여를 요청하자

소셜미디어의 기본 전제는 소셜미디어가 실제로 존재하며, 통제할 수 없다는 것이다. 사실 통제할 엄두조차 내서는 안 된다. 그러나 보다 가까워질 수는 있다. 당신 회사의 웹사이트에 사회적인 측면을 가미해서 사람들이 분명한 주제, 즉 당신 회사의 제품과 서비스에 대한 대화에 참여하도록 권장할 수 있다.

당신이 스타벅스에게 원하는 바는 당신 스스로가 잘 안다. 그러니 우리에게 말해주기 바란다. 당신의 스타벅스 아이디어는 무엇인가? 아무리 단순한 아이디어라도 좋다. 우리는 당신의 의견을 듣고 싶다. 당신의 아이디어를 공유하고, 다른 사람의 아이디어에 대한 당신의 생각을 우리에게 알려주고, 토론에 참여해보자. 우리는 아이디어를 현실로 만들 준비를 갖췄다. 시작해보자(http://mystarbucksidea.force.com).

이는 크라우드소싱을 활용하는 단순한 아이디어다. 고객에게 당신 회사의 서비스를 개선할 방법을 말해달라고 요청해보자. 그러고 나서 들어온 제안을 평해달라고 요청해보자. 이어서 제안된 내용에 투

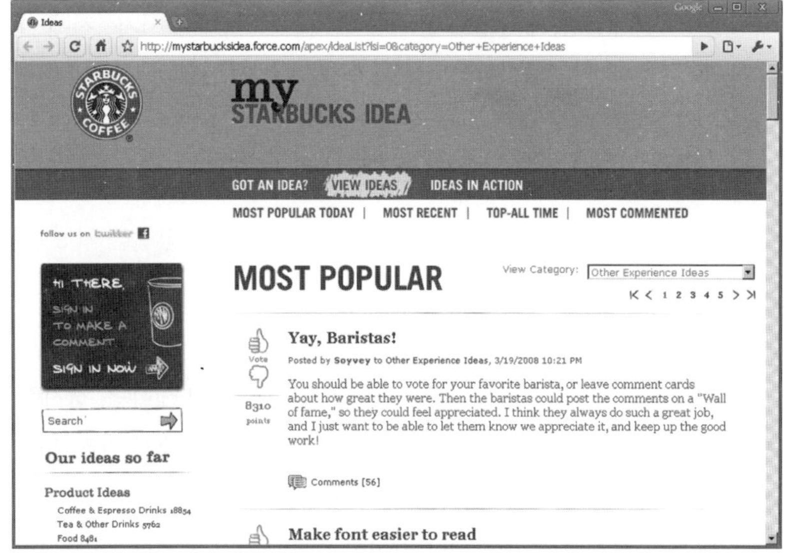

그림 6.5 | 스타벅스 고객은 서비스 제공자(바리스타)와 더욱 가까워지고 싶어 한다. 회사 입장에서는 최고의 희소식일 것이다.

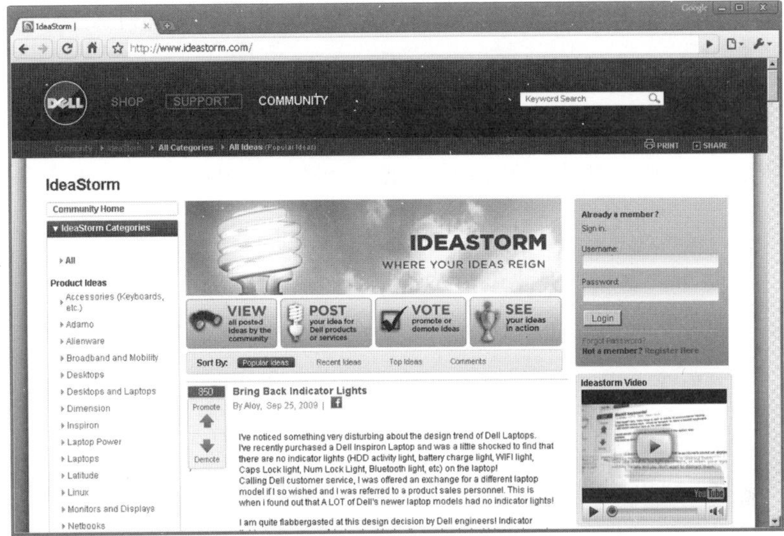

그림 6.6 | 소비자가 볼 때 델의 아이디어스톰(IdeaStorm)은 즉각적으로 성공을 거뒀다.

표를 해달라고 해보자. 스타벅스에서 고객이 낸 가장 인기 있는 아이디어가 궁금한가? 스타벅스 직원을 칭찬해주자는 아이디어였다([그림 6.5] 참조).

이런 발상은 컴퓨터 제조 및 판매 회사인 델에서 큰 성공을 거뒀다. 델은 2007년 2월에 아이디어스톰(www.ideastorm.com)을 개설했다([그림 6.6] 참조).

아이디어스톰은 기획에서 실행까지 단 3주가 걸렸다. 델은 진지하게 고객의 생각을 알고 싶어 했다. 델 정도 규모의 회사에서 이런 활동이 펼쳐졌다는 것은 최고 경영진이 승인했다는 뜻이다.

아이디어스톰의 책임자인 비다 킬리언(Vida Killian)은 이렇게 말한다. "이는 아이디어스톰이 CEO 마이클 델(Michael Dell)의 아이디어였음을 의미한다. 마이클은 세일즈포스닷컴의 CEO 마크 베니오프(Mark Benioff)로부터 이 아이디어에 대해 들었다. 그리고 마이클은 전 세계 사람이 델에 아이디어를 제공할 수 있는 간편한 방법과 아이디어의 우선순위를 매길 방법을 찾고 싶어 했다. 마이클로부터 원하는 바를 들은 우리는 몇 달 뒤에 마무리하겠다고 말했다. 그러자 그는 3주 안에 마무리하는 건 어떻겠냐고 물었다. 그래서 우리는 매우 신속히 아이디어스톰을 개설했고, 2주 만에 아이디어가 약 2,000개나 들어왔다.”

마케팅 활동은 전혀 하지 않았다. 델은 몇 주간 매우 한정된 청중들을 대상으로 베타 버전을 가동한 이후에, 마이클 델이 한 컨퍼런스에서 이에 대해 발표했다. 소문이 빠르게 퍼졌다. 현재 아이디어스톰은 일주일에 아이디어 400개 이상이 들어오는 안정된 상태에 접어들었다. 고객은 델이 귀를 기울인다는 점에 흥분한다. 델은 제품 향상을 위한 제안을 고객으로부터 받을 수 있고, 다른 고객이 그런 아이디어에 투표를 해주는 상황이 기쁘기 그지없다. 이 모든 것이 간편한 측정기준이다([그림 6.7] 참조).

비다는 고객의 반응에 아주 만족하지만, 사내의 반응을 말하는 데는 약간 주저하면서 이렇게 말한다.

“100% 성공이라고는 할 수 없다. 두 팔을 활짝 벌려 아이디어스톰을 환영하는 부서가 있다. 그들은 적극적으로 피드백을 받아들이고 일상 업무에서 이를 활용한다. 그리고 아이디어스톰에 관심이 있지만 해당 사업에서 적절한 부분에 맞는 적절한 아이디어를 찾기가 너무 어렵기 때문에 관련된 정보를 찾도록 내가 도움을 줘야 하는 부서도 있다.

그러나 세부사항을 다 모르기 때문에 그다지 관심이 없는 부서도 일부(아주 소수) 있다. 그들은 아이디어가 어떤 고객층에서 나오는지를

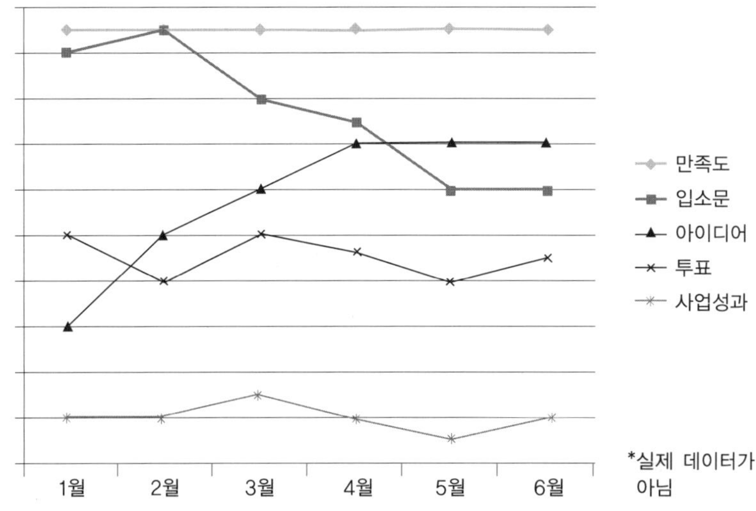

그림 6.7 | 아이디어스톰은 사업성과를 제외한 모든 항목이 긍정적이다.

모른다. 그들은 타깃 청중을 걱정한다. 따라서 우리는 그런 사업 부문의 참여도를 높이는 데에 중점을 둔다.”

비다는 아이디어스톰의 카테고리를 모니터한다. 그녀는 적절한 아이디어를 인기, 최신, 최고 아이디어로 확실히 걸러낸다. 가장 인기 있는 아이디어가 아무런 성과를 못 거두기도 한다. 모두가 휴대용 컴퓨터용 표준 파워케이블이라는 아이디어를 마음에 들어 해도, 이는 시행이 거의 불가능하다. 파워서플라이가 장치에 따라서 다르며, 플러그는 물론이고 전압 자체도 세계적으로 표준화되어 있지 않기 때문이다. 그러나 아이디어스톰이 매우 훌륭한 아이디어인 것은 분명하다.

비다가 열정적으로 말한다.

“실행하기 쉬운 아이디어나 이미 우리가 제공, 또는 계획 중인 아이디어, 여러 집단에서 관심을 갖는 아이디어 등을 내가 직접 걸러내어 적절한 부서로 전달한다. 적절한 아이디어인지 파악하고, 그 아이디어를 제안한 사람에 대한 세부사항, 그리고 그 아이디어에 대해 동의한 사람들과 반대한 사람들을 올바로 파악하는 것이 비결이다. 사내에서 이와 관련된 문화와 환경을 조성하는 활동을 설명하자면, 나는 제품개발 주기를 이해하기 위해 제품팀과 협력해서 작업한다. 제품팀이 아이디어를 얻을 수 있는 최적의 시기가 언제인지 파악한 후, 제품팀이 날마다 사이트에 들어가서 확인할 필요가 없도록 보고서를 제출한다."

비다는 사내에서 파악하고 있어야 할 사항이 아주 많다. 제품개발 담당자들의 아이디어가 빛을 발할 수 있는 시기와 방법을 알아야 한다. 일주일 뒤에 출시할 신제품이 있다면 그들에게 새로 들어온 아이디어의 전달을 유보하는 게 낫다.

"신제품 출시 직후가 아이디어를 찾을 최적의 시점이다. 예를 들어 우리 회사는 래티튜드(Latitude) 모델을 D시리즈에서 E시리즈로 완전히 업그레이드했다. 개발팀은 아이디어스톰에 열심히 참여했으며, 여기에서 나온 핵심 아이디어 6개를 제품에 적용했다. 대대적으로 출시 발표를 하고 난 후, 새로운 E 시리즈가 사람들의 마음에 들었음을 알 수 있는 아이디어들이 접수됐다. 물론 사람들은 더 많은 것을 원했다. 어쨌든 제품팀은 다음 제품을 기획하는 단계였기 때문에 새로운 아이디어에 귀를 기울일 만반의 준비가 돼 있었다. 피드백에 대한 준비가 돼 있었던 것이다."

비다는 아이디어 수와 투표 수 외에 다른 측정기준도 눈여겨본다.

"우리는 회원가입자 수, 아이디어의 수, 투표자 수, 댓글 수의 측면에서 트래픽을 모니터한다. 기본적인 트래픽 수치들을 주시하고 있는 것이다.

또한 최근에는 최우수 이용자에 대한 분석을 끝냈다. 자연스럽게 그들을 알게 되기 때문이다. 아이디어스톰 사이트를 정기적으로 방문하는 이용자들이 정해져 있다는 뜻이다. 현재 올라온 댓글 8만 2,000개 중에서 80%가 450명이 남긴 것이다. 온라인 커뮤니티의 1% 규칙(사용자 중 1%가 기여를 하는 인터넷 문화 — 옮긴이)이 적용되는 셈이다."

매우 인기가 있고 실현 가능한 좋은 아이디어라면 그 어떤 회사라도 거부할 이유가 없을 것이다. 비다는 이렇게 말한다.

"아이디어 스톰에 올라오는 아이디어 중에서 약 11%가 리눅스(Linux)와 관련돼 있다. 처음 2주 동안에 리눅스를 OS로 탑재해달라고 요청하는 글이 2,000개 올라왔으며, 우리 회사는 3달 뒤에 리눅스를 제공했다. 리눅스 커뮤니티는 대단히 활기가 넘치며, 우리 회사의 리눅스 개발팀원 2명이 커뮤니티 사이트에서 지속적으로 활동하면서 바이오스(bios) 드라이버의 출시와 업데이트 시기, 유럽 및 다른 나라에서 이런 제품을 제공할 시기 등을 묻는 질문에 답변을 한다."

비다는 아이디어만 읽고 댓글은 달지 않은 사람의 수, 재방문을 하거나 하지 않는 시간 간격, 가장 댓글을 많이 다는 사람 등의 다양한 측정기준에도 주의를 기울인다. 그러나 다른 방향에도 관심을 기울인다.

"우리는 설문조사를 하고 포커스 그룹(focus group, 시장조사나 여론조사를 위해 각 계층을 대표하는 소수의 사람들로 이뤄진 그룹 — 옮긴이)을 운영한다. 나는 아이디어스톰이 우리가 믿는 유일한 도구가 아니라 전체 측정 과정의 일부가 되길 바란다."

델은 2010년에 회원들의 동의를 얻어 이들의 아이디어스톰 아이디를 델닷컴(dell.com)의 프로필에 링크할 계획이다. 이렇게 되면 델은 아이디어를 낸 익명의 인물이 누구인지를 알 수 있으며, 그 사람의 아이디와 그 사람의 온라인에서의 행동을 연결해서 파악할 수 있다. 그 결과 행동별 고객 분류가 세부적으로 이루어질 것이다. 누가 창의적인지 파악할 수 있고, 그들이 델 웹사이트에서 행동하는 형태를 지켜볼 수 있다.

델은 아이디어스톰이 성공했다고 생각할까? 그렇다. 델은 고객용 대규모 비공개 버전을 검토 중이며, 임플로이스톰(EmployeeStorm)이라는 사내 버전을 이미 운영하고 있다. 임플로이스톰은 쉽게 말하면 인트라넷에 있는 거대한 건의함이라고 보면 된다. 임플로이스톰에는 아이디어스톰의 절반에 맞먹는 수의 아이디어가 올라온다. 직원과 고객의 인원수 차이가 엄청나다는 점을 감안하면 임플로이스톰에 올라오는 아이디어의 수는 사내 직원들의 관심이 그만큼 크다는 것을 반영한다.

지금까지 아이디어스톰은 수천 개의 아이디어를 확보했고, 수십만 명이 투표를 했으며, 수만 개의 댓글이 달렸다. 그리고 그중에서 수백

전체 상황

델 커뮤니티의 기록

- 고객이 낸 아이디어 수 : 1만 2,844개
- 추천 수 : 69만 6,328회
- 댓글 수 : 8만 7,441개

델의 기록

- 아이디어 389개 실행

그림 6.8 | 델이 운영하는 아이디어스톰의 각종 수치만 봐도 이것이 성공적임을 알 수 있다.

개의 아이디어가 실행됐다([그림 6.8] 참조).

비다는 모든 것이 잘되고 있는 것 같다고 말한다.

"골프를 몇 번 쳐본 적이 있다. 골프공을 제대로 맞추면 흥분이 된다. 공이 목표했던 곳으로 날아가기 때문이다. 마찬가지로 진짜 멋진 아이디어가 접수되어 적임자를 찾아 적절한 시기에 전달되면 마법 같은 일이 펼쳐지는 것을 보게 된다."

누구나 측정기준을 제대로 사용하면 이런 마법을 경험할 수 있다.

기여를 요청하자

진정으로 투명한 회사라면 제품 디자인 및 개발 과정에 고객을 참여시킨다. 고객의 참여 과정은 포커스 그룹과 설문조사로 시작되어 자문위원회와 협력팀으로 마무리된다. 그 다음 단계는 고객서비스팀의 일원으로 참여하도록 사람들을 유도하는 것이다.

일부 회사는 포럼에 글을 올린 고객의 수를 추적하고 다른 사람의 질문에 가장 유용한 답변을 남긴 사람에게 계속 관심을 기울인다.

모토로라는 고객이 자신의 '사용자 설명서'를 올릴 수 있는 위키를 처음 만든 회사 중 하나다. 모토로라는 신형 휴대전화인 모토 큐(MOTO Q)를 출시하면서 퀵 스타트 가이드, (PDF) 제품 설명서, FAQ와 같은 각종 온라인 고객지원 방법을 동원했다. 따라서 고객은 전화 사용법에 대한 모든 공식 설명서를 이용할 수 있게 된 셈이었다. 그러나 모토로라는 이 정도로 만족하지 않았다.

모토로라 측은 이렇게 말한다.

"모토 큐에 이용할 수 있는 애플리케이션이 계속 확대될 것이기에, '이상적인' 사용자 안내서 역시 갱신되어야 한다. 위키는 이를 위한 시도다. 위키는 계속 확대되는 모토 큐 사용자 커뮤니티에서 나온 지식을 얻고 공유하는 장이다. 예를 들어 누군가 모토 큐에 새 애플리케이션을 추가했다면 모토 큐의 모든 사용자를 위해서 그 방법을 설명하는 글을 올리는 식이다."

고객이 다른 고객을 도울 수 있게 하자. 때로는 고객이 당신 회사의 제품에 대해 당신보다 더 잘 알 수도 있다.

들었다면 반응하자

지금까지는 열심히 귀를 기울였기에, 이제는 거기에 반응할 때가 됐다.

델은 델 아웃렛 트위터(Dell Outlet Twitter)를 운영하면서 트위터를 통해 고객서비스도 관리하고 있다. 이를 보면 델이 트위터에 상당히 노력하고 있음을 알 수 있다([그림 6.9] 참조).

트위터의 성공을 어떻게 측정해야 할까? 에릭 T. 피터슨은 이 질문에 대한 답을 알기 위해 벤 그림즈(Ben Grimes)와 인터뷰를 한 후, 그 내용을 회사 블로그에 올렸다. 벤은 마케팅 최적화솔루션 제공 회사인 옴니추어의 고객서비스 및 고객지원 책임자다. 벤은 트위터가 중요하다는 사실을 깨닫고 @OmnitureCare로 가입을 하고는 즉시 친구와 팔로어가 던지는 질문을 처리하기 시작했다.

"트위터 지지자로서 당신에게 성공의 척도는 무엇인가?"라는 에릭의 질문에 벤은 이렇게 답했다.

그림 6.9 | 델은 트위터에서 컴퓨터를 판매하는 동시에 고객의 평가와 불만에도 귀를 기울이고, 이에 반응한다.

"물론 반응시간과 해결시간이 KPI, 즉 핵심성과지표다. 고객의 지지와 고객과의 관계관리는 말할 필요도 없다. 현재 내 목표는 나와 교류하는 고객 100%가 옴니추어를 활용하는 능력에 자신감을 갖게 하는 것이다. 내가 지식을 전파하고 고객이 우리 회사의 도구에서 더욱 많은 가치를 얻어내도록 도울 수 있다면 항상 성공이라고 할 수 있다."

벤의 말이 전적으로 옳다. 그런데 고객이 수백만 명인데 지지자는 수천 명인 회사의 측정기준은 무엇이 될 수 있을까?

고객서비스 트윗

베스트 바이(Best Buy, 미국의 대형 전자제품 전문 유통회사-옮긴이)는 고객의 제안이 갖는 가능성을 깨닫고, 스타벅스나 델과 같은 온라인

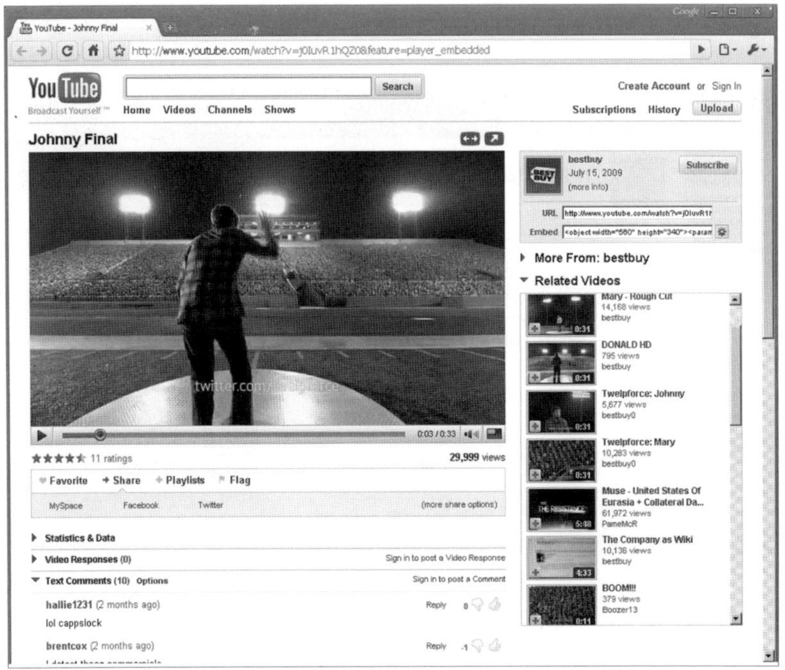

그림 6.10 | 베스트 바이의 이 TV 광고를 통해서 많은 이들이 처음으로 트위터를 알게 됐다.

제안함을 만들었다. 여기에 트위터를 통한 모든 고객의 요구에 즉각 조치를 취하면서 선풍을 일으켰다. 그중에서도 대대적인 선풍은 커다란 경기장 한가운데에 홀로 서 있는 고객을 향해 관중석에 앉은 베스트 바이의 서비스 직원 수천 명이 앞다퉈 답변하는 TV 광고가 방송됐을 때 일어났다([그림 6.10] 참조).

'트웰프포스(Twelpforce)'는 어떤 내용이든 고객이 트위터에 올리는 질문에 직원이 바로 답변을 하는 고객서비스 시스템이다. 모든 직원이 전화교환대로 뛰어가 걸려오는 전화를 받는 모습과 비슷하다. 단, 트웰프포스는 답변하고 싶은 질문을 먼저 확인할 수 있다.

존 버니어(John Bernier)는 베스트 바이의 소셜미디어 책임자 중 한 명이다. 그가 여러 명 중 '한' 명이라면 얼마나 많은 책임자가 있는 것일까? 존 버니어는 이렇게 말한다.

"우리 회사에서 소셜미디어를 향한 여정은 상당히 자연스러웠다. '소셜미디어 수석 책임자 한 명에 책임자 두 명이 있고 각각은 소셜미디어 업무 파트 8개를 관리한다' 는 식의 계급구조가 없다. 그보다는 자연스러운 공동 노력으로 이루어진다.

직원 고객관리 그룹(Employee Customer Care Group)은 작년에 베스트 바이 포럼을 만들었으며, 법률팀과 협력해서 공개 블로그와 소셜미디어 활동에 대한 지침서를 개발했다. 이 지침서는 방향을 제시해주는 일종의 안전장치다. 직원들 중 자신들 개개인이 온라인에서 보이는 태도의 중요성을 깨닫지 못할 가능성이 있는 직원을 위해 이를 제정했다. 매장근무 직원은 사람들에게 베스트 바이의 직원이라고 말할 때 자신이 베스트 바이 브랜드의 평판을 좌우할 수도 있음을 알아야 한다.

지침서의 내용은 그리 심한 제약을 담고 있지 않다. 고객의 기대치를 충족시키는 방법은 다양하기 때문이다. 직원이 우수한 서비스를 할 수 있는 독특하고 새로운 방법이 많이 나올 것이다."

그렇다면 베스트 바이는 그러한 프로그램의 가치를 측정할 때 어떤 기준을 사용할까?

존은 측정하고 싶은 점이 많지만 아직은 그럴 수가 없다고 인정한다. 트웰프포스를 델 아울렛과 비교하면 어떤 장단점이 있을까? 긍정적인 입소문이 전국의 수많은 매장의 고객 수에 어떤 영향을 끼칠까? 커뮤니케이션 도구가 브랜드의 미래에는 어떤 도움을 줄까?

현재 베스트 바이 팀은 브랜드 가치를 추적하고 있다.

- 트웰프포스는 베스트 바이에 대한 인상에 긍정적으로 영향을 미쳤는가, 아니면 부정적으로 영향을 미쳤는가?
- 베스트 바이가 연중무휴라는 점을 트웰프포스 덕분에 더 잘 알게 됐는가?
- 베스트 바이가 전문가 조언을 제공한다는 점을 트웰프포스 덕분에 더 잘 알게 됐는가?
- 베스트 바이에 문제해결 능력이 있음을 트웰프포스 덕분에 더 잘 알게 됐는가?
- 트웰프포스 덕분에 베스트 바이 매장을 방문하게 됐는가?

영업부 및 고객서비스 부서에게 트위터 측정기준이 희망이 될 수 있을까? 존은 그렇다고 말한다.

"그렇게 될 것이라고 생각한다. 내가 격차를 인식했으니까 말이다. 다른 이들도 격차를 인식했고, 그 격차를 메울 수 있는 방안을 개발할 사람들이 있다."

존은 계절별 매출, 콜센터로의 통화량 감소, 사람들이 전화 통화보다 트윗으로 올리고 싶어 하는 사안의 형태 변화를 추적하게 될 날이 오기를 고대하고 있다. 그날이 올 때까지는 "우리 회사의 직원들은 거의 8주 동안 총 8,000개 이상의 질문에 답변을 했다"고 말하는 그의 얼굴에 미소가 서릴 것이다.

곤경에 대처하기

당신에게 닥친 문제를 트윗을 통해서 해결했고, 그 방법을 언론, 블로그, 트위터가 모두 공유할 때 발생하는 호감도를 측정할 수 있을까?

물론 가능하다.

버진 아메리카(Virgin America, 이 항공사는 기내에서 와이파이 서비스를 제공한다―옮긴이)에 물어보면 알 수 있다. 이 항공사는 비행 중에 트윗을 올린 고객에게 도착지의 게이트에서 보상 쿠폰을 제공했다.

스텁허브(StubHub, 미국의 운동경기 및 공연 예매 사이트―옮긴이)에 물어봐도 알 수 있다. 〈뉴욕 타임스〉에 따르면 스텁허브는 '우천으로 지연된 양키즈―레드 삭스의 경기 이후에 블로그에 부정적인 정서가 갑자기 급증' 하는 것을 감지했다. 경기장 관계자가 실수로 경기가 취소됐다고 수백 명의 팬에게 말했지만, 경기가 열렸던 것이다. 스텁허브는 경기가 실제로 열렸다는 점을 근거로 팬들의 환불 요청을 거절했다. 그러나 이 회사는 온라인에서 여론이 들끓기 시작하자 손해를 본 팬들에게 할인 혜택과 포인트 점수를 줬다. 스텁허브는 현재 악천후로 인한 경기에 대한 회사 정책을 재검토하고 있다. 스텁허브의 고객서비스 책임자인 존 웰란(John Whelan)은 "우리에게 소셜미디어는 일어날 위험을 경고해주는 존재다"라고 말한다(www.nytimes.com/2009/08/24/technology/internet/ 24emotion.html).

보조 도구

나는 책을 쓸 때 특정한 도구를 너무 자세히 설명하지 않으려 노력한다. 도구가 너무 빠르게 변해서 특정한 시스템이나 서비스를 열거하면 시간이 지나면서 혼란을 불러일으키기 때문이다. 그래서 나는 그런 역할을 포레스터 리서치 및 가트너 리서치(Gartner Research)처럼 도구를 알려주는 전문업체나 다양한 도구에 대한 정보를 소개하는 수많은 불로거들에게 넘기려 한다.

블로그와 트윗은 물론 인터넷 쇼핑몰 아마존과 오버스톡(Overstock)에 게재된 상품평을 수집하는 테라그램 정서 분석 매니저(Teragram Sentiment Analysis Manager, 2008년 SAS에 인수되었다-옮긴이)와 같은 신생업체부터 버즈메트릭스(BuzzMetrics, http://en-us.nielsen.com/content/nielsen/en_us/product_families/nielsen_buzzmetrics.html)를 제공하는 닐슨(Nielsen)과 같이 전통 있는 회사에 이르기까지, 각 회사는 자체의 특별한 도구를 시장에 제공한다.

청취의 8단계

소셜미디어 전략가인 예레미야 어우양은 2009년 11월 10일에 블로그에 올린 포스트에서 소셜미디어 청취의 성숙 모형을 자세히 설명했다(www.web-strategist.com/blog/2009/11/10/evolution-the-eight-stages-of-listening).

웹 전략 매트릭스(Web Strategy Matrix) : 청취의 8단계

단계	내용 설명	필요한 자원	영향
1) 목적이 전혀 없음	회사에 청취 프로그램이 있지만 목표가 없고 정보를 사용하지 않는다.	구글 알리미와 같은 알림 도구와 피드리더면 적당하다.	기본적으로는 스스로 알고 있다. 그러나 데이터를 바탕으로 행동을 취하지 않으면 쓸모가 없다.

2) 브랜드가 언급된 내용을 추적	전통적으로 언론에 보도된 '기사를 스크랩'했던 것처럼 현재 회사들은 소셜 공간에서 자사의 브랜드나 제품에 대한 언급을 추적한다. 그러나 추적한 다음에 뭘 어떻게 할지에 대한 지침이 없다.	브랜드나 제품의 키워드를 바탕으로 한 보고 능력으로 플랫폼에서 나오는 이야기를 듣는다. 라디언 6(Radian 6), 비저블 테크놀로지스(Visible Technologies), 테크리지/알테리안(Techrigy/Alterian), 버즈메트릭스, 심포니(Cymfony), 다우존스(Dow Jones)가 도구를 제공한다.	정보의 양을 추적할 정도로 인식이 향상됐지만 대화의 분위기나 깊이는 추적할 수 없다. 그 결과 기회를 전혀 알지 못한다.
3) 시장의 위험과 기회 파악	사전에 대책을 강구하는 이 과정은 대중의 불만, 혹은 미래의 기회를 발견할 수 있는 온라인상의 대화를 찾아낸다.	담당 직원은 대화에 귀를 기울일 뿐만 아니라 토론을 적극적으로 찾아내서 사내 팀에 알려야 한다. 알리미 도구와 청취 플랫폼이 필요하다.	회사는 대중의 불만이 널리 퍼지기 전에 위험을 줄일 수 있고, 장래의 기회를 파악할 수 있으며, 불만이 있는 경쟁사의 고객을 뺏어올 수 있다.
4) 광고 효과 향상	마케팅 작업이 끝난 다음에 그 성과를 측정하는 게 아니라, 진행 중의 행동을 측정하는 도구를 사용해서 실시간으로 마케팅의 효율성을 진작시킨다.	마케팅 노력에 대한 반응, 활동, 정서를 관리하는 전용 자원, 거의 실시간으로 과정을 바로잡을 수 있는 자원. 옴니추어, 웹트렌즈, 구글 웹 분석과 같은 전통적인 웹 분석도구가 일반적이다.	활성화된 구역이 강화되고 정체된 구역이 사라지기 때문에 광고가 더욱 효과적이다.

5) 고객만족도 측정	회사는 고객만족도 지수를 측정할 수 있다. 또한 고객이 상호작용을 하면서 느끼는 정서를 실시간으로 측정할 수 있다. 시소모스(Sysomos)와 백타입(Backtype)은 이 부분에 초점을 맞추고 있다.	고객경험 분야의 전문가들은 청취 플랫폼과 정서 분석을 활용해서 작업 범위를 소셜 웹으로 확대할 것이다. 커뮤니스페이스(Communispace)와 패신저(Passenger)와 같은 플랫폼이 온라인 포커스 그룹 솔루션을 제공한다.	현재 회사는 고객과 상호작용을 하는 실제 단계에서 만족도나 불만의 영향을 실시간으로 측정할 수 있다. 그런 다음에 고객이 고객으로 존재하는 기간에 만족도를 높일 부분을 파악할 수 있다.
6) 고객의 문의에 대응	이 사전 대응은 질문에 답하기 위해서 고객이 있는 곳을 찾아낸다(물고기가 있는 데서 낚시를 해야 한다). 예를 들어 컴캐스트케어스(Comcastcares)는 트위터에서 고객에게 도움이 필요한지를 묻고 결과에 따라서 대응한다.	권한이 강화되고 연수를 받았으며 거의 24시간 내내 실시간으로 대응할 채비를 갖춘 적극적인 고객지원팀.	고객의 만족도가 매우 높아질 것이다. 그러나 이는 반응을 얻으려면 '공개적으로 외쳐야 한다'는 인상을 고객에게 주게 된다.
7) 고객을 더 잘 이해	전통적인 시장조사 기능이 발전하면서 회사는 소셜 정보를 덧붙여서 고객 프로필과 성향에 대한 정보를 개선시킬 수 있다.	고객의 기록과 온라인 행동과 위치와 선호도를 결합시켜주는 여러 소셜 CRM(Social CRM) 시스템이 빠르게 등장하고 있다. 세일즈포스와 SAP 둘 다 트위터와 제휴 관계를 맺고 있다.	자연스러운 환경에서 서비스를 할 수 있으며, 고객이 제품과 서비스가 만나는 접점과 상관없이 더욱 풍부한 경험을 전달해줄 수 있다.

8) 고객의 행동 예측	예측 보고서 : 이는 고객이 말과 행동을 하기 전에 미리 예측하는 가장 수준 높은 형태다. 회사는 과거 데이터의 패턴을 연구해서 잠재적인 고객과 기존 고객을 관리할 적절한 자원을 제대로 배치할 수 있다.	예상 애플리케이션이 적용된 향상된 고객 데이터베이스와 상황이 벌어지기 전에 고객에게 관심을 가질 사전 대책팀. 이런 애플리케이션은 아직 나오지 않았다.	경쟁사가 마케팅 깔때기(구경꾼이던 소비자가 브랜드를 인식하고 충성고객이 되기까지 거치는 5단계-옮긴이)를 확대하기 전에 잠재고객을 파악해서 동참시키거나, 문제가 발생하기 전에 해결하여 고객의 불만을 줄일 수 있다.

전문적인 청취

얼마 전 전화 통화를 하면서 프록터 앤 갬블(Procter & Gamble)이 본격적으로 고객의 소리를 듣고 있다는 소문을 들었다. 나에게 그 소문을 전해준 사람은 이렇게 말했다.

"나한테 들었다고 하지 마세요… 어쨌든 프록터 앤 갬블은 브랜드 이미지를 높이기 위해서 청취 서비스, 청취 내용 종합, 회사 전반에서 청취도 조사, 정보 전파에 중점을 두고 있다고 합니다. 그리고 이를 기업 차원의 문제로 보고 있다고 합니다. 시장조사를 위해 조직이 바뀌어야 하기 때문이지요."

물론 바뀌어야 한다. 특히 트록터 앤 갬블이 여행객을 대상으로 한 호텔 체인점이나 항공사처럼 초점이 다소 좁은 회사가 아니라는 점을 고려하면 더욱 그렇다. 타깃 시장, 즉 청중이 치약을 사용하는 사람이라면 결국 세상사람 모두가 타깃 시장이라는 뜻이 된다. 그러니 최대한 열심히 청취해야 한다.

과거에는 고객의 의견이 영업부나 시장조사 부서를 통해서 전달됐다. 영업사원이 본사에 와서 "한 고객과 이야기를 했는데, 이런저런 기능이 추가되지 않으면 이 제품을 구입하지 않겠답니다", 또는 "이 맛이 첨가되어야만 구매를 늘리겠다는군요"라는 식의 보고를 통해 고객의 의견을 들었던 것이다. 그러면 시장조사 담당자가 와서 "우리는 포커스 그룹을 운영하며 조사를 하고 있기 때문에 모든 것을 알고 있습니다"라고 말하곤 했다. 최근에는 웹 분석 담당자들이 본사에 와서 "그렇지만 우리는 검색 데이터와 행동 데이터를 가지고 있으므로 고객의 생각을 제대로 알고 있습니다"라고 말한다.

앞으로는 청취하는 재능을 연마한 사람들이 힘이 있는 자리를 차지하게 될 것이다. 이들은 고객의 소리에 귀를 기울이고 다시 시장에서 대화가 이루어지도록 만들 것이다.

그렇다면 어떤 목적을 갖고 청취를 해야 할까? 이는 상황에 따라 다르며, 다음 장에서 다룰 주제다.

결과물 얻기 : 사업성과 도출

1장 '집중하기 : 목표 파악'에서 말했던 내용을 기억하는가? 1장에서 설명한 사업의 3대 주요목표(수익증가, 비용감소, 고객만족도 향상)가 매우 중요하지만, 이제는 세부사항에 신경을 써야 할 때다. 최종 결산은 분기보고서에는 유용하지만 운영 방향을 찾는 용도로는 적절치 않다. 방향 설정에는 지속적인 관측과 조정이 필요하다. 백미러만 보지 말고 앞유리를 주시해야 한다는 오래된 격언이 들어맞는다.

사업성과는 최종 결산을 향상시키는 데에 도움이 되는 결과물이며, 회사가 목표를 달성할지의 여부에 대한 피드백을 제공해주는 지표다.

- 수입이 없으면 이윤도 없다.
- 고객이 없으면 수입도 없다.
- 잠재고객이 없으면 고객도 없다.
- 용의고객(제품이나 서비스를 구매할 능력이 있는 모든 사람−옮긴이)이 없으면 잠재고객도 없다.

• 인식되지 않으면 용의고객도 없다.

목표로 했던 사업성과는 측정이 가능하며, 다음의 사항들을 포함한다.

• 인식 : 당신의 회사나 제품을 아는 사람이 몇 명인가?
• 설문조사 완료 : 질문에 기꺼이 답했던 사람이 몇 명인가?
• 구독 : 당신의 소식지, 블로그, 트윗을 구독 신청한 사람이 몇 명인가?
• 가입 : 당신의 클럽에 회원가입을 한 사람이 몇 명인가?
• 블로그 댓글 : 대화에 동참한 사람이 몇 명인가?
• 블로그 포스트 : 당신의 회사를 다른 사람에게 언급한 사람이 몇 명인가?
• 리드(lead) : 잠재고객이 몇 명인가?
• 구매 : 당신 회사에서 실제로 구입한 사람이 몇 명인가?

당신의 회사에 어떤 성과가 중요한지는 판매하는 제품이나 서비스의 종류에 따라 달라진다.

당신의 회사가 웹사이트를 운영한다면 목표는 분명하다. 최대한 많은 사람이 방문해서 많은 페이지를 봐주기를 원할 것이고, 자사의 웹사이트에 들어와서 오래 머무는 사람의 수를 측정할 것이다. 또한 판매량도 늘리고 싶을 것이다. 모든 것이 제대로 되면 웹사이트 방문자들이 정기 간행물을 구독하도록 유도할 수 있다.

• 온라인에서 판매한다면 파악, 설득, 대화 등 매우 많은 웹 측정기

준을 철저하게 조사하고 싶을 것이다.

- 무역협회와 같은 회원 단체는 소셜미디어에 기울인 노력으로 신입회원이 얼마나 늘어날지를 계산하고 싶을 것이다.
- 정치운동 단체는 사람들을 변화시키고 선거에 영향을 줄 방법을 찾으려 한다.

당신이 바라고 계획하고 작업하는 사업성과가 무엇이든, 소셜미디어에서 결과를 얻으려면 시간이 필요하다는 점을 명심하자. 소셜미디어 연구가인 마셜 스폰더(Marshall Sponder)는 자신의 블로그 웹메트릭스구루(WebMetricsGuru)에 올린 포스트에서, 소셜미디어 활동에서 결과가 나오려면 몇 달(여러 달)이 걸리기도 한다고 말한다(www.webmetricsguru.com/archives/2009/09/social-media-campaigns-take-time-3-months-1-year-for-results).

소셜 마케팅 전문가 및 종사자 여러 명을 조사한 내용을 담은 이 포스트에서, 그는 요행으로 대박을 터뜨렸는지, 아니면 장기적인 브랜드 확립 프로그램을 실제로 구축했는지를 판단하려면 데이터 수집과 각종 활동에 6~12개월을 쏟아야 한다고 조언한다.

그래도 여전히 의문이 하나 남는다. 그렇다면 측정해야 할 가장 중요한 요소는 무엇일까?

웹사이트용 핵심성과지표

웹사이트 측정에 본격적으로 뛰어들려는 사람들에게는 에릭 T. 피

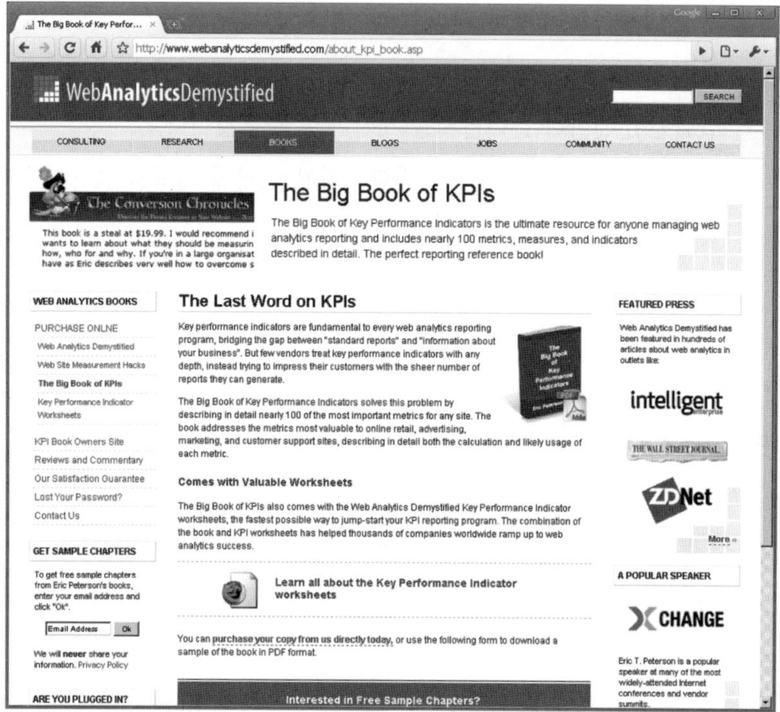

그림 7.1 | 《핵심성과지표 빅 북》은 최초로 측정요소에 대한 목록을 제공하며, 이 목록은 여전히 중요하다.

터슨의 《핵심성과지표 빅 북(Big Book of Key Performance Indi-cators)》이 최고의 자료가 될 것이다(www.webanalyticsdemystified.com/about_kpi_book.asp, [그림 7.1] 참조).

에릭은 핵심성과지표, 즉 KPI를 다음과 같이 설명한다.

KPI는 다루기 어려운 거대한 스프레드시트 및 복잡한 애플리케이션에 대한 기업들의 두려움 때문에 등장했다. KPI의 저변에 깔린 전제는 기술적인 데이터를 비즈니스적인 언어로 표현하는 것이다.

- KPI는 가공되지 않은 수치 대신에 등급, 비율, 퍼센트, 평균을 사용한다.
- 파이 차트와 바 그래프 대신에 회전 속도계와 온도계를 사용한다.
- 데이터 표를 보여주는 대신에 시간적 배경을 제공하고 변화를 강조한다.
- 사업에서 필요한 행동을 촉진시킨다.

마지막 사항이 가장 중요하며, 모든 훌륭한 KPI는 행동을 촉진시킨다. 몇 번을 반복할 가치가 있는 말이기 때문에 한 번 더 강조하겠다. 모든 훌륭한 KPI는 행동을 촉진시킨다. 노골적으로 풀어서 설명하자면, 'KPI에 예상 외의 갑작스런 변화가 있을 때 누군가가 이메일을 보내거나 전화를 하거나 도움을 찾도록 만들지 않는다면 그것은 보고할 가치가 없는 KPI'이다.

《핵심성과지표 빅 북》은 평균으로 시작한다.

방문당 평균 페이지 뷰 횟수
방문자당 평균 방문 횟수
이메일 문의에 답변하기까지 걸리는 평균 시간
방문자당 평균 비용
방문당 평균 비용
대화당 평균 비용
방문자당 평균 수익

이어서 퍼센트가 나온다.

새로운 방문자와 재방문자의 퍼센트
새로운 고객과 기존고객의 퍼센트

특정한 고객층의 방문자 퍼센트
방문 시 소요된 시간의 길이에 따른 상, 중, 하의 퍼센트(관심 카테고리)
방문 시 클릭 심도(click depth) 상, 중, 하의 퍼센트(관심 카테고리)

그 다음으로 비율이 나온다.

주문 전환율
구매자 전환율
새로운 방문자와 재방문자의 전환율
새로운 구매자와 재구매자의 전환율
새로운 방문자 대 재방문자의 비율
광고당 주문 전환율
장바구니 시작률
장바구니 완료율

이어서 에릭은 KPI를 사업 형태별로 분류하며, 이 부분은 매우 흥미롭다.

온라인 소매업체용 KPI
콘텐츠 사이트용 KPI
마케팅 사이트용 KPI
고객지원 사이트용 KPI

나는 《핵심성과지표 빅 북》이 상세하고 객관적이며 실용적이기 때문에 적극적으로 추천한다.

소셜미디어용 KPI도 있을까? 이미 그에 관한 몇몇 지표가 등장하기 시작했다. 예를 들자면 크리스 레이크(Chris Lake)가 운영하는 블로그인 이컨설턴시(Econsultancy)에는 '동참 측정에 도움이 되는 소셜미디어용 KPI 35개'라는 포스트(http://econsultancy.com/us/blog/4887-35-social-media-kpis-to-help-measure-engagement)가 게재돼 있다.

크리스는 소셜미디어 측정에 대한 명료한 통찰력을 보이면서, 다음과 같은 목록을 제시한다.

소셜 상호작용 측정기준/KPI 목록

1. 알리미(가입 및 반응 비율/경로별/CTR/클릭 후 활동)
2. 북마크(온사이트, 오프사이트)
3. 댓글
4. 다운로드
5. 이메일 구독
6. 팬(사물/인물의 팬이 되는 사람)
7. 관심 글(관심 글에 항목 추가)
8. 피드백(해당 사이트를 통해)
9. 팔로어(사물/인물을 팔로잉하는 사람)
10. 친구에게 전달
11. 그룹(개설/가입/총 그룹 수/그룹 활동)
12. 인스톨 위젯(블로그 페이지, 페이스북 등에서)
13. 초청/추천(친구)
14. 주요 페이지 활동(활동 후)
15. 적극 추천/추천(등급을 매기는 간단한 형태)
16. 메시지 발송(온사이트)
17. 개인화(페이지, 디스플레이, 주제)
18. 포스트
19. 프로필(예 : 아바타, 약력, 링크, 이메일, 업데이트, 사용자 지정 등

의 업데이트)

20. 프린트 페이지

21. 평가

22. 가입된 사용자(신규 사용자/총 사용자/활동적인 사용자/활동을 중
지한 사용자/유동적인 사용자)

23. 스팸/언어폭력 신고

24. 리뷰

25. 세팅

26. 소셜미디어 공유/참여(주요 소셜미디어 사이트에서의 활동, 예 : 페
이스북, 트위터, 디그 등)

27. 태그 달기(사용자 생성 메타데이터)

28. 추천 글

29. 주요 페이지에서 소비한 시간

30. 사이트에서 소비한 시간(자료별/최초 접속 페이지별)

31. 총 기여자(및 활동적인 기여자의 비율)

32. 업로드(항목 추가, 예 : 기사, 링크, 이미지, 동영상)

33. 뷰(동영상, 광고, 이미지)

34. 위젯(새로운 위젯 사용자/들어간 위젯 수)

35. 위시리스트(위시리스트에 아이템 저장)

핵심청취지표

커뮤니티는 기업이 소셜미디어에 기울인 대부분의 공식적, 체계적,
계획적 노력이 제 궤도를 벗어나는 곳이다. 좋은 의도, 최선의 활동,
프로젝트 일정이 훌륭한 도구지만, 커뮤니티를 만드는 것은 결국 인간

의 노력이다. 소셜미디어의 역할은 소셜이 첫째고 미디어가 둘째다. 소셜미디어의 역할에서 광고는 마지막이다. 모두가 멋진 파티를 벌일 수는 없음을 직시하자.

패트릭 오키프(Patrick O'Keefe)는 1998년부터 여러 웹사이트를 개발해왔으며, 온라인 포럼의 관리에 대한 책을 쓸 정도의 경험을 갖췄다. 그는 실제로 그 주제로 《온라인 포럼 관리하기 : 성공적인 커뮤니티 토론 게시판을 만들고 운영하기 위해 알아야 할 모든 사항(Managing Online Forums : Everything You Need to Know to Create and Run Successful Community Discussion Boards)》을 썼다.

패트릭은 이 책에서 기술적인 세부사항, 법률문제, 커뮤니티 설계 및 개시를 다루고 있다. 뿐만 아니라 정책의 개발과 집행방법, 관리자(moderator)의 선정과 관리방법, 사용자를 참여시키는 방법, 사이트를 흥미롭고 사람들을 끌어들이도록 만드는 방법도 다루고 있다.

그는 이런 요소들 중에서 무엇보다 훌륭한 관리자가 가장 중요하다고 강조한다. 아무리 뛰어난 기술과 흥미로운 주제가 있어도 관리자가 제 역할을 하지 못할 때 생기는 답답함을 극복할 수 없다.

온라인 포럼에서는 사람들을 소셜 플랫폼, 블로그, 토론 그룹, 트위터 계정으로 유도하려 할 때 온갖 골칫거리와 어려움이 발생한다.

일반적으로 말해서, 우리는 브랜드 측정 영역에서 뒤쳐져 있다. 닐슨 버즈메트릭스(http://en-us.nielsen.com/content/nielsen/en_us/measurement/online.html, [그림 7.2] 참조)는 당신 회사의 브랜드 건전성을 어떻게 평가할까?

구체적으로 말하자면 우리는 '청취 플랫폼'의 영역으로 향하고 있다. 적어도 포레스터 리서치가 하는 말에 따르면 말이다. 분석가인 수

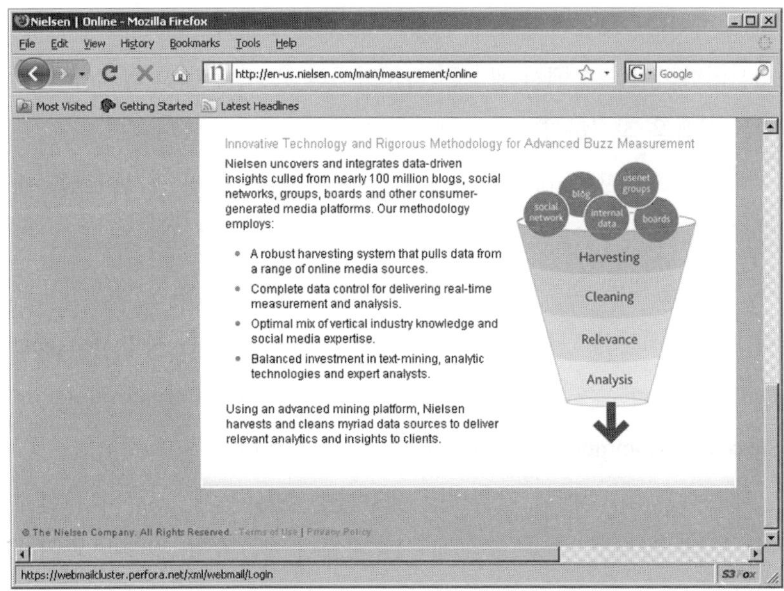

그림 7.2 | 닐슨 버즈메트릭스는 자사가 소셜미디어 브랜드의 기준이라고 제안한다.

레시 비탈은 '2009 포레스터 웨이브 : 청취 플랫폼, Q1'에서 청취 플랫폼은 아직 초창기라고 주장했다.

"판매업체들은 마케팅 조직을 지원하기 위해 전략적인 통찰력을 전달하고 싶어 하지만, 그런 통찰력은 종종 언급과 도달, 토론의 양과 같은 운영상의 측정기준에 중점을 둔 추적, 모니터링, 대시보드 전달에 묻혀버린다."

닐슨은 선도적인 청취 플랫폼 판매업체 8곳을 조사하고, 이들이 향상시켜야 할 요소 3가지를 발견했다. 정서 분석, 기타 측정기준 및 시스템과의 통합, 이런 도구와 프로세스의 실행을 도울 수 있는 분석 전문가가 그것이었다.

간단히 말하자면, 이런 도구들은 수많은 댓글들이 '중립적'이어서 유용하지도 않고 신뢰할 수도 없다고 판단한다. 그러나 만족스러운 고객과 불만족스러운 고객만이 대화에 동참하며, 따라서 댓글이 중립적일 가능성이 거의 없다고 보는 게 보다 안전할 것이다. 신뢰가 없으면 도구, 즉 청취 플랫폼의 개념이 사실상 성공할 수 없다.

웹 분석이 이전에 그랬듯이, 청취를 위한 일련의 여러 도구들도 작은 세상에서 태동하고 있다. 청취 도구는 닐슨 넷레이팅스(Nielsen Netrarings), 컴스코어, 히트와이즈와 같은 웹 분석 행동 데이터, 고객 만족도 조사 데이터, 청중 측정 서비스를 통합해야 할 것이다. 정보를 청취하는 자체는 흥미로울 뿐이지만, 고객과 관련된 다른 정보와 합해지면 경쟁력 있는 무기가 된다.

이 모든 도구에 똑똑하고 경험 많은 사람의 도움이 더해져야 한다. 현재로서는 똑똑하기만 하면 된다. 주제 규명(topic identification), 정서 및 영향 부호화, 시장 분할이 모두 상당한 시행착오를 거치며 모든 회사가 경험 단계에 있기에, 우리는 이런 경험을 이미 마친 회사들로부터 빠르게 배울 수 있을 것이다.

포레스터의 다른 보고서인 '청취 플랫폼의 총비용 이해(Understanding the Total Cost of Listening Platforms)'에서 수레시는 도구 이외의 경비를 예산에 책정하라고 충고하면서 이렇게 말한다.

"청취는 마케팅팀 직원의 지원이 필요한 힘든 작업이며, 성공적인 청취 프로젝트를 성공시키려면 역할을 명확하게 지정해야 한다"

청취 프로젝트는 전문가가 해야 할 일이다. 마케팅 담당자가 시장조사는 서베이 몽키(Survey Monkey, 온라인 설문조사 작성 사이트-옮긴이)의 질문지를 제시하는 걸로 끝나는 단순한 사안이 아님을 깨달았듯이, 청취는 일반적인 마케팅 담당자(혹은 시장조사자)가 남는 시간에 할 수 있는 일이 아니다.

데이터가 풍부한 모든 시스템과 마찬가지로 데이터는 자동으로 수집되고 정제되어서 정보로 전환될 수 있다. 업무규칙을 적용해서 어떤 정보가 보다 중요한지 결정할 수도 있다. 그러나 지식은 경험에서만 나오고, 통찰력은 분석을 통해서 그 지식을 적용한 다음에야 생긴다. 최종 단계는 통찰력이 있어야 하며, 이는 드문 재능이다.

청취는 어려운 일이지만 각종 도구와 전문 분석 서비스가 점차 발전하고 있다. 그러나 우리는 시장의 어조 이상의 것을 측정해야 한다. 시장이 곧 대화이고, 이는 우리가 시장에 미치는 영향을 측정해야 한다는 뜻이다. 도전 과제는 당신의 팀이 전자 커뮤니케이션 환경에서 느슨하게 연계된 사람들의 집단을 잘 육성하고 있는지의 여부를 측정하는 것이다.

핵심커뮤니티지표

웹 전략가인 예레미야 어우양은 2009년 2월 25일에 올린 포스트(http://www.web-strategist.com/blog/2009/01/28/community-managers-must-deliver-roi-tips-for-surviving-a-recession)에서, 측정이 온라인 커뮤니티의 우선사항이 되어야 하는 이유를 밝히고 있다.

예레미야는 "커뮤니티 관리자는 주주와 경영진을 교육해야 한다"고 말한다. 관리자는 커뮤니티의 중심에서 활발하게 활동해야 하고 회원들과의 유대관계를 유지해야 하지만, 변화가 생기면 이를 회사 내부의 이해관계자에게 신속하게 알려야 한다. 이는 측정기준을 의미한다.

포럼 원 커뮤니케이션스(Forum One Communications)는 2007년 2
월에 '온라인 커뮤니티 측정기준에 대한 설문조사'의 결과를 발표했
다(www.onlinecommunityreport.com/uploads/metrics.pdf). 배포한 질
문지 150건 가운데 50건이 회수됐으며, 이 정도면 썩 괜찮은 반응이었
다. 포럼 원 커뮤니케이션스는 온라인 커뮤니티 전문가들을 대상으로
'어떤 커뮤니티 측정기준을 추적하는가?'를 비롯해서 몇 가지 질문을
던졌다.

조사결과에서 상위를 차지한 측정기준 가운데 가장 중요한 몇 가지
는 다음과 같다.

순 방문자
신규 회원가입
페이지 뷰
유지/감소
회원 충성도
회원 만족도
가장 활동적인 회원

복수 선택을 하는 답변에서 위에 나오지 않은 다른 핵심 측정기준은
다음과 같다.

콘텐츠 및 교류(exchange)의 질 : 예를 들어서 문제해결 시간, 한
주제에 대한 회원들의 의견 게시가 활동적이었던 날 수, 입증된 반응

등이 그것이다. 고객지원 커뮤니티는 최상의 활동과 보고를 유도할 수 있는 방법이다.

'커뮤니티 생태계(community ecosystem)'에서 브랜드 추적 : 사이트, 기술, 장비를 포괄하는 커뮤니티 생태계에서 움직이는 브랜드와 커뮤니티 회원 추적.

커뮤니티가 수익에 미치는 영향 : 회원들의 가치, 즉 호스트 커뮤니티의 수익과 회사의 매출, 혹은 자금조달 모두에 특별한 관심이 쏠리고 있다.

커뮤니티와 휴대기기의 상호작용 : 휴대전화로 페이지 뷰, 혹은 포스트 게재.

RSS 구독 : 놀랍게도 RSS는 거의 언급되지 않았다. RSS 측정기준, 혹은 RSS 대 커뮤니티 호스트의 비교 가치를 추적하는 것이 매우 어려움을 알 수 있다.

측정할 요소가 많다는 점은 분명하다. 예레미야 어우양이 말하는 커뮤니티의 주요 측정기준에는 다음과 같은 것들이 있다.

- 마케팅 효율성 향상(입소문 속도)
- 지원비용 감소(콜센터, 혹은 매장 내 분쟁 방지)
- 매출의 실제 향상(당연히 매출이 중요하다!)

예레미야는 매출에 대해서, "(델이 트위터에서 매출 100만 달러를 올린 사례처럼) 이를 입증할 수 있다면 경영진에게 이 점을 적극적으로 알려야 한다"고 말한다.

예레미야의 포스트는 같은 달에 리튬 테크놀로지스(www.lithium.com)가 발표한 백서에 어느 정도 영향을 받았다. 리튬은 새로운 기준으로 커뮤니티의 건전성 지표를 제시했다. 그들이 생각하는 건전한 커뮤니티는 어떤 형태일까?

리튬은 '수십억 건의 행동, 수백 만 명의 사용자, 여러 커뮤니티의 지수가 나온 10년간의 독점 데이터를 시간의 경과에 따라 상세히 분석'한 후, 커뮤니티의 성장도, 유용성, 인기도, 반응도, 상호작용, 활성화를 측정해야 한다고 제안한다. 이 중 일부 요소는 상당히 내용이 비슷하므로 아래에 백서(http://pages.lithium.com/community-health-index.html)를 그대로 인용한다.

건전한 커뮤니티의 특성 및 이에 상응하는 건전 요소는 다음과 같다.

성장＝회원

새로 개시한 커뮤니티는 초반에 가입이 급증하는 특성이 있으며, 건전한 커뮤니티는 이후에도 회원이 계속 늘어난다. 일반적으로 오래된 커뮤니티는 성장세가 점차 둔화되지만, 건전한 커뮤니티는 신입회원이 계속 늘어난다. 이는 회사의 고객층이 확대되기 때문이다. 회원을 측정하는 전통적인 방법은 가입자 수다.

유용성＝콘텐츠

온라인 커뮤니티에서 회원과 일회성 방문자 모두의 마음을 끄는 가장 중요한 요소는 방대한 콘텐츠다. 고객지원 커뮤니티에서 콘텐츠는 참여자들로 하여금 일반적인 내용을 이해하거나 특정한 의문에 대한 답을 얻게 해준다. 동참(팬, 혹은 마케팅) 커뮤니티에서 콘텐츠는 회원을 끌어당기고 동참시키는 자석의 역할을 한다. 청취 커뮤니티에서 회원이 올린 콘텐츠는 회사가 자사의 제품/서비스를 이용하는 고객으로부터 소중한 정보를 얻을 수 있게 해준다.

커뮤니티의 건전성을 위해서는 유용한 콘텐츠를 꾸준하게 공급하는 것이 필수적이다. 콘텐츠의 전통적인 측정기준은 포스트의 개수다. 그러나 이 기준은 콘텐츠의 유용성을 전혀 보여주지 못한다. 특히 콘텐츠 순위나 태그를 활용하지 않는 커뮤니티에서는 어떤 콘텐츠가 유용한지 더욱 알 수 없다. 단순한 양 대신에 콘텐츠의 유용성을 모형화하기 위해서 우리 회사는 페이지 뷰를 보고 시장의 요구를 짐작한다.

인기도＝트래픽

회원 수와 마찬가지로 트래픽(페이지 뷰, 또는 콘텐츠를 본 횟수)은 커뮤니티의 건전성을 측정하는 기준으로 가장 자주 쓰인다. 우리는 트래픽 건전성의 요소를 찾아내기 위해 표준 페이지 뷰를 측정기준으로 삼았었지만, 이어서 로봇 크롤러(robot crawler, 인터넷상에서 정보를 수집하는 프로그램－옮긴이)의 영향력을 줄이기 위해 로봇 크롤러의 효과를 경감시켰다.

반응도

커뮤니티 회원이 서로의 포스트에 반응하는 속도는 커뮤니티의 건전성을 파악하는 또 다른 핵심 측정기준이다. 예를 들어서 고객지원 커뮤니티에 참여하는 사람들은 한정된 시간 동안만 답변을 기다린다. 동참 커뮤니티 및 다른 여러 형태의 커뮤니티에서 활동하는 사람들도 마찬가지다. 포스트와 반응 사이에 시간이 너무 걸리면 대화가 점점 줄어들고 회원들이 다른 커뮤니티를 찾기 시작한다.

전통적인 반응시간 측정기준은 첫 포스트와 첫 답변 사이의 시간을 분으로 계산하는 것이다. 첫 포스트에는 질문, 블로그 기사, 아이디어, 현황 업데이트 등이 모두 포함된다. 우리의 커뮤니티－회원 행동 분석에서 향후 반응의 중요성이 증명됐기 때문에, 우리는 전통적인 반응시간 측정기준을 강화해서 한 주제에 대한 모든 반응을 보고한다.

상호작용＝주제 상호작용

참가자 사이의 상호작용은 온라인 커뮤니티가 존재하는 핵심 이유 중 하나다. 상호작용을 측정하는 전통적인 측정기준은 스레드 깊이(thread depth)이다. 스레드는 토론의 주제(topic)이고, 스레드 깊이는 스레드가 포함된 포스트의 평균 개수다. 그러나 이런 식으로 상호작용을 살펴보는 방법은 해당 스레드에 참여하는 개인의 숫자를 고려하지 않는다. 그 결과로 동일한 사람이 한 스레드에 포스트 6개를 올리면 각기 다른 참여자 6명이 올린 한 주제와 스레드의 깊이가 같아진다. 우리는 그간 온라인 커뮤니티에서 겪은 경험을 통해서 상호작용에 참가한 사람들의 숫자가 포스트의 숫자보다 중요하다는 사실을 알게 되었다. 따라서 주제 상호작용을 계산할 때 순 기여자라는 항목을 추가했다.

활성화

연구 결과에 따르면 대부분의 사람들은 활성화된 커뮤니티를 인식하고 이에 반응한다. 즉, 커뮤니티 참여자들은 활기차고 생기가 넘치는 커뮤니티를 좋아할 뿐만 아니라 다시 방문해서 기여하고 싶은 의욕을 느낀다.

우리는 주요한 포스팅 활동이 시작되는 것을 추적함으로써 활성화를 가장 잘 측정할 수 있음을 발견했다. 그간의 경험과 분석 결과에 따르면 이는 건전한 커뮤니티들의 특징이다. 우리는 활성화를 측정할 때 포스트의 개수는 물론, 이런 포스트들이 커뮤니티 내에서 배포된 숫자도 살핀다.

여기서 소개한 목록을 합하면 당신의 커뮤니티가 균형을 이루고 있는지 한눈에 알 수 있는 대시보드가 나온다([그림 7.3] 참조).

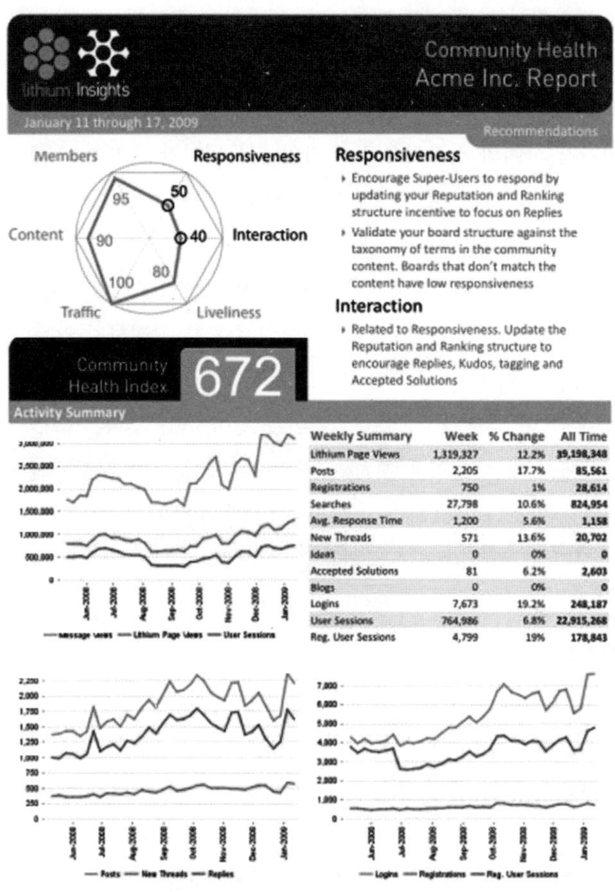

Weekly Summary	Week	% Change	All Time
Lithium Page Views	1,319,327	12.2%	39,198,348
Posts	2,205	17.7%	85,561
Registrations	750	1%	28,614
Searches	27,798	10.6%	824,954
Avg. Response Time	1,200	5.6%	1,158
New Threads	571	13.6%	20,702
Ideas	0	0%	0
Accepted Solutions	81	6.2%	2,603
Blogs	0	0%	0
Logins	7,673	19.2%	248,187
User Sessions	764,986	6.8%	22,915,268
Reg. User Sessions	4,799	19%	178,843

그림 7.3 | 리튬은 관심을 기울여야 한다고 판단되는 건전성의 요소 6개를 종합해서 커뮤니티 건전성 지표를 만들었다.

나아갈 방향을 제시해주는 체계가 몇 가지 있다. 가장 간단한 것은 기본적인 투자수익율(ROI)이다. 샬린 리와 조시 버노프는 공동저서인 《그라운드스웰, 네티즌을 친구로 만든 기업들》에서 장난감 회사 레고(Lego)가 레고 앰배서더(Lego Ambassadors, 레고를 취미로 삼는 성인들이 자발적으로 활동하는 커뮤니티-옮긴이)에 참여하는 특정한 사례를 밝히고 있다.

비용 항목(추정 : 200K 달러, K=1,000달러)
- 인터넷 작업
- 담당자의 시간
- 출장
- 레고 브릭(brick) 지원

이익(추정 : 매출 500K달러 증가)
- 레고 앰배서더 회원 25명 각자가 성인 레고 팬(AFOL) 100명에게 도달한다 : 총 2,500명.
- 각 AFOL이 레고 제품 구입에 연간 평균 1,000달러를 지출한다.
- 회원들의 노력 덕에 매출이 20% 향상될 것으로 기대된다.

사업 규모가 수십억 달러 규모에 달하는 레고의 고객 중에서 AFOL은 5~10%를 차지한다. 레고 앰배서더 프로그램은 다음 목적으로 개설됐다.

- 가장 열성적인 AFOL과 관계를 구축한다.
- 유대가 긴밀한 AFOL 공동체의 상황을 파악하는 데 도움이 된다.

레고의 사례는 견실한 수치를 보면 확실히 흥미로운 사례다.

경쟁사와의 비교

당신 회사는 소셜미디어를 얼마나 잘 활용하고 있는가?

1. 잘하고 있다.
2. 뛰어나다.
3. 배우는 중이다.
4. 영 형편없다.

3번 이외의 답을 선택했다면 잘못 생각하고 있는 것이다. 정확하게 말하자면 당신은 알 수가 없다. 위 질문에 적절한 반응은 "무엇과 비교해서?"이다.

웻페인트(www.wetpaint.com)는 일종의 웹사이트 개발 플랫폼이지만, 사실상 웹 프레젠테이션 플랫폼이다. "웻페인트는 분야를 막론하고 당신이 흥미로워하는 부분을 중심으로 풍성한 온라인 커뮤니티를 만들도록 돕는다. 웻페인트는 당신이 필요로 하는 모든 것을 혼합하여, 위키, 블로그, 포럼, 소셜 네트워크의 최고 기능을 활용하여 자체 소셜 웹사이트의 내용을 만들고 수집하며 정리할 수 있도록 해준다." 웻페인트는 소셜미디어를 심도 있게 생각했고, 소셜미디어를 잘 운영하는 회사를 파악해서 그 결과를 인게이지먼트 데이터베이스(www.engagementdb.com)에 발표하기로 했다.

인게이지먼트 데이터베이스는 커뮤니티 활동에 뛰어난 회사를 멋진 시각 효과로 보여준다([그림 7.4] 참조).

인게이지먼트 데이터베이스를 통해 당신이 사용하는 소셜미디어 도

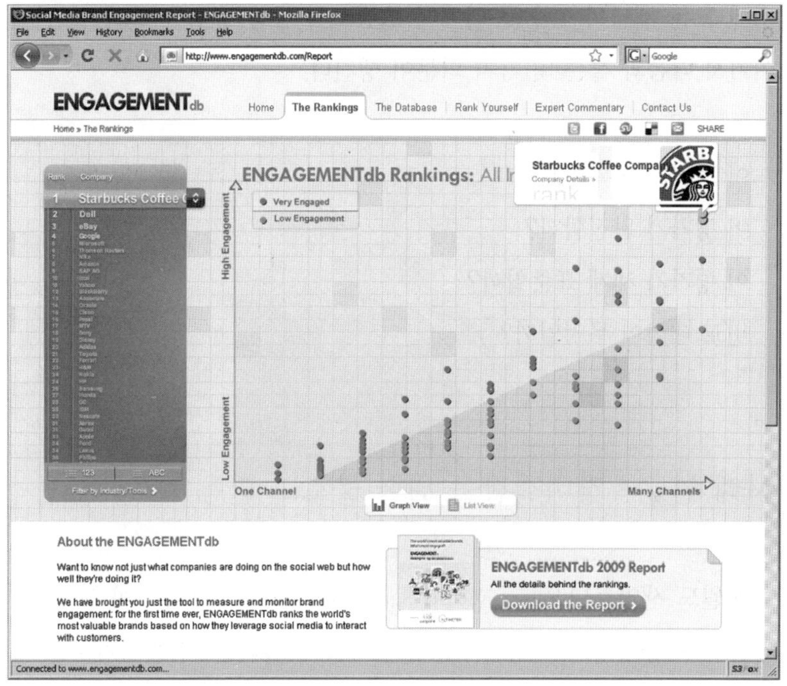

그림 7.4 | 인게이지먼트 데이터베이스에 따르면 스타벅스가 다른 회사들에 비해 소셜미디어 활동을 더 많이 한다.

구(블로그, 캘린더, 북마킹 서비스, 소셜 네트워크 사이트 등)가 무엇인지, 당신 회사가 사용하는 소셜미디어 도구에서 고객이 얼마나 활동적인지, 고객의 활동에 회사가 얼마나 반응을 하는지, 소셜미디어 활동에 투입되고 관심을 갖는 직원이 많이 있는지, 당신의 업무 분야가 무엇인지 등을 바탕으로 신속한 평가를 해볼 수 있다. 재미삼아서 말이다.

친절하게도 웹페인트는 소셜미디어의 각 형태에 맞춰 서로 다른 기준을 사용해서 다양한 채널에서 각 브랜드의 참여도를 평가하고 점수를 매겼다. 각각의 부서와 경영진이 얼마나 깊이 개입하는지를 파악한 뒤에 모든 채널의 점수를 더해서 브랜드의 동참 총점을 냈다. 그런데 여기서 다음과 같은 몇 가지 의문이 생긴다.

이 평가가 정확할까?

이 평가가 완전할까?

이 평가가 세계 표준일까?

비교 대상이 무엇일까?

사례 연구 : 경비절감을 위한 블로그 활용

시월드 샌안토니오(Sea World San Antonio, 해양 생태 테마 공원—옮긴이)는 아틀란티스 여행(Journey to Atlantis)이라는 새 놀이기구를 도입한 후 롤러코스터 블로거들을 통해서 홍보를 시작했다. 시월드는 놀이기구를 널리 알려 관객을 늘리기 위해, 롤러코스터 커뮤니티와의 관계를 돈독하게 하고 싶었다.

시월드는 롤러코스터 마니아인 블로거 22명을 목표로 삼고, 이들을 VIP 청중으로 대우했다. 그리고 놀이기구의 공사 작업을 담은 동영상 11개와 사진 45장을 배포해 마음대로 사용하도록 했다. 이어서 언론사를 대상으로 한 공개시연회에 블로거들과 미국 코스터 마니아(American Coaster Enthusiast)의 토론단을 초청해서 처음으로 놀이기구를 타게 했다.

이런 홍보가 얼마나 효과적이었을까?

- 목표로 삼은 블로거 중 절반이 놀이기구에 대한 글을 올리고 링크
  를 걸었다.
- 웹사이트 50곳에서 링크를 걸었다.
- 미국 코스터 마니아는 회원 30명을 놀이기구에 데려왔다.

자, 이 정도면 양호하다. 그렇다면 사업성과는 어땠을까? 공원에서
실시된 설문조사에 따르면 비용이 4만 4,000달러가 들었으며 온라인
광고 노출당 총 비용은 0.22달러였다. 이는 텔레비전 광고비용인 1달
러에 비하면 엄청나게 낮다. 게다가 온라인에서 놀이기구에 관련된 내
용을 보고 공원에 찾아온 관객들 덕에 올린 수입이 260만 달러였다.

당신이 소셜미디어와 소셜미디어 측정기준이 유용함에 대해 회사
직원이나 경영진을 설득하기 위해 필요한 정보를 찾고 있다면 이 정
도 사례로 충분할 것이다. 분석가의 관점에서 이 사례를 깊게 파헤쳐
보고 싶다면 이컨설턴시에 게재된 논평(http://econsultancy.com/us/
blog/2363-a-social-media-marketing-campaign-deconstructed)을 참
고하라.

사례 연구 : 인튜이트의 소셜미디어 측정기준

나는 인튜이트(Intuit)의 열정적이고 창조적인 다기능협업(cross-
functional)팀을 만날 기회가 있었다. 이 팀은 웹 분석 그룹 책임자인
딜런 루이스(Dylan Lewis), 연구 그룹 책임자인 수 웨스트(Sue West),
소셜미디어 마케팅 담당자인 크리스틴 모리슨(Christine Morrison), 디

지털 마케팅 책임자인 세스 그린버그(Seth Greenberg)로 구성돼 있었다. 누가 소셜미디어 측정이 외로운 작업이라고 말했는가? 인튜이트에서는 모두가 팔을 걷어붙인다.

정서 알기

인튜이트는 특히 납세 기간에 라디언 6를 사용해서 도달률, 영향력, 정서를 매주 보고한다. 이들만의 뛰어난 비결 중 하나는 정서를 네 범주로 나눠서 추적하는 것이다.

1. 추천("이 제품을 꼭 사라고 적극 추천한다!")
2. 긍정적이지만 추천이 아님("음, 터보택스[TurboTax]가 마음에 들어.")
3. 중립적, 지나가는 말("나는 터보택스를 사용한다." 혹은 그저 "나는 터보택스를 설치했어.")
4. 부정적("나는 터보택스가 마음에 안 든다.")
5. 완전히 부정적(난무하는 욕설, 혹은 "인튜이트를 고소할 거야!")

인튜이트가 정서를 지정하고 상품평에 태그를 다는 데에 사용한 도구는 〈워싱턴 포스트〉와 동일한 도구였다. 즉, 인력을 이용했던 것이다. 인튜이트는 계약직원을 1명 고용했으며, 포스트 하나하나를 철저하게 읽도록 했다. 1월 1일부터 4월 15일까지 올라온 인튜이트와 경쟁사들에 관한 포스트는 거의 4만 개에 달했다.

주간별 경향 분석을 통해 주말에 인기를 끈 제품을 확실히 알 수 있었기에, 이는 생산 담당자와 홍보 담당자가 참고할 수 있었다.

다기능협업팀은 이런 작업을 오랫동안 지속하기는 힘들 것이라 인정했지만, 첫 시도로서는 상당히 가치 있는 결과물이 나왔다. 팀원 중에 향후 인공지능이 도움이 될 것이라 생각하는 사람은 하나도 없었다.

그러나 이들도 인공지능을 시도를 해보긴 했다. 고객의 관심사를 검토하기 위해 사용하는 텍스트 분석 프로그램으로 상품평 4만 개를 다 돌려봤다. 이 프로그램이 도움은 됐지만 고객이 바라는 내용을 알려주지는 못했으며, 이 프로그램을 활용하는 과정 자체가 노동력이 상당히 많이 필요한 것으로 드러났다.

이들은 텍스트 분석 시스템에게 키워드와 어구를 가르치는 작업부터 시작한다. 이들은 자체 카테고리와 모형을 개발했다. 이는 시간이 걸리지만, 일단 완료하고 나면 안정적이고 오래 지속할 수 있는 체계를 갖추게 된다. 그러나 무엇보다도 진정한 가치는 분류에서 나온다. 긍정적인 상품평이 나온 이유는 사용의 편의성, 돈에 합당한 가치, 훌륭한 고객지원 등 다양하다.

따라서 분석가는 모든 긍정적인 상품평을 살펴본 다음에 카테고리별로 분류된 긍정적인 상품평을 검토해, 고객 중 몇 퍼센트가 해당 제품의 사용이 편리하다고 답했는지를 파악한다. 진정한 가치는 세부적으로 파고들어가 직접 해당 상품평을 읽을 때 나온다. 이는 특정한 사안을 분석하거나 평가가 좋은 부분을 파악하는 데 좋은 도구다.

홍보에서의 고려사항

인튜이트는 2008년에 슈퍼스테터스(SuperStatus)라는 대회를 개최했다. 여기에서는 30개의 작은 도전 과제가 제시됐으며, 사람들은 페이스북이나 트위터에 각자의 상태를 업데이트함으로써 도전 과제에 답해야 했다. 참가자들은 검증을 위해 추적할 수 있는 특정한 키워드를 글에 포함시키도록 돼 있었다.

이는 매우 훌륭한 아이디어 같았지만, 결과를 측정하기가 상당히 어려웠다. 인튜이트는 대회에 참가한 사람의 수를 파악했지만, 이들이 사람들의 의견을 변화시키고 있는지를 알아내는 것이 매우 힘들었던 것이다.

이때 크리스틴(소셜미디어 마케팅 담당자)은 수(연구 그룹 책임자)를 만나 도움을 요청했다. 이 요청은 현명한 행동이었다. 수는 오랫동안 시장조사를 해왔으며, 인튜이트에서 많은 존경을 받고 있다. 사람들은 수가 하는 말에 귀를 기울인다.

수는 전통적인 조사 방법론을 소셜 분야에 적용했다. 그녀는 대회 참가자들에게 인튜이트 브랜드의 친밀도, 브랜드 이미지, 구입 목적을 묻는 설문조사를 실시했다. 모두 전형적인 시장조사에 사용되는 내용이었다. 그러나 여기에서 그치지 않고, 설문조사 참가자들에게 질문지의 링크를 친구에게 보내라고 요청했다.

이를 통해서 인튜이트는 대회 참가자들이 어떤 사람들인지, 참가자들이 납세 신고서를 어떤 방식으로 준비하는지, 대회에 참가한 후 터보택스에 대한 인식이 어떻게 변했는지를 알 수 있었다. 뿐만 아니라 참가자의 친구와 친구의 친구에게까지 도달해서 각자가 친구에게 미치는 영향력을 모니터할 수 있었다.

이제 인튜이트에는 브랜드 구축 대회가 생겼다. 인튜이트는 이 홍보전을 통해 드러난 친구의 수와 그로 인해 사람들의 터보택스에 대한 관점 및 납세 기간에 실제 행동(세금신고를 준비하면서 사용하는 소프트웨어나 서비스)이 어떻게 변했는지를 파악할 수 있었다.

이 프로젝트는 아주 잘 진행됐다. 그렇다면 무엇에 비교해서 잘 진행됐을까? 수는 자신의 전문 분야인 전통적인 마케팅 조사 방법을 통해서 대회 참가자를 대조집단과 비교했다. 일단 소셜 네트워크에서 이루어지는 대회에 자주 참가하는 사람들로 실험군을 만들었다. 온라인 대회에 참가하기를 좋아하는 이 사람들을 대상으로 8개 사항에서 브랜드 이미지에 대한 호감도 증가를 계산했다. 이들은 대회에서 이기려고 활동하는 것에만 그치지 않고, 그 과정에서 인튜이트의 메시지를 받고 브랜드에 대한 생각이 변했던 것이다.

인튜이트는 이어서 자사의 브랜드 헌장(brand statement)을 사람들의 반응(아래)과 비교해서 평가했다.

나는 이 브랜드를 신뢰한다.
가격에 합당한 가치가 있다.
세금환급을 많이 받을 수 있는 쉬운 방법이기에 제품 가격이 더
 비싸도 구입하겠다.
내게 유용하다.
혼자서 세금신고서를 작성할 수 있다는 자신감을 준다.
세금신고를 준비하는 가장 쉬운 방법이다.

조사결과, 실험군은 각각의 브랜드 측정기준에서 대조집단에 비해 8~14%가 상승했다.

금상첨화인 것은 구입할 의도가 있다는 사람이 10%가 상승했다는 점이었다. 어떤 면에서 보더라도 아주 놀라운 수치였다.

더 놀라운 것은 최초로 조사 내용을 회사에 보고했을 때, 그 누구도

불만을 표시하지 않았다는 것이었다. 결과물을 도출한 방법에 이의를 제기한 사람이 한 명도 없었다. 다들 수를 존중했고 사용된 방법론을 이해했다. 한 마디로 아무런 지적도 나오지 않았던 것이다.

돈을 벌자

브랜드는 훌륭하다. 브랜드에 대한 인식은 비교 대상이 없을 정도이다. 인튜이트의 제품을 구입할 의도도 충만하다. 그렇다면 영업은 어떨까? 이제 인튜이트는 다음 승부를 위해 영업 깔때기를 구축할 준비를 갖췄다.

영업 깔때기는 아래에서부터 위로 전체 인식도, 조력 및 조력 없음, 브랜드 친밀도, 브랜드 이미지 속성이 배열돼 있다. 이어서 구입 의도가 나오고 가장 윗단계는 실제 구입이다. 인튜이트는 "우리 회사에 대해서 어떻게 들었는가?"라는 기본적인 질문을 했다.

경험과 통찰력을 통해 인튜이트는 다음에는 더욱 철저한 실험군을 구성하기 위한 사전 및 사후 분석에 대한 준비를 끝마쳤다.

상호작용

디지털 마케팅 책임자인 세스는 데이터 통합에 관심을 쏟는다.

"나는 5개 채널을 관리한다. 유료 검색, 자연 검색, 디스플레이 광고, 제휴 프로그램, 소셜미디어가 그것이다. 나는 소셜미디어가 디스플레이와 상호작용을 하는 형태, 디스플레이가 검색과 상호작용을 하는 형태, 소셜미디어가 이 모든 채널에 실제로 도움이 되는 형태 및 그 반대의 형태를 알고 싶다."

위에 나온 여러 분야 중에서 한 분야에서 잘하고 다른 분야에서 그저 그런 관리자들도 세스와 같은 생각을 한다. 일단 진행이 되면 모든 분야 사이의 상호작용 및 그 분야들과 전통적인 오프라인 미디어와의 상호작용을 알고 싶은 게 당연하다.

까다로운 부분

인튜이트는 정보를 많이 갖춘 회사다. 이 회사가 다양한 사안을 조사하면서 확보한 사람의 수와 가치는 인상적이다. 인튜이트는 시장에서 최고의 도구를 사용하는 데 주저하지 않는다. 또 새로운 가능성에 대한 탐구를 좋아한다. 그러나 세스는 한 가지를 우려한다.

"내가 보기에 우리 회사는 측정이라는 점에서는 상당히 뛰어나다. 그러나 때로 그 점이 우리에게 독이 되며, 어느 선까지 노력해야 할지의 측면에서 창의성을 억누른다. 예를 들어서 〈시민 케인(Citizen Kane)〉은 오슨 웰즈 감독이 자신이 뭘 하는지를 모르고 만든 영화라 명작이 됐다. 오슨 감독은 일반적으로 감독들이 촬영감독에게 요구하지 않는 사항을 요구하며 끈질기게 밀어붙였다. 우리는 측정방법을 이해하기 시작하면서 창의적인 면에 제한을 두는 경향이 있다. 불가능한 일을 달성한 다음에 그 결과를 측정하려고 노력하는 대신에 말이다."

그래서 항상 20대가 필요한지도 모르겠다(오슨 웰즈 감독이 당시 25세였다-옮긴이). 그런 젊은이들은 불가능을 모른다.

홍보의 성과 분석

카티에 들라이예 페인은 나보다 훨씬 앞서서 홍보를 측정하는 표준

개발에 관여해왔다. 카티에는 1996년에 미국 홍보협회(Public Relations Society of America) 컨퍼런스에서 열띤 토론을 벌인 후 홍보 연구소(Institute for Public Relations) 최초의 백서인 'PR 프로그램과 활동의 효과를 측정하는 지침 및 표준'(www.instituteforpr.org/research_single/measuring_activities) 작성에 참여했다.

근래에 카티에는 중요한 측정기준으로서 성과에 초점을 맞추고 있으며, PR의 사업성과를 기본적으로 다음과 같은 네 범주로 분류한다. 이는 [표 7.1]에 요약되어 있다.

1. 재정
2. 평판
3. 직원
4. 공공 정책

표 7.1 │ 케이디페인 앤 파트너스의 홍보 사업성과 및 측정기준 목록은 다음의 네 범주를 망라한다.

	사업성과	측정방법
재정	마케팅 홍보는 매출을 촉진한다. 투자자에 대한 홍보는 투자를 촉진한다. 홍보는 기부를 촉진하고 관련 단체의 회원 자격을 얻도록 한다.	고객의 반응 : 실제 현장에서 고객 조사, 구입 수준 및 PR 결과에 대한 노출 결정, 통계 분석을 통해 일회성 결과 분리 마켓 믹스 모형 제작/경제 모형 제작 : 시장별, 마케팅 기능별, 지역별, 기간별 다양한 마케팅 활동 및 시장별, 지역과 시간별 요소와 연계해서 홍보 산출량/결과 데이터 수집

		회귀 분석 적용
	타깃 청중을 더 잘 겨냥해서 효율성이 향상된다.	여러 커뮤니케이션 접근법의 비교 비용 결정; 도달한 타깃의 퍼센트 계산, 홍보 활동의 결과로 생긴 구매 주기의 변화 결정
	홍보는 비용이 덜 들되 신뢰를 주는 메시지를 통해서 더욱 많은 사람에게 도달한다.	
	재난 비용(catastrophic cost)의 지출을 막아준다.	유사한 위기를 겪었던 경쟁사 및 협력사 평가, 위기 발생 및 매출과 주가와 관련 사업 측정에 미친 영향을 추적해서 간과됐던 잠재적인 영향을 평가
	위기로 인한 영향을 완화시킨다.	
평판	구매 가능성을 증가시킨다. / 고객이 당신 회사의 브랜드를 고려하게 한다.	홍보 전에 설문조사를 통해서 평판/관계 측정기준을 벤치마킹. 3~6개월 간격으로 반복
	위기의 영향을 축소시킨다.	태도 연구와 고객의 구매 태도 및 행동과의 상관관계
	조직의 가치에 대한 소통을 강화해준다.	전통 미디어와 소셜미디어에서의 대화(및 어조)를 웹 분석 데이터(예 : 가입, 정보 요청, 세일즈 리드 등)에 연계
	위기 이후에 신뢰를 재구축해준다.	
	신제품/회사에 대한 신뢰성을 확고히 해준다. 이는 시장진입을 용이하게 해준다.	기획자의 인지도와 정책 채택의 상관관계
	가격을 인상하고 비용을 인하할 수 있으며 주가에 프리미엄이 붙는다.	
	추천/입소문이 강화되며 다른 사람들이 이를 빠르게 받아들인다.	

	고객의 충성도/갱신도/만족도가 증가한다. 인재의 모집/유지를 향상시킨다. 소송비를 줄여준다.	
직원	직원만족도 및 참여가 증가한다. 그 결과 효율성과 장기근속률이 높아지고 이직율과 퇴직금 지불 부담이 낮아지며, 생산성이 올라간다. 소송비가 낮아진다. 직원의 행동이 변화한다. 예를 들면 안전, 품질, 전화응대 횟수 등과 같은 핵심 분야에 중점을 더 많이 둔다. 투명성, 직원의 헌신도 및 직원에 대한 회사의 헌신도가 높아진다. 향후 어떤 단계에서 안 좋은 소식을 전해야 할 때 필요한 기반이 형성된다. 주의 : 여기에 나온 항목은 무역협회 회원 등에도 적용될 수 있다.	통제 그룹을 활용해서 홍보 활동에 노출된 직원과 비교 태도나 인식이 아니라 실적 성과에 중점 전자 데이터를 다음과 연결/상호 연계 • 직원만족도 및 참여도 결과 • 직원 이직률 통계 및 기타 신규 모집 데이터 • 전화응대 횟수 • 고객경험 설문조사 다른 조사도구와 데이터(포커스 그룹, 퇴직자 면접 데이터, 병가 일수 등) 고려 주의 : 여기에 나온 항목은 무역협회 회원 등에도 적용될 수 있다.
공공 정책	대중의 인식과 이해를 높인다. 또한 법률과 규제 및 정당 후보자의 지원을 조성한다. 투표자 행동에 영향을 미친다. 법률과 규제 및 의안이 통과되도	국가 차원(예 : 주요 네트워크 여론조사) 혹은 지역 차원(예 : 대학 여론조사 센터)의 공공 추적 서비스를 활용해서 인식과 이해, 지원, 그리고 투표자의 의향에 일어난 변화를 추적. 또한 홍보 활동의 단계에 연계될 수 있는 부분에서

록 돕는다.	도 추적
사업의 모든 측면에 영향을 미칠 수 있는 예산 승인, 세금 부과, 규제 변경을 통해 특정한 회사와 산업에 영향을 미친다.	주요 정치인 혹은 규제 기관의 추적 조사를 실시. 때로 영향력을 가진 사람의 인식을 선출된 관직자의 대용물로 삼을 수 있을 뿐만 아니라 '첨단' 동향 측정 가능
	선거 후 설문조사는 여러 커뮤니케이션 미디어에 노출된 수위는 물론 실제 투표 행동을 파악해서 홍보의 특정한 영향을 분리 가능
	실제 대중, 혹은 입법자의 투표 행동

어떤 회사도 둔한 항공모함처럼 행동하면 안 된다. 회사 규모가 아무리 크더라도 민첩한 태세를 갖추고 있다가 바람의 변화와 파도의 상승에 빠르게 대응해야 한다.

온라인 마케팅의 매력은 회사의 메시지, 제품, 타깃 청중을 쉽게 바꿀 수 있다는 점이다. 온라인 마케팅에서 힘든 점은 회사의 메시지, 제품, 타깃 청중을 바꿔야 하는 속도다. 소셜미디어 마케팅의 영향을 항상 올바르고 빠르게 추적하는 것이 방향을 적절하게 조정하기 위해 필요한 가시성을 확보하는 유일한 방법이다.

결과물 측정을 마무리하기 전에, 잘 다뤄지지 않는 항목 하나를 더 살펴봐야 한다. 이는 노력할 가치가 있는 항목이며, 측정하기가 다른 요소들보다 훨씬 어렵다. 그것은 바로 뛰어난 아이디어다.

크라우드소싱

고객이 항상 옳다.

고객이 왕이다.

고객이 우선이다.

고객에게 필요한 것을 채워줘라.

고객이 원하는 제품을 팔아라.

위에 나온 말은 모두 사실이며 타당하다. 어느 정도까지는 말이다. 그러나 아이팟의 문제에는 이것이 적용되지 않는다. 아이팟의 문제란 간단히 말해서 다음 대박 제품을 개발하는 데 고객이 도움을 주지 못한다는 것이다. 헨리 포드(Henry Ford)는 "원하는 것이 뭡니까?"라는 질문을 받으면 "더 빠른 말을 원합니다"라고 대답하겠다고 말하곤 했다.

그러나 오늘날과 같은 크라우드소싱의 세상에서 헨리 포드의 이 명언은 아이팟에게 새로운 비결을 알려준다. 크라우드소싱이란 어디에선가 누군가가 아이팟을 발명할 수 있도록, 또는 적어도 개발팀이 해당 방향으로 향할 수 있도록 많은 이들에게 정보를 달라고 요청하는 기법이다.

델의 아이디어스톰 책임자인 비다 킬리언은 사람과 댓글, 투표 수를 측정하면 그 시스템이 제대로 돌아가는지 알 수 있다고 말한다. 그러나 훌륭한 아이디어, 실행할 수 있는 아이디어, 획기적인 아이디어를 측정하면 수익이 생긴다.

대규모 장려책이 과학기술 부문의 혁신을 도모한다는 점을 누구나 인정한다(www.theglobeandmail.com/news/technology/article754494.

ece).

약 10년 전에 캐나다의 한 광산회사는 자료를 공개하면서, 채굴량이 낮은 자사 광산 중 하나에 대한 45년간의 독점 정보 및 근처 지역의 지질 자료를 누구나 사용할 수 있게 했다. 이 광산에서는 연간 5만 온스의 금이 온스당 360달러의 비용으로 생산되고 있었다. 이는 낮은 생산량, 높은 생산비용이었다. 그래서 세계적인 지질학자들에게 이 상황에 대한 해결방안을 찾아달라고 요청했다. 독점 자료를 공개해서 다수가 해당 광산을 분석하게 하고, 100만 달러를 우승상금으로 내걸었다.

도전 과제는 80제곱마일이 약간 못되는 지역에서 600만 온스의 금을 찾을 최선책을 발견하는 것이었다. 1,000명 이상의 지질학자들이 계획을 제출했으며, 상위 3명이 상금을 받았다. 그러나 정작 승자는 유에스 골드(US Gold Corp.)와 렉삼 탐사(Lexam Explorations Inc.)였다. 두 회사는 현재 온스당 60달러의 비용으로 연간 50만 온스의 금을 생산하고 있다. 크라우드소싱이 두 회사에 매우 큰 성과를 안겨준 것이다.

크라우드소싱은 제품 아이디어, 고객서비스, TV 광고, 유용성 연구 등 모든 분야에서 활용된다. 단, 반응과 성과를 측정할 표준이 있어야 한다. 크라우드소싱은 많이 전파될수록 좋다. 그러나 아무런 성과가 나오지 않으면 그저 사람들의 관심을 끄는 홍보에 그치고, 설령 그렇더라도 회사의 이미지도 향상시키지 못할 가능성이 있다.

아이디어의 가치를 측정하는 작업은 매우 장기적인 전망이며 고객의 생애가치(lifetime value)보다 길다.

그렇다면 현재 당신의 위치는 어디쯤일까?

- 목표가 있다.
- 청중 도달범위를 측정할 방법을 갖췄다.
- 영향력을 파악하고 측정할 방법을 갖췄다.
- 정서를 인식하고 측정할 방법을 갖췄다.
- 사람들의 의견에 귀를 기울이고 들은 내용을 측정할 방법을 갖췄다.
- 반응과 사업성과를 측정할 방법을 갖췄다.

이제 당신은 예산 책정 권한자들에게 소셜미디어가 훌륭한 아이디어라는 점을 설득하기만 하면 된다.

원조 얻기 : 동료 설득

나는 지난 30년간 컴퓨터가 대단히 훌륭한 도구인 이유를 설명해왔다.

또한 지난 15년간 온라인 마케팅이 대단히 훌륭한 방법인 이유를 설명해왔고, 지난 10년간은 이 모든 것을 측정하는 작업이 매우 가치 있는 이유를 설명해왔다.

이 과정에서 설명하는 방법과 마케팅 측정에 대해 몇 가지를 배웠다.

내가 배운 것들 중 가장 중요한 것은 인간은 측정받기를 싫어한다는 사실이다. 누군가가 그래프와 차트, 스프레드시트를 들고 내 사무실로 들어오면, 나는 그 사람이 나를 평가하려는 것임을 본능적으로 깨달을 것이다. '인사 고과'를 다른 말로 하면 "우리는 당신을 신뢰하지 않으니 당신이 하는 모든 일을 측정하겠다"라는 의미이다.

이는 다들 입 밖으로 털어놓지 않는 문제다. 그런데 시만텍 코퍼레이션(Symantec Corporation)의 글로벌 영업 및 마케팅 사업부 부사장 킴 존스턴(Kim Johnston)이 워싱턴에서 열린 이메트릭스 마케팅 최적화 회담에서 인상적인 프레젠테이션을 한 후 그녀가 한 말을 듣고, 나는 이 문제를 더욱 실감했다.

대학에서 컴퓨터를, 대학원에서 경제학을 전공한 킴은 원칙에 따라서 엄격하게 마케팅 부서를 운영하고 있었다. 그러나 그녀는 여전히 브랜딩(branding)에 흥미가 있었으며, 제품 가치를 고객의 마음과 정신에 심는 창의적인 능력을 아주 좋아했다.

나를 비롯한 많은 참석자가 깨달음을 얻은 순간(객석에서 탄성 소리가 다 들릴 정도였다)은 킴이 단지 한 제품을 위해 진행할 수 있는 모든 마케팅 홍보전을 담은 도표를 보여줬을 때였다. 이 도표에는 온라인 광고, 이메일 마케팅, 비디오 게임, 매장 광고, 시연에 사용한 초대형 트럭을 비롯한 많은 활동이 소개돼 있었다. 인간이 처리하기에는 너무 복잡하다는 생각이 들 뿐, 당최 알아보기가 어려운 슬라이드였다.

킴은 모든 홍보 활동을 검토하고, 측정할 수 있는 결과를 도출하지 못할 홍보 활동을 없앴다고 말했다. 그리고 측정할 수 없는 프로젝트도 모두 없앴다고 했다. 이렇게 해서 나온 새 도표에는 앞서 본 도표에 있던 활동들이 거의 반가량이나 빠져 있었다. 그리고 동일한 비용으로 반응이 20% 이상이나 상승했다고 했다. 그녀가 한 일은 논쟁의 여지가 없었다. 수치에서 명확히 드러났기 때문이다. 이런 작업을 완수한 그녀의 수완은 값을 매길 수 없을 정도로 대단한 것이다.

그러나 내가 정말 인상 깊었던 것은 프레젠테이션이 끝나고 킴과 둘이서 대화를 나눌 때 그녀가 보여준 통찰력이었다. 나는 항상 사람들에게 하는 질문을 던졌다. "가장 힘든 점이 무엇이었나요?"

알고 보니 시만텍도 내가 컨설팅을 하는 다른 회사들과 동일한 어려움을 겪었다. 그것은 바로 측정 과정에 사람들을 참여시키는 것이었다. 그러나 시만텍에서 이것이 어려웠던 이유는 다른 회사들과는 달랐다. 앞에서 나는 인간이 측정받기를 싫어한다고 말했다. 다른 사람이 당신을 좋아하는 정도를 1부터 10까지 점수로 매길 때 느껴질 불안함과 초조함은 굳이 말하지 않아도 상상이 될 것이다. 그러나 킴의 문제는 내가 생각했던 것보다 훨씬 컸고 뿌리가 깊었다. 킴은 이렇게 말했다.

"직원들은 측정을 한다는 아이디어에 불만이 없으며 사실상 수치에 굶주려 있어요. 그러나 골치 아픈 다른 문제가 있어요. 현재로서는 직원들이 최선을 다하려는 노력이 최고경영진에 의해 거부된 상태에요."

우리는 사람들에게 최소한의 노력으로 최대의 효과를 거두라거나 여기에 페이지 태그를 붙이고 저기에 보고 장치를 추가하라는 식으로 요구를 하고 있지만, 이는 단지 낙타 등에 지푸라기 하나를 얹는 것과 같다. 계산과 보고를 조금이라도 쉽게 할 수 있는 방법은 생산성을 증진시키고 결과물을 향상시킨다. 그리고 그런 방법은 애초에 직원이 마케팅 부서에 지원한 이유, 즉 창의성을 실현할 시간적 여유를 만들어준다.

당신이 회사의 경영진이어야만 대대적인 변화를 이루어낼 수 있는 것은 아니다. 그러나 시대에 뒤떨어진 사람, 즉 최고경영진에게 이런 변화가 중요하다는 점을 설득해야 한다.

중역들이 멍청한 것은 아니지만, 대체로 그들은 새로운 의사소통 방법을 이해하고 받아들이는 데에 시간이 걸린다.

당신의 상사와 상사의 상사가 어렸을 때는 인터넷이 존재하지 않았을 가능성이 크다. 어쩌면 대학 시절에조차 인터넷을 접해보지 않았을 것이다. 그러니 상사들을 설득하여 소셜미디어 활용이 필연적이고 마케팅 믹스에서 핵심이며, 수익으로 이르는 지름길이라는 점을 이해시키려면 다음과 같은 몇 단계를 밟아야 한다.

1단계 : 변화를 주도하자

《성공하는 사람들의 7가지 습관(7 Habits of Highly Effective People)》을 쓴 스티브 코비(Steve Covey)는 트림 탭(trim tab)을 좋아한다.

트림 탭은 방향키의 방향키다. 거대한 선박을 원하는 방향으로 돌리려면 커다란 방향키를 돌려야 하는데, 이는 매우 힘이 든다. 그래서 방향키의 끝에 움직이기가 쉬운 작은 방향키를 덧붙이는데, 이를 트림 탭이라 한다. 트림 탭을 움직일 때는 힘이 훨씬 덜 들지만 트림 탭은 선박을 움직이는 커다란 방향키를 움직여주는 힘을 제공한다. 당신은 회사를 움직이는 경영진을 움직이는 트림 탭의 역할을 해야 한다.

그런 역할을 하자면 노력이 필요하다. 이제 당신은 자신들이 지금껏 해온 모든 방식이 옳고 앞으로도 그런 방식으로 진행되어야 한다고 굳게 믿는, 나이 많고 관료적인 인물들을 상대해야 한다. 당신의 임무는 그들에게 세상이 변했다는 점을 말하는 것이다. 이를 달성하려면 다소 시간이 걸릴 것이고, 어쩌면 불가능하다는 생각도 들 것이다. 회사가 생산성 향상의 측면에서 너무 느리게 움직이고 있어서 당신이 살아생전에는 결실을 볼 수 없다는 생각도 들 것이다.

어쨌든 당신이 앞으로 독립해서 컨설턴트로 활동하고 싶은 생각이 있다면 다음의 내용(내가 쓴 책 《인터넷 고객서비스(Customer Service on the Internet)》(2판)에 게재된 내용을 편집한 것이다)을 이메일로 보내기만 하면 된다.

밴 윙클 사장님, 안녕하십니까?

사장님이 졸고 있는 동안에 수년이 흘렀고 세상이 완전히 바뀌었습니다(밴 윙클[Van Wingkle]은 미국 작가 W. 어빙이 쓴 동명 단편 소설의 주인공. 게으르고 공처가인 밴 윙클이 술에 취해 잠들었다 깨어보니 20년이 흘러 세상이 완전히 바뀌었다는 내용 — 옮긴이). 사장님이 주판으로 사업의 순 현재가(NVP)를 계산하는 사이에, 듣고 싶은 말만 해대는 아첨꾼들에게 귀를 기울이는 사이에, 그리고 홍보부가 소셜미디어를 관리할 수 있다고 주장하는 사이에, 업계는 대화가 중요한 환경으로 바뀌었습니다. 결국 세상은 모두 하나로 연결돼 있으니까요.

사장님은 대중의 접근을 막아주는 담장 뒤에 있는 게 안전하다고 생각하겠지만, 불투명했던 그 담장은 이제 투명해졌습니다. 대중은 당신이 얼버무리는 모습을 보고 있습니다. 대중은 당신이 망설이는 모습을 지켜보고 있습니다. 대중은 당신의 관심이 오락가락하는 모습을 보고 있습니다. 대중은 당신이 그간 소통을 잘했는지 못했는지를 알고 있습니다.

저 아래에 있는 힘이 없는 일반 대중들이, 사장님이 단순한 고객으로 묵살해왔던 그 사람들이 이제는 사장님 및 이 회사와 눈높이가 같아졌습니다. 그리고 그들은 사장님이 듣든 말든 신경 쓰지 않고 사장님에 대해 이야기하고 있습니다. 사람들은 문을 열고 마음껏 비판하도록 종용하는 다른 회사들과 사업을 하려 합니다. 거래를 하는 협력사들 사이에 정보가 물처럼 흐르게 유도하는 회사들과 말입니다.

고객은 구매로 의사를 표현하며, 현재 그 결과가 쏟아지고 있습니다. 한마디로 사장님의 완패지요. 우리 회사의 과거 경쟁사들은 이 점을 이해했으며, 50년간의 사업 전통을 무시하고 온라인으로만 고객서비스를 하는 신세대를 따라잡으려고 최선을 다하고 있습니다. 경쟁사들은 블로그, 트위터, 친구맺기를 하고 있으며 앞으로 사업을 한 단계 발전시킬 관계를 구축해가고 있습니다.

문제가 뭔지 궁금하십니까, 밴 윙클 사장님? 문제는 사장님과 저의 중간에 있는 사람들입니다.

사장님이 수년 동안 현실을 회피했다면 현재의 위치에 오르지 못했겠지요. 그러나 중간에 있는 사람들, 즉 수십 년간 나와 같은 일벌들 덕분에 차곡차곡 봉건적인 영지를 구축해온 사람들은 변화를 두려워합니다. 그들은 소셜미디어가 한껏 성장하게 방치하면 자신들의 일자리가 없어질 것이라 생각합니다. 재미있는 점이 뭔지 아십니까? 그들의 생각이 맞습니다! 그리고 그들이 이를 막을 방도가 전혀 없습니다.

그러니 이제 회사를 개방해야 할 때입니다. 잠에서 깨서 고객의 동향을 파악할 때입니다. 기괴하고 낡은 사장님의 조직이 최고의 직원들로 구성되어 있지 않음을 인정해야 할 때입니다. 현재 사장님의 직원들은 생각이 진부한 그저 그런 사람들뿐입니다. 답답하고 진부하며 꽉 막혀 있는 조직을 눈에 확 띄는 회사로 변모시키는 작업을 비롯해, 고객을 돕기 위해 최선을 다하려는 사람들이 사장님께는 필요합니다.

고객이 선호하는 방법을 통해서 우리와 소통을 할 수 있게 만들어주십시오. 우리가 완벽하지는 않지만 고객을 위해서 최선을 다하려고 헌신한다는 점을 고객이 알게 해주십시오. 보도자료와 보고서 뒤에 숨어 있지 말고 나가서 사람들을 직접 만나십시오.

고객서비스 부서에서 실천할 수 있는 몇 가지 아이디어가 있습니다. 제 아이디어를 듣고 싶으시면 +여기를 클릭+해서 제 캘린더를 확인하고 일정을 정하십시오. 제 캘린더에는 회사 때문에 생긴 스트레스성 질환으로 병원에 가야 하는 예약 시간과 그동안 구상해왔던 인터넷 소기업 창업을 의논할 벤처기업 투자자와의 면담 약속이 나와 있습니다. 제 스케줄은 공개되어 있습니다. 이 정도면 인터넷이 얼마나 유용한지 아시겠지요?

곧 답신이 오기를 바랍니다. 우리에게 소중한 기회가 바로 눈앞에 다가와 있으니까요.

감사합니다.

짐 올림.

사표 쓸 준비를 하자

진심으로 변화의 주도자가 되고 싶은가? 그렇다면 짐을 챙겨라.

변화의 주도자는 자신이 생각하는 운영 방식이 옳다고 강하게 확신하기에, 이를 위해 모든 것을 기꺼이 버릴 의사가 있는 사람이다.

대담해지자. 정력적으로 활동하자. 회사의 골칫거리가 되자. 어차피 옳은 일을 하기가 불가능한 회사라면 그곳에서 근무하고 싶은 마음이 사라질 것이다.

변화의 주도자라는 주홍글씨를 등에 달고 다닐 의사가 없는가? 그래도 상관없다. 아래에 나오는 조언을 따르는 것으로도 족하다. 그저 약간 수위를 낮추는 것이다.

2단계 : 대상에 따라 특화된 설명을 하자

1994년에는 각 기업의 경영진은 인터넷이 사업에 어떤 의미가 있는지를 결정하기 전에 우선 인터넷이 무엇인지부터 이해해야 했다. 너도 나도 신경제(New Economy, 관심은 많았지만 사업 모형이 없었다)를 외쳐대는 바람에 관리자가 논리적으로 투자 결정을 내리기 위한 기본 원칙을 제대로 이해하기가 힘들었다.

소셜미디어와 소셜미디어 측정이 갖는 높은 가치를 상사에게 납득시키고 싶은가? 다음은 상사의 유형에 따라 설명해야 할 내용을 정리한 것이다.

유형 A : 중역, 전술보다 전략을 선호

설명할 내용 : 방법이 아닌 이유.

이 유형의 상사에게 인스턴트 메시지와 트위터 쪽지의 차이점을 설명하려고 하면, 이들은 바로 따분해하면서 휴대전화에 손을 뻗을 것이다. 세세한 운영 원리와 방법을 설명하는 대신, 고객과의 의사소통을 측정하고 향상시킬 때 발생하는 가치를 이야기하는 게 훨씬 낫다. 고객이 쓴 글이나 의견에서 정서 정보를 추출하는 방법을 설명하지 말자. 대신에 정서의 이해도가 향상되면 얼마나 수익이 증가하고 비용이 절감되는지, 그리고 고객만족도가 상승하는지를 설명하자.

유형 B : 프로젝트의 예산 책임자

설명할 내용 : 제품이 아닌 과정.

어떤 프로젝트의 예산을 정하려면 해당 프로젝트의 결과, 담당자, 소요 기간, 예상 비용, 예상 수익, 절감 비용을 철저하게 알아야 한다. 이런 결정을 내리는 상사는 기술적인 측면에는 관심이 없다. 그저 이들은 당신이 구체적인 결과를 낼 수 있는지, 언제 가시화가 될지, 비용이 얼마나 들지, 당신이 그것들을 어떻게 보장할 수 있는지를 알고 싶어 한다.

유형 C : 업무 관련부서 책임자

설명할 내용 : 의미 및 고려사항.

유능한 인재를 부하 직원으로 둔 유능한 부서장은 그 직원이 한 말을 곧이곧대로 듣는다. 이런 상사는 직원이 데이터를 철저히 분석한 뒤에 심사숙고해서 조언했다고 믿는다. 이들은 직원이 심혈을 기울여

조사한 내용을 바탕으로 솔직한 의견을 제시해주기를 바란다. 이들은 소셜미디어 환경을 활용해서 목표에 도달하려면 어떻게 변화해야 하는지를 절실히 알고 싶어 한다. 그리고 소셜미디어 분석도구가 쏟아내는 각종 그래프와 차트를 당신이 대신 읽고 해석해주기를 바란다. 따라서 데이터의 의미 및 고려해야 할 사항을 알려주면 당신에게 아주 고마워할 것이다.

유형 D : 기술 관련부서 책임자

설명할 내용 : 운영 방법, 결정을 내리는 데 이용될 매우 세부적인 사항.

기술을 잘 이해하고 있고 당신이 결론에 도달한 과정에 다소 불만이 있는 기술 관련부서장은 세심하게 신경을 써야 한다. 이런 상사는 보고서가 작성된 경위와 데이터의 의미를 정확하게 이해하려 하며, 따라서 소셜미디어 및 측정기준의 복잡한 사항이 명료하게 담긴 백서, 책, 파워포인트 슬라이드, 워크숍을 요구한다. 이런 상사에게는 소프트웨어 판매회사를 직접 소개해주고, 원하는 보고서를 신속하게 올리도록 하자. 망설이지 말고 견해를 제시하되, 그 근거를 확실하게 보여주자.

유형 E : 기술 담당자

설명할 내용 : 운영 방법, 최상의 기술 솔루션을 결정할 수 있도록 해야 함.

가장 힘든 상대다. 일단 유형 C(업무 관련부서 책임자)가 목표를 명확하게 파악하게 한 다음, 이들이 유형 E(기술 담당자)가 소셜 데이터를 입수해서 분석하고 보고하는 최상의 기술 솔루션을 고안해내도록 돕게 해야 한다. 직접 나서서 유형 E의 직원과 협력할 열의가 있는 유형 D의 책임자(기술 관련부서 책임자)가 있다면, 당신에게 필요한 소셜미디어 측정기준 도구, 서비스, 프로세스를 구입할 수 있는 기회가 커진다. 이렇게 해야 프로젝트가 실행된 이후에 필요치 않을 도구나 서비스, 프로세스를 선택하지 않게 된다.

이처럼 유형이 다양하므로 전 과정을 설명해주는 파워포인트 자료를 여러 단계로 나눠서 준비해두자. 그리고 당신이 설득하려는 대상이 누구인지를 확실히 결정해서 각자에게 필요한 내용을 알려주자.

3단계 : 현실적인 목표를 제시하자

당신이 설득해야 하는 모든 사람이 "입증해봐!"라는 말로 이의를 제기할 것이다.

"그럴싸하군. 그런데 과거에 그 프로젝트를 실시한 회사가 있었나?"

웹에는 성공에 대한 일화가 넘쳐난다. 그러나 사람들이 진짜로 보고 싶어 하는 것은 우연한 행운이 아니라 자신과 관련이 있는 구체적인 사례다.

상사나 동료가 '바이러스성 마케팅 프로그램'을 기획하는 일을 도와달라고 했던 일이 기억나는가? 그런 프로그램이 필요 없다고 무시했던 기억이 나는가? 그들이 묘책이라고 생각하는 그 프로그램을 포기하기가 얼마나 힘들었는지 기억나는가? 그들 역시 그때의 일을 기억하고 있으며 현재 당신이 제안하는 프로그램에 다소 회의적이다. 이제 그들의 열정을 다시 불러일으킬 때다.

사례 연구와 성공 일화가 유용하긴 하지만, 사람들이 그 이야기 속

영웅의 역할에서 자신의 모습을 떠올려볼 수 있어야만 설득력이 있다. "그러자 클라크는 붉은 망토를 두르더니 단층선으로 날아가서 지진을 막고 죽기 직전이었던 루이스를 구했다"는 식의 이야기는 재미는 있지만 공감을 불러일으키지 못한다.

"우리 회사의 제품이 언급된 글의 숫자를 우리가 펼친 블로그 활동량과 비교해서 기록했으며 시간의 흐름에 따른 변화를 추적했다." 이는 누구나 자신이 직접 하고 있는 모습을 떠올려볼 수 있는 작업이다.

다른 사람의 성공 일화가 도움은 되지만, 진짜로 깊은 인상을 주고 싶다면 상대방과 관련 있는 구체적인 사례를 찾아봐야 한다. 사내 직원 및 프로젝트 사례가 가장 영향력이 있다. 사람들은 '수전이 할 수 있다면 나도 할 수 있다'고 생각할 것이다. 혹은 '헨리가 저 프로젝트를 다시 성공했는데, 나는 못하면 그 사람만 승진할 거야'라고 생각할 것이다. 이렇게 개인적인 부분을 공략해야 한다.

4단계 : 개인적인 사안으로 만들자

당신이 설득하려는 사람의 급여 수준을 파악하자. 돈을 벌 방법을 보여주자.

정확한 월급 내역을 알아볼 필요는 없다. 그저 그들이 보너스를 받을 방법만 알아두면 된다. 사람들의 개인적인 동기를 이해하면 그들이 바짝 신경을 쓰고 주목하게 만들 거리를 파악할 수 있다. 소셜미디어 측정기준을 활용하면 그들에게 금전적으로 어떤 혜택이 돌아가는지를 보여주자.

처음부터 그들이 겁을 집어먹고 달아나지 않도록 상층부의 목표로 시작하자. 회사의 목표를 활용하는 것이다. 물론 회사의 목표는 다양하다. 수익증가, 비용감소, 고객만족도 상승을 목표로 한다. 또 특허출원 수와 무역박람회에서 무료로 배포하는 티셔츠의 개수에서 경쟁사를 완전히 누르고 싶어 한다. 그렇다면 이런 목표들 중에서 어떤 목표가 우선할까?

일반적으로 관리자의 월급은 일정한 예산 내에서 일정한 기간 동안 일정한 측정기준에 일어난 일정한 변화와 직접 연결돼 있다. 그러므로 당신이 설득하려는 사람에 대한 확실한 수치를 확보하고 있어야만 한다.

일단 목표를 파악하고 나면 적절한 측정기준 및 해당 기준을 추적할 때 필수적인 데이터를 수집할 시스템이 명백해진다. 필연적으로 수확체감 지점에 도달할 때까지는 보다 세부적인 측정기준을 분석하는 것이 큰 도움이 된다.

당신이 설득할 상사의 목표가 온라인 매출의 증가라면 매출 자체만 측정해서는 그 상사에게 판매 과정을 명확하게 제시해줄 수 없다. 상사는 클릭을 통한 웹 방문자 수, 페이지 뷰, 수익은 물론이고 대화와 정서도 추적하고 싶어 할 것이다.

당신이 데이터를 너무 많이 제시하거나 보고서를 너무 많이 작성하거나, 또는 고려할 정보를 너무 많이 건네주면 해당 정보를 수집하고 저장하고 분석해서 보고하는 비용이 그 정보를 의사결정 도구로 활용해서 얻어낼 수 있는 비용보다 커진다. 그러니 간결하게 하자.

그러나 각 개인에게 이익이 될 점을 제시하자. 그리고 흥미로우면서도 유용한 측정기준을 선정하고 이를 알려주자.

5단계 : 계획 세우기

소셜미디어는 새로운 영역이다. 이 점이 사람들을 겁먹게 한다. 모로크(Morlock, 1895년에 발표한 소설 《타임머신》에 등장하는 괴물―옮긴이)가 있을 수도 있다. 항해를 하다 보면 땅 끝이 나와서 배가 나락으로 떨어져버릴 수도 있다. 그러니 지도를 지참하자. 지도가 불완전하거나 개략적이라 해도, 끝까지 목적지를 잊지 않게 해주기 때문이다.

지도는 기업 문화에 따라 달라진다.

중앙집중 혹은 분산배치?

일부 회사는 분산돼 있으며 일부 회사는 계층 구조로 돼 있다. 모든 인터넷 프로젝트는 분산 방식에서 시작됐다. 최초로 웹사이트를 만든 사람, 최초로 블로그를 만든 사람, 최초로 트위터를 만든 사람은 모두 혼자서 작업을 했기 때문이다. 그들은 소속 없이 독자적으로 행동했다.

이후 그들은 자신과 동일한 작업을 하는 사람을 발견했고, 협력자가 생겼다는 사실에 흥분했다. 그러나 각자의 개별적인 노력이 가장 효율적인 것은 아니다. 포레스터 리서치의 수석 분석가인 수레시 비탈은 공유 학습이라는 개념을 장려한다. 수레시는 "모든 대기업에서 지원 그룹은 이런 문제(각자의 개별적인 노력)를 검토한 후, '치약 담당자, 샴푸 담당자, 비누 담당자가 작업을 시작해서 각각 100만 달러씩 쓴다면, 우리는 중앙집중식 서비스팀을 만들 것이다. 각 팀 담당자 간의 상호작용이 최상의 성과에 영향을 끼칠 것이기 때문이다'라고 말할 것이다. 서비스 부서는 창의적인 활동을 가로막는 게 아니라 실행을 지원해줘야 한다"고 말한다.

소셜 분석도구를 완전히 개발해서 모든 사람이 각자 분석을 하고 각자 결론을 내리게 해야 할까? 아니면 데이터를 엄격하게 통제하면서, 애초에 그 과정에 관심을 거의, 또는 전혀 보이지 않았고 그저 특정한 결론을 뒷받침해줄 수치만을 원하는 사람들을 하나하나 꼼꼼하게 가르쳐야 할까?

상황에 따라서 두 방법 모두 옳을 수 있다.

사실 이 두 방법은 너무 극단적이며, 그 중간 정도가 모두에게 도움이 될 것이다. 이런 경우에 일단 분석팀은 도구 선택, 실행, 해석을 통제해야 한다. 소셜 분석이 시작될 때 알아야 할 사항과 일어날 수 있는 실수가 너무 많기 때문에, 안전장치가 갖춰진 통제된 상황에서 훈련을 받은 분석팀이 앞서 말한 임무를 담당해야 한다.

이런 전문가들은 통계에 근거한 사실을 단계적으로 각 부서에 알려주고, 미숙한 직원에게 통찰력을 제시해줄 수 있을 것이다. 이렇게 교육을 받은 사람들이 소셜 분석이라는 개념과 방법에 관심을 가지면 자원을 더 투자하도록 중역을 설득하기가 수월해진다. 이 시점에서 중앙집중화가 본격적으로 시작된다.

이쯤에서 분석팀은 새 팀원을 고용하고 도구를 업그레이드하며 범위를 확대하면 된다. 이 시기에 공정과 절차를 확립하고, 표준적인 정의를 정립하며, 입수할 수 있는 데이터에서 가장 가치가 있는 통찰력을 도출하는 방법을 전 기업 차원에서 이해시켜야 한다. 중앙 분석팀은 얼마 동안 권력을 장악하게 될 것이다.

시간이 지나면서 각 부서가 소셜미디어 측정기준의 가치를 깨닫고 독자적으로 활용할 능력이 생기면서 점차 중앙 분석팀이 필요치 않게 될 것이다. 공정이 능률적으로 자리를 잡고, 도구를 활용하는 데 익숙해지며, 비판적인 사고가 정착돼 이것들이 마케팅 부서가 갖춰야 할 기본 요건이 될 것이다. 부서별로 프로젝트에 따른 자체 분석론을 개발하고 얼마 동안은 모든 과정이 잘 돌아갈 것이다.

그러다가 완전히 분산배치가 이루어지면 문제가 나타나기 시작한다. 영원히 변치 않는 것이란 없듯이, 지금까지 해왔던 수집, 정제, 측정, 해석 방법이 시간이 지나면서 변하기 마련이다. 그렇다면 이 점이 왜 문제가 될까? 각 부서가 자체적인 방식으로 마케팅을 최적화하는 것이 뭐가 잘못됐을까? 이는 CMO에게 아주 큰 골칫거리다.

CMO(또는 다른 고위 경영자)가 비교를 하려면 비교 대상들이 비슷해야 한다. A 부서의 수치가 B 부서의 수치와 일관되지 않으면 예산 분배를 할 때 엄청나게 많은 시간이 허비될 것이다.

6단계 : 변화에 대응하자

'변화에 대응하는 경영 방법'이라는 주제는 이 책에서 다루기에 너무 방대하다. 이 주제로 석사 학위를 딴 사람이라도 공부할 사항이 여전히 쌓여 있을 정도다. 변화에 대응하는 경영이란 한마디로 말해서 사람들이 뭔가 다른 것을 하고 싶게 만드는 것이다.

아침식사로 먹는 시리얼을 다른 브랜드로 바꾸는 경우든 회사를 새로운 방법으로 경영하는 경우든, 일단 변화는 두려운 것이다. 인간은 모든 게 이전의 모습 그대로인 상태를 좋아한다. 그래야 안심이 되기 때문이다. 변화의 주도자로 자처하고 나선 당신은 이런 속성을 가진 사람들을 각자의 안락 지대에서 끄집어내야 한다. 이것은 때로 상당한 도전이 된다.

온라인 마케팅 및 측정에 관한 새로운 시도와 과거에 했던 시도를 새로운 방법으로 하는 것이 필수적이다. 물론 이는 매우 어려운 과제다. 이제 당신은 시장이 대화의 장이라는 점을 알았고 고객을 관리하는 방법도 배웠다. 다음 장에서는 미래에 일어날 변화에 대해 다뤄보자.

앞서가기 : 미래 예측

지금까지 읽은 설녕에 정신을 못 차리겠는가? 놀라기는 아직 이르다. 현실이 허구보다 더 기이한 법이며, 오늘날에는 흥미로운 일이 아주 많으니 말이다.

모든 것이 소셜이 된다

컴퓨터에서 중요하고 가치 있는 모든 것은 결국 운영체제라는 소리는 이미 옛말이다. 윈도우 탐색기는 폴더 상단에 있는 주소창에 URL을 치면 인터넷 익스플로러처럼 작동한다. 자주 사용되는 도구와 프로토콜은 보조프로그램에 있다. 매킨토시 사용자는 각종 기능을 손쉽게 사용하는지라 윈도우 사용자들이 쓰는 다양한 프로그램을 비웃는다.

소셜도 이 중의 하나다. 모든 애플리케이션에 '협력(collaborate)' 버튼이 생길 것이다. 모든 지도에 '현재 우리 지점은?' 이라는 버튼이 생

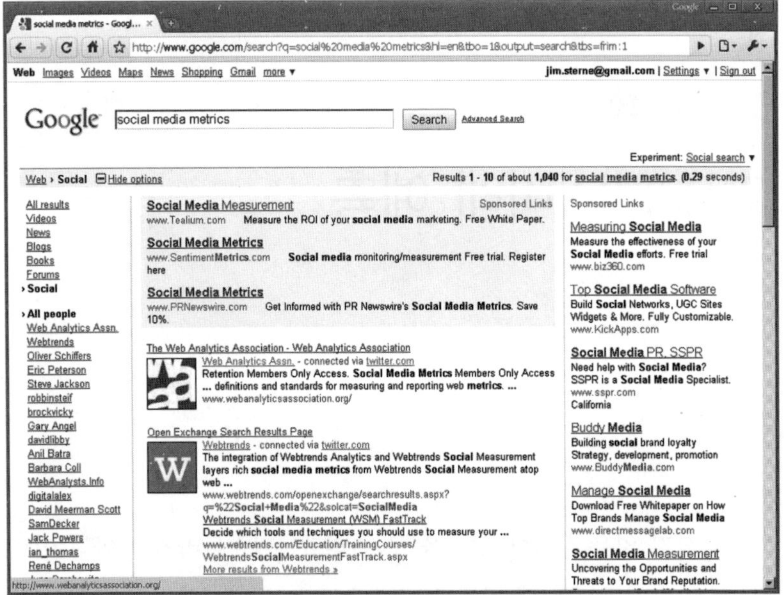

그림 9.1 | 구글은 내 친구가 누구인지를 안다.

길 것이다. 또한 검색 결과는 친구가 클릭한 내용별로 분류될 것이며, 상품 리뷰는 지역이나 시간 순서가 아니라 아는 사람이 쓴 내용별로 분류될 것이다. 당신의 친구 제이가 정말로 좋아했던 영화를 브라이언이 싫어했다는 결과에는 200만 명 중에서 85%가 그 영화를 좋아하거나 싫어했다는 결과보다 훨씬 많은 정보가 들어 있다.

구글 소셜 검색(Google Social Search, 현재 구글 랩[Google Lab] 내)에서 '소셜미디어 메트릭스(SocialMedia Metrics)'를 검색하면 '사회적으로 나와 같은 계통에 있는 사람들에게서 나온 결과'를 보여준다([그림 9.1] 참조).

당신이 어떤 책을 읽든, 당신의 친구와 학자들이 쓴 서평을 확인할

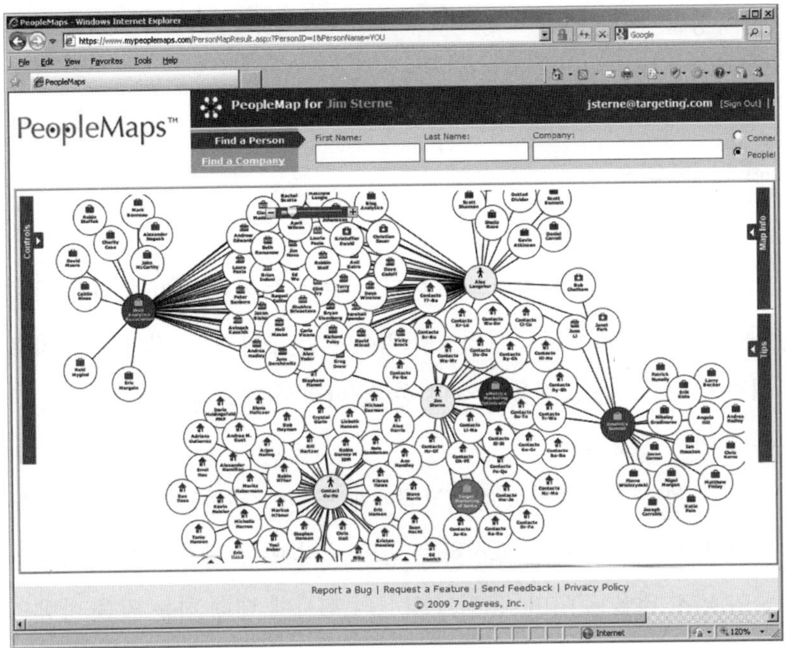

그림 9.2 | 피플맵스(PeopleMaps, www.mypeoplemaps.com)는 당신이 연결된 관계를 명료하게 보여준다.

수 있을 것이다. 당신이 어떤 영화를 보든 다른 영화감독 및 당신이 속한 퀼트 동호회 회원들의 영화평을 확인할 수 있을 것이다. 당신이 어디를 가든, 몇 명에서 수천 명에 이르는 친구를 데리고 갈 수 있을 것이다. 전화기는 당신의 위치를 추적해서 그 정보를 알고 싶어 하는 사람에게 알려주는 장치가 될 것이다. 장소와 시간을 불문하고 친구를 만나면서 동시에 트윗을 올릴 수 있을 것이다. 누구나 모두와 연결될 것이다([그림 9.2] 참조).

그렇다면 마케팅 담당자가 이처럼 새로운 커뮤니케이션 방식에서 최대한의 이익을 얻기 위한 방법과 노력이 성과를 거둬들이는지 어떻게 측정할 수 있을까?

말의 영향력

소셜미디어를 활용하더라도 여전히 공을 들여 메시지를 직접 작성해야 되고, 그 과정에서 무엇을 고려해야 할지 알게 될 것이다. 그리고 여전히 대중에게 초점을 맞춰야 한다. 따라서 대중매체(TV, 라디오, 신문)가 계속 필요하다.

그리고 당신은 여전히 잠재고객에게 당신이 원하는 의견을 제안할 것이다. 그러나 견해를 표현하는 빈도는 더 이상 가장 중요한 측정기준이 되지 않을 것이며, 고객이 당신의 회사에 대해 하는 말을 바탕으로 구매자 수를 예측하게 될 것이다. 막대기와 돌멩이에 맞으면 뼈가 부러지는 것에 그치겠지만, 말은 당신의 회사를 문 닫게 할 수도 있다.

옴니추어의 제품 마케팅 선임이사인 매트 랜지는 "우리 회사는 10년 계획으로 '내 사이트에서 일어나는 일을 어떻게 측정할 것인가?' 라는 의문에 대한 해답을 얻는 온라인 측정 작업을 시작했다. 이제 우리는 다른 사이트에서 생긴 영향과 사건이 자신의 회사 사이트에서 일어난 사건보다 그 회사의 사업에 훨씬 더 중요하고 영향을 미치는 경우가 있음을 알게 되었다. 예를 들어서 X라는 제품을 생산하는 회사가 있다고 해보자. 현재 이 회사의 사이트에 직접 들어와 '당신 회사의 제품이 내 인생을 최고로(혹은 최악으로) 바꿔놓았으며 이 제품은 훌륭하다(혹은 형편없다)'고 말하는 고객은 없다. 그러나 이 회사의 제품과 서비스만 다루는 블로그 커뮤니티가 있을 수 있다. 소셜미디어는 회사,

특히 온라인 사업체의 사이트와 상관없이 사람들이 학습하고 아이디어를 교환하는 장소가 될 것이다.”

트위터를 하는 사람은 트위터가 주요 뉴스의 훌륭한 공급원이라고 생각한다. 〈월스트리트 저널〉, 〈뉴욕 타임스〉, 〈워싱턴 포스트〉가 트윗 활동을 아주 잘하고 있어서가 아니라 뉴스의 크라우드소싱 때문이다. 사건이 터지면 트위터 사용자들은 그에 관련된 트윗을 읽고 클릭을 해서 해당 이야기가 나온 사이트로 찾아 들어간다.

당신 회사가 제품을 출시할 때도 같은 일이 벌어질 것이다. 아주 멋진 제품이나 슬로건, 게임을 만들면 그 내용이 계속 리트윗이 되어 당신의 회사가 유명해질 것이다.

소셜미디어는 말이라는 관점에서 점점 더 중요해지고 있지만, 그 말의 영향력은 여전히 당신의 웹사이트와 매장을 방문해서 구입을 한 사람의 수로 측정될 것이다. 사이트에서의 행동에 대해 이미 엄청난 양의 정보를 모을 수 있는 상태이므로 이 정보를 소셜 데이터의 흐름과 결합해서 최고의 이익을 얻도록 노력해야 한다. 그렇게 하자면 손이 많이 간다.

데이터 통합

데이터는 너무 많고 시간은 턱없이 부족하다.

- 웹 행동 데이터
- 고객만족 데이터

- 사업성과 데이터
- 경쟁사 데이터
- 소셜 상호작용 데이터
- 재정 데이터
- 인구 분포 데이터
- 지역 분포별 데이터
- 심리 측정 데이터
- 기술 통계 데이터

이 모든 자료를 하나로 통합하여 서로 연계시키려면 고객 하나하나를 모두 만족시키고, 올바른 시기에 올바른 사람에게 올바른 메시지를 보내는 능력이 필수적이다.

실수를 하면 안 되므로 상당히 골치가 아파질 것이다. 이는 어려운 작업이고 기술팀이 흔히 하는 말을 빌자면 '중대한' 일이다. 데이비드 와인버거(David Weinberger)는 "우주는 아날로그이고 질서가 없고 복잡하며, 많은 해석이 필요하다"고 말한 바 있다.

유니카(www.unica.com)와 태라데이터(www.taradata.com)와 같은 회사들은 이 문제를 마케팅 관리와 데이터 관리 측면에서 해결하려 하고, 옴니추어(www.omniture.com)와 같은 회사들은 이를 웹 분석 측면에서 해결하려 하며, 웹트렌즈(www.webtrends.com)와 같은 회사들은 이를 최상의 소프트웨어를 사용해 공유를 통한 시스템 통합 측면에서 해결하려 한다.

그러나 데이터는 질서가 없다. 각종 출처에서 데이터를 수집하고 정제해서 연계성을 찾아 통찰력을 얻으려면 시간이 걸리며, 이런 작업을 하는 동안에 새로운 것들이 나와서 당신을 깜짝 놀라게 할 것이다.

우리는 당신의 마음을 읽을 것이다

엄밀히 따지면 이는 옳은 말은 아니다. 정확하게 말하자면 "우리는 당신의 마음을 이미 읽을 수 있다"가 되어야 한다.

나와 관심이 비슷한 사람들은 마틴 린드스트롬의 《구매학 : 구매의 진실과 거짓(Buyology : Truth and Lies About What We Buy)》에 열광했을 것이다. 마틴은 4년간 실험 대상을 MRI로 촬영하면서 지면 광고, TV 쇼, 브랜드 이미지를 볼 때 뇌에서 어떤 부분이 작용하는지를 관찰했다.

그 결론은 결국 소셜미디어 측정기준이 필요하다는 것이었다. 이야말로 인간을 측정하는 최종 수단이기 때문이다. 넥스트스테이지 에볼루션(www.nextstagevolution.com)의 기술과 분석을 사용하는 웹사이트를 방문하면 말 그대로 (인터넷에서) 당신의 마음이 읽힌다.

당신은 아래에 나온 둘 중 한 반응을 보이거나 동시에 두 반응을 보일 것이다.

1. 짐은 완전히 정신이 나갔군.
2. 이것 참 흥미롭군.

계속 이 책을 읽기 바란다. 마지막 부분에 다다르면 2번이 지배적인 반응이라는 사실을 알게 될 것이다.

뇌는 각기 독특하다

인간의 뇌는 각자의 유전 형질에 따라서 처음부터 제각기 다르게 형성된다. 그리고 살아가면서 겪는 경험을 바탕으로 확연히 차별화가 된다. 인간에게 영향을 미치는 요소로 천성과 교육이 있다. 우리는 천성적으로 인종, 성별, 다른 사람보다 뛰어난 일부 능력을 타고난다. 그리고 나머지 모든 사항은 교육을 통해서 얻는다.

뇌신경의 패턴을 연구하면 성별을 판단할 수 있다. 여성과 남성의 뇌는 다르기 때문이다.

또한 사람에 따라서도 각기 독특하다. 모든 사람이(모든 뇌가) 다르다. 그러나 서로 유사한 점도 있다. 남성의 뇌는 여성들의 뇌보다는 다른 남성들의 뇌와 더 비슷하게 생겼다. 이런 유사점은 사용하는 언어를 알아낼 수 있을 정도로 분명하게 드러난다.

뇌 주사(腦走査) 촬영 기술은 혈액순환과 뇌의 한 부분에서 다른 부분으로 흐르는 뇌파의 양을 측정하는 데 좋은 수단이지만, 이 책에서 다루는 내용을 추출하는 용도로는 적합하지 않다. 이런 용도로는 더욱 신뢰할 수 있고 반복할 수 있으며 민감한 도구가 필요하다. 그래서 우리는 그러한 정보를 추출하는 장치로 인간을 생각한다. 특히 웹사이트를 방문하는 개별적인 인간을 일종의 컴퓨터 마우스로 활용한다.

마우스는 내면을 드러낸다

아동발달 분야 전문가들의 관점에서 보면 만 두 살의 어린이는 혼자서 걷고 공을 차고 책장을 넘길 수 있지만, 그런 행동은 만 세 살짜리 어린이의 행동보다 미숙하며, 만 세 살짜리 어린이의 행동 역시 만 네 살짜리 어린이의 행동보다는 미숙하다.

어린이가 새로운 기술을 개발할 수 있는 이유는 뇌가 상황을 인식하고 손과 눈의 동작을 일치시키는 능력이 향상되기 때문이다. 걷고 공을 차는 데에 필요한 신경 경로는 시간이 지나면서 강화되지만, 그 양상은 엄격하거나 정확하지 않다. 이는 일종의 무계획적이고 자연스러운 학습 과정을 거친다.

만 두 살짜리 어린이는 만 세 살짜리 어린이처럼 컴퓨터 마우스를 조작하지 못한다. 단순히 연습으로 되는 일도 아니다. 이는 물론 손과 눈의 동작을 일치시키는 능력에 영향을 받지만, 이외에도 인지기술, 감정발달, 지적능력 등에도 영향을 받는다.

핵심은 다음과 같다. 사람이 웹사이트를 사용하는 방식(마우스와 키보드 모두)은 다른 사람의 데이터베이스와 비교하면 성별과 나이를 비롯한 많은 요소를 구분할 수 있는 일정한 신경 패턴을 보여준다.

넥스트스테이지는 신경과학, 언어학, 인류학, 수학 분야의 최신 연구를 활용해서 웹사이트 방문자의 성별과 나이를 알아내는 서비스를 이미 제공하고 있다. 2중 맹시험(double blind test, 약의 효과를 판정할 때 사용하는 방법으로 치료용 약과 효과가 없는 약을 동시에 투여해서 약효를 검증한다. 이때 두 약의 차이를 환자와 의사 모두에게 알리지 않고 판정자인 제3자만이 알고 있다가 최종단계에서 밝힌다－옮긴이)을 실시한 결과 성별은 99%, 나이는 97%의 정확도를 보였다. 이는 할리우드 길거리에서 지나가는 사람들을 보고 나이와 성별을 짐작하는 것보다 높은 정확도다.

방문자의 나이와 성별을 인식한다는 발상이 불쾌하지 않다면 이제 개인별 의도 분석으로 넘어가보자. 인지, 행동/효과의 측정기준과 동기 측정기준을 사용하면 사람들이 마우스를 사용하는 순간에 엄청난 정보가 드러난다.

이 방법의 기반에 깔린 과학은 상당히 높은 수준이며, 긴 전문용어가 매우 많이 사용된다. 넥스트스테이지의 웹사이트는 '성별 언어 모델링, 렉시코통계 모델링, 비유전적 문화인식 모델링, 프레젠테이션 형식 선호도, 목적론에 비춰본 감각, 시간 표준화 연구, 무 목표 지속성과 같은 부문에서 실험이 이루어졌다' 고 설명하며 자신들의 기술이 과학적임을 보증한다.

그러면 구체적으로 들어가 보자. 아래는 넥스트스테이가 자사의 특허기술을 설명한 내용이다.

> 본사의 에볼루션 기술은 개인별 학습 스타일, 암기 방식, 주의력, 정보에 대한 반응을 비롯해 많은 사항을 파악할 수 있는 일련의 모듈, 즉 '엔진'으로 구성돼 있다. 이 기술은 인간이 행동을 하는 동안에 일어나는 무의식 상태의 심리 및 인식-운동 신경 행동을 실시간으로 모니터하는 방법으로, 앞서 말한 각종 사항을 파악한다. 이 기술은 서식의 작성을 요구하거나 개인의 신원을 파악하거나 활동적인 인식 과정을 살펴보는 방법을 전혀 사용하지 않는다. 이는 인간-기계의 모든 접점에 적용될 수 있으며, 우리는 먼저 마케팅과 웹 분석/인터넷 영역에서 이 기술을 활용해보고 있다. 이 기술은 학습 및 훈련 시스템, 마케팅 자료 최적화, 전자상거래, 지능형 상호작용 시스템(장난감, 자동차, 비행기 등), 침입 감지, 신원 확인, 약탈 행동 감지, 조작된 정보(거짓말) 탐지, 기타 보안 문제에 사용될 수 있다.

이 기술은 웹사이트 및 방문자의 적합성과 같은 마케팅 자료를 분석하는 데도 사용될 수 있다.

그러나 현재로서는 마케팅 담당자가 시장의 목소리를 듣고 웹사이트 방문자의 행동을 측정하며, 고객의 의도를 평가하는 능력에 초점을 맞추기로 하자. 개인을 4차원으로 상세하게 묘사하는 이런 기술이 자료에 목마른 마케팅 담당자에게 넘어가면 엄청난 물량의 광고를 해댈 것이다. 고객을 당장 구매를 하고 싶어서 못 견디는 노예로 세뇌시키기 위해서 말이다.

이쯤 되면 덜컥 겁이 나지 않는가?

넥스트스테이지는 이런 필연적인 딜레마를 잘 알고 있으며, 이미 수년 전에 다음과 같은 원칙을 만들어서 공개했다(www.nextstagevolution.com/principles.cfm).

우리는 이 기술의 위력을 그 누구보다도 잘 안다. 이 기술이 부적절하게 사용되면 사람들에게 피해를 줄 수 있으며, 자신에게 이익이 된다면 다른 사람의 피해에는 전혀 신경 쓰지 않는 사람들이 있다는 것도 잘 알고 있다. 그렇다고 오해하지는 말기 바란다. 우리는 정상적인 범위에서 이익을 추구한다.

우리는 이익을 얻는 방법에 대해 명백한 윤리규정을 정했으며, 이 중 일부 원칙을 여기에 소개한다. 본사에 취직하고 싶거나 본사와 협력을 하고 싶은 사람은 이런 원칙을 이해하고 철저히 지켜야 한다.

위의 내용을 읽어도 마음이 편해지지 않는가? 당신의 뇌를 읽지 못하도록 은박지로 만든 모자를 써야겠는데, 어디에서 사야 할지 모르겠다는 고민을 아직도 하고 있는가?

현재 우리는 소셜미디어 시대에 살고 있으며, 재밌는 것은 소셜미디어가 자금이 충분한 마케팅 담당자가 사용하는 강력한 도구라는 사실이다. 대중은 소셜 시스템을 조작하는 회사가 있다는 사실을 발견하는 순간 즉시 들고일어난다.

가짜 팬 블로그를 개설하고, 블로거들에게 뒷돈을 주고, 친구맺기와 팔로잉을 자동으로 하는 회사들은 결국 그런 사기 행각 때문에 대중에게 발각된다. 소셜미디어 상황에서 이런 일이 처음 발생하면 대기업은 소셜 네트워킹 도구에 관심을 기울인 가치가 있었다는 식으로 생각한다. 그러나 다음에 또 그런 일이 발생하면 해당 회사는 속임수를 저질렀다는 맹렬한 비난을 받는다. 따라서 다른 회사들은 온라인에서 거짓된 행위를 저지르면 분노에 찬 수많은 이들이 들고일어나 브랜드 친밀도가 영구적으로 급격하게 하락된다는 점을 재빠르게 깨닫는다.

아직까지도 마음이 불편한가? 넥스트스테이지의 기술이 나쁜 사람의 손에 들어가서 엄청난 폐해를 일으킬까 걱정되는가? 지금처럼 사생활 보호가 형편없는 세상에서 기업을 견제하는 능력이 과연 발휘될 수 있을지가 궁금한가? 존 맥킨(John McKean)은 이런 궁금증에 답변을 제시해준다.

소비자가 주체다

존 맥킨은 정보 기반 경쟁 센터(CIBC, www.informationmasters.com)의 전무이사다. 나는 태라데이터에서 의뢰를 받은 일을 하던 중에 그를 만났다. 나는 그를 만나자마자 내가 10년이 넘게 희망했던 작업, 즉 진정한 고객관리 작업을 그가 해왔음을 단박에 깨달았다.

나는 존과 몇 번 대화를 나눈 뒤에 이 책에 실을 수 있도록, 그의 견해와 접근법을 써달라고 부탁해서 어렵게 승낙을 얻어냈다(다음 글은

존의 동의 아래 게재한 것이다. copyright ⓒ John Mckean)

웹 측정의 미래, 중대한 현황 추정 혹은 정보 통합의 접점으로서의 소비자, 차세대 웹 강화 및 측정

미래에 이루어질 소셜미디어/웹의 측정방법에 대한 최근의 견해에는 치명적인 결함이 있다. 최근의 견해들은 웹이 현재의 사업 모형을 변화시키는 형태가 앞으로도 지속될 것이라고 가정한다. 그러나 그렇지 않을 것이다.

미래에 웹이 현재의 소비자 관리업무 모형에 일으킬 변화는 현재의 모형에 끼친 과거의 영향보다 훨씬 클 뿐만 아니라 소비자 관리업무 모형을 완전히 바꾸어놓을 것이다.

우리는 '현재 상황'에 너무 집착하는 바람에 웹 분석이 향상되면서 계속 회사가 정보 통합의 접점 역할을 할 것이라는 위험천만하고 단순한 생각에 빠지게 됐다. 그러나 그렇지 않을 것이다.

차세대 웹에서는 소비자가 데이터 통합의 접점 역할을 할 것이다.

굳이 현재 상황을 설명해보자면 다음과 같다.

이미 기업은 웹을 이용해서 온라인 정보와 오프라인 정보를 입수하는 측면에서 소비자의 능력보다 심각하게 뒤쳐져 있다. 이런 현실은 기업의 적합성을 엄청난 위험에 빠뜨린다. 시장의 법칙과 소비 행동에 의해서 소비자 정보 통합의 주체가 기업에서 소비자로 이동할 것이며, 이는 현재의 사업 모형과 완전히 반대다. 어째서 그렇게 될까? 소비자에 대한 가장 올바른 정보를 얻을 수 있는 최적지는 바로 소비자이기 때문이다.

지금까지는 소비자가 이 전략적 정보 이동을 촉진시킬 웹 등의 정보를 소유하지 못했다. 이런 정보 촉진제의 역할을 하는 기술이 현재 자리를 잡았다. 또한 거시경제, 즉 시장의 관점과 소비자의 관점에서 볼 때 소비자는 이런 정보가 상주할 수 있는 가장 효율적인 장소다. 무엇보다도 중요한 점은 미래의 구매 행동 및 구매 의사의 확인에 대해 최고 지식을 가지고 있는 주체가 바로 소비자라는 것이다.

현재 방대한 혁신이 소비자 상호작용의 '구매 측면'에서 일어나고 있다. '판매 측면'에서의 혁신은 점진적으로 줄어들고 있다. 10년 안에 소비자는 정보의 유일한 통합 접점이 될 것이며, 기업은 현재의 소비자 관리전략 및 관리활동과 완전히 상반되게 운영될 것이다. 이러한 소비자 정보의 변화는 산업 분야의 혁명에서 역사적으로나 경제적으로 중요한 의미를 지니게 될 것이다.

구글, 유튜브, 이베이, 페이스북의 출현은 중앙집중적인 업무체제에서 개인 사이의 전환과 협력을 하는 업무체제로 진화하는 데 근본적이고 혁신적인 영향을 미쳤다. 그러나 이 영향은 앞으로 소비자가 정보 통합의 접점 역할을 하게 될 세상과 비교하면 그 빛을 잃을 것이다.

미래 세상에서는 소비자가 각자의 소비 활동/상호작용을 시작하고, 스스로의 경험을 관리하며, 수집할 정보와 그것을 사용할 방법 및 전파할 방법을 결정할 것이다. 현재에서 이와 비슷한 형태를 꼽자면 RFI(정보 요청)와 관련된 B2B 사업 모형을 들 수 있다. 단, 미래에는 개인이 회사에 정보를 발행하는 퍼스널 RFI의 형태가 될 것이다. 이런 사업 모형은 개인의 요청을 잠재적 공급자나 제3, 혹은 제4의 서비스 제공자, 즉 정보중개인과 연결시키기 위해 필요한 완전히 새로운 '정보 조직' 산업을 탄생시킬 것이다. 또한 이는 정보의 새로운 흐름을 양방향에서 관리하는 완전히 새로운 사생활 정보보호시스템을 발생시킬 것이다.

이런 새로운 소비자 정보의 아키텍처는 분석 자료와 운영 자료가 모두 포함된 강력한 개인 데이터 생태계가 될 것이다. 이는 기본적인 (신분 확인) 세트와 더불어 일부 프리미엄 데이터의 형태로 구성될 것이다. 이 형태는 개인 데이터 생태계의 밑바탕이 될 현 사업 모형에 비해서 데이터 흐름을 배로 늘릴 것이다. 또한 물건을 구매하는 소비자에게 엄청난 동력으로 작용해서 현재의 XML에 해당하는 언어를 통해서 소비자의 의견과 선호도에 대한 정보가 쏟아져 나올 것이다.

제품 및 필요조건의 측정과 분석에 관련된 알림, 기억 상기, 통지 등의 기능을 배치하는 다양한 시스템들도 생겨날 것이다. 이런 아키텍처는 모두 개방형 표준(API 수준까지)으로 발표될 것이며, 검색이나 제품 비교와 같은 부분을 설명해주고 유용성, 가격, 서비스 수준, 지식이 많고 신뢰할 수 있는 정보원과 같은 요소를 분명하게 보여줄 것이다.

이렇게 해서 창출되는 시장의 효율성은 엄청나게 많다. 소비자가 사고 싶은 제품을 직접 알려주는 경우와 달리 회사가 소비자에게 팔고 싶은 제품을 '추측'하는 데에 투자하는 자원(시간과 돈)은 어마어마하다. 그러나 이 새로운 형태에서는 소비자가 구매 배경을 완전하게 제공하기에, 구매 이전과 이후를 고객 세분화에 비추어 분석하려는 회사의 시도가 무의미 하다. 현재 회사가 실시하는 고객 세분화는 95~98%의 실패율을 보인다. 이 실패율은 회사가 소비자에게 "우리 회사는 당신을 모르고 존중하지 않 으며, 당신은 중요하지 않다"고 말하는 것과 같다. 결국 소비자에게 회사 를 신뢰하지 말라고 말하는 셈이다.

목표 고객 설정과 관리에 중점을 두는 비효율적이고 비능률적인 B2C (기업과 소비자 간 거래)는 이제 소비자가 조사하고 찾아서(동참) 협상하 며 적합성화 효율성이 높은 C2B(소비자와 기업 간 거래)로 바뀌고 있다.

매출을 늘리려고 소비자의 마음을 읽는 기술을 입찰에서 최고가로 따낸 치약회사가 당신의 뇌신경 패턴을 몰래 훔쳐가지는 않을까 걱정 되는가? 전혀 걱정할 필요 없다. 내가 보기에 미래는 소비자가 주도권 을 잡을 게 확실하다. 그렇지만 마케팅 담당자의 입장에서는 상황이 이제 막 흥미로워지기 시작하는 셈이다.

참고 자료

소셜미디어의 중요성

친구가 소셜 네트워크에서의 구매에 영향을 미치는가?

하버드 비즈니스 스쿨 논문

페이스북과 마이스페이스(및 한국의 싸이월드)와 같은 소셜 네트워크 사이트가 급부상하면서 문화 및 사회적으로 대대적인 변화가 일어나고 있지만, 이런 사이트의 사업적 측면 가능성에는 여전히 의문이 제기되고 있다. 많은 사이트가 구글을 따라하며 광고로 수익을 올리려 노력하고 있는 상황에서, 앞으로 광고가 효과가 있을까? 소셜 네트워크에서의 구매(예 : 싸이월드에서 월페이퍼와 음악 등의 아이템 구입—옮긴이)에 친구가 영향을 미친다면, 이는 소셜 네트워크 사이트 및 해당 사이트의 스폰서 기업에게 상당한 수입원이 될 수 있다. 이 연구는 싸이월드의 데이터를 사용하고 있으며, 친구가 실제로 소셜 네트워크에서의 구매에 영향을 미치는지를 실증적으로 평가하는 것이 목적이다. 연구 결론은 '상황에 따라 다르다'는 것이다. 이 논문의 내용은 소셜 네트워크 사이트와 및 대형 광고 업체에 의미하는 바가 크다.

http://hbswk.hbs.edu/item/6185.html

소셜미디어의 정의

웹 분석 협회 소셜미디어 표준

쌍방향 광고국(IAB) 소셜미디어 광고 측정기준 정의

이 문서는 소셜미디어 측정기준의 표준 정의를 상세하게 기술하고 있다. 최근에 소셜미디어가 빠르게 성장하는 가운데, 많은 연구자와 업체가 광고의 효율성을 추정하는 보조 방법으로 추가적인 성과 측정기준을 고객에게 제공하고 있다. 이 문서의 목표는 광고 대행사와 광고 회사에 대한 측정기준의 보고가 일관성을 유지하도록 하여 성장을 촉진하는 것이다. 이를 위해 추가적인 측정기준을 상세하게 정의한다. IAB는 소셜미디어 공간의 모든 참가자가 그런 측정기준을 중심으로 융합해서 일관성을 유지해 성장할 수 있기를 희망한다.

http://www.webanalyticsassociation.org/resource/resmgr/PDF
_standards/WAAStandardsSocialMediaDefin.pdf

소셜미디어 광고 컨소시엄

SMAC 사용법 배우기

모든 산업계에는 환경, 사용자, 활동, 제품, 결과를 지칭하는 표준

용어가 있어야 한다. 놀랍게도 소셜미디어계에는 그런 표준 용어가 없었다. 따라서 SMAC는 이 문제를 해결하고자 일반적으로 사용되는 용어 200개 이상을 수집한 후, 이를 수정하고 분류하여 목록을 만들었다. 그 결과물은 SMAC 위키에 게재된다. SMAC는 소셜미디어 업계가 성장하는 과정에 발맞추어 앞으로도 많은 사람이 사용하는 새로운 용어를 지속적으로 검토해 추가할 예정이다.

http://wiki.smac.org

소셜미디어 측정

대화의 영향력 : 마케팅 담당자를 위한 간단하고 결과 지향적인 오길비 (Ogilvy) 소셜미디어 측정 모형

전 세계 인터넷 사용자의 2/3가 블로그나 소셜 네트워크 사이트를 방문하고 있는 현재, 소셜미디어를 통해 성과를 올리는 방법이 마케팅 전략에서 중요한 요소로 자리 잡았다. 오길비 글로벌 소셜미디어 마케팅 그룹인 360° 디지털 인플루언스(360° Digital Influence)는 회사들이 소셜미디어 부문에 대한 지출 결정을 올바로 내리는 데 도움을 주고자 목표 지향적인 새 사업 모형을 개발해서 소개했다. 이 모형은 (소셜)미디어의 효율성, 즉 대화의 영향력을 정량적으로 측정할 수 있는 틀을 제공한다.

http://blog.ogilvypr.com/wp-content/uploads/ogilvy-360-digital-influence_conversationimpact_2009.pdf

조칼로그룹(Zocalogroup)의 〈디지털 입소문 측정〉

패트릭 루니, 라이언 라스문센, 수 포겔 박사, 2009년 7월

온라인에서 브랜드의 존재감을 다양하게 평가, 측정, 추적하는 방법이 절실하다. 대화의 양뿐만 아니라 질, 즉 상호작용의 단계와 메시지가 얼마나 침투되는지 알 수 있는 척도가 필요하다.

http://www.zocalogroup.com/orange-papers/Measuring%20Digital%20Word%20of%20Mouth.pdf

레이저피시(Rzorfish)의 〈사회 영향력 마케팅 보고서〉

사회 영향력 마케팅(SIM)이란 소셜미디어에 영향력 있는 인물을 활용하여 기업의 마케팅 목표와 사업 목표를 달성하는 지표다.

사회 영향력 마케팅은 잠재고객이 구입 결정을 할 때 다양한 그룹에 속한 사람들과의 온라인 및 오프라인 대화에 영향을 받는다는 사실을 인식하고, 이를 활용한다. 이제는 소비자를 대상으로 하는 마케팅만으로는 부족하다. 따라서 마케팅 담당자는 마케팅 깔때기를 통해서 개별적인 소비자에게 영향을 미치는 여러 사람을 대상으로도 마케팅을 해야 한다.

앞으로 기업들은 마케팅에서 온라인과 오프라인을 구별하지 않을 것이다. 그리고 자사 브랜드의 성과를 측정하고자 하는 열의가 과거보다 높아질 것이다. 따라서 레이저피시는 온라인과 오프라인의 다양한 플랫폼에서 신뢰가 어떻게 작용하는지를 살폈다. 레이저피시는 협력회사인 TNS 심포니(TNS Cymfony) 및 더 켈러 페이 그룹(The Keller Fay Group)과 함께 브랜드 정서의 차이를 산업별, 채널별로 조사해

SIM(사회 영향력 마케팅, Social Influence Marketing) 지수를 매겼다. SIM 지수는 모든 회사가 자사의 브랜드를 지속적으로 평가하기 위해 필요한 측정기준이다.

http://fluent.razorfish.com/publication/?m=6540&1=1

소셜미디어 측정도구

소셜미디어를 측정하는 회사 목록

예레미야 어우양

나는 단지 블로그나 팝캐스트, 바이러스성 사이트가 아니라 모든 소셜미디어를 측정할 수 있는 회사를 찾는 것에 매우 관심이 많다.

http://www.web-strategist.com/blog/2006/11/25/companies-that-measure-social-media-influence-brand/

온라인 브랜드 평판, 혹은 소셜미디어 청취 소프트웨어-36개 도구 검토

데이브 채피(Dave Chaffey)

2009년에 두드러졌던 특징 중 하나는 각종 아이디어와 도구를 다른 사람과 공유하는 트위터의 힘이었다. 이 포스트는 그런 힘을 아주 잘 보여주는 사례다. 나는 독자들이 이 포스트에서 도움을 얻기를 바란다. 여기 게재된 항목 중에서 효율적이었던 도구를 댓글에 남겨주거나 목록에서 빠진 도구가 있으면 알려주기 바란다.

http://www.smartinsights.com/blog/online-pr-social-media/

online-reputation-management-software

측정캠프의 무료 측정용 도구

측정캠프(MeasurementCamp) II의 무료 측정 사이트 목록이 '측정
캠프08(measurementcamp08)' 과 '스냅샷(snapshot)' 이라는 태그로 딜
리셔스에 올라와 있다. 이 목록의 목적은 소셜미디어의 활동 수준을
간단하게 파악할 수 있는 무료 사이트들을 수집해 비교 기준으로 삼는
것이다.

http://measurementcamp.wikidot.com/tools-for-measurement

소셜미디어 측정기준 토론

비즈니스 교류

http://bx.businessweek.com/social-media-analytics/
Socialmetrix.com

소셜미디어 자료 페이지

로이사이트푸 포스터러스(Roysitepu's Posterous)

특히 소셜미디어 측정과 모니터링, ROI에 관한 다양한 자료, 도구,
조언이 집결돼 있다. 또한 활용할 만한 소셜미디어 통계 자료도 나와

있다.

http://roysitepu.com/social-media-metrics-superlist-
measurement-ro-1

부자되는 야무진 습관

기본이 탄탄한 재테크 7단계

수십만 명의 경험으로 충분히 '검증된' 방법

이 책은 어려운 재테크 공식이나 기적의 마술을 알려주는 것이 아니라, 당신의 '행동'이 변해야만 통장잔고가 변한다는 단순명쾌한 진리를 알려준다.

"매달 카드빚 때문에 스트레스였는데, 이 책을 읽고 개념없이 신용카드를 긁던 습관을 완벽하게 고쳤습니다." −S씨

"남들을 의식한 소비에서 벗어나니 놀랍게도 돈이 모이기 시작했습니다." −W씨

재테크 분야 최고의 베스트셀러

《절박할 때 시작하는 돈관리 비법》
데이브 램지 지음

자격시험, 영어공부, 기술향상에 효과만점

뇌의 기억구조를 이용한 최강 공부법

- 비즈니스 서적을 읽다가 포기하는 이유
- 필요한 것만 기억하는 인간의 뇌
- 체계화하면서 개요 파악하기
- 나에게 가장 적합한 책을 고르는 방법 등

기존의 속독법에 뇌과학과 인지심리학적 지식이 더해져 탄생한 '속습법(速習法)'! 새로운 정보를 효율적으로 배워 학습능력을 비약적으로 업그레이드 시켜줄 실천서.

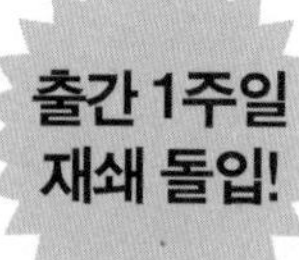

《1년에 500권 마법의 책읽기》
소노 요시히로 지음